上海农村发展动力机制研究

On Dynamic Mechanism of Rural Development in Shanghai

刘增金　著

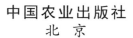

中国农业出版社

北　京

谨以此书献给上海市农业科学院建院六十周年！

本项研究与出版主要得到以下基金资助与支持

国家自然科学基金面上项目："城镇化背景下劳动力转移与村庄秩序问题研究"（NO：71773076）

国家自然科学基金青年项目："基于监管与声誉耦合激励的猪肉可追溯体系质量安全效应研究：理论与实证"（NO：71603169）

上海市人民政府决策咨询研究重点课题："增强上海农村发展动力研究"（NO：2019-A-023）

上海市科技兴农项目："闵行区革新村乡村振兴科技引领示范村建设"（NO：沪农科推字 2019 第 3-4-2 号）

上海市科委软科学重点课题："上海实现乡村振兴的技术创新支撑体系与政策保障研究"（NO：18692116300）与"上海大力发展花卉产业的技术创新支撑体系与政策保障研究"（NO：19692107600）

上海市质量技术监督局 TBT 项目："中欧小城镇农村社会治理研究"（NO：17TBT004）

序 PREFACE ///////////////////

　　因自己曾在山西省农业科学院工作过，且有长达 12 年的时间，故对"农业科学院"的人和事就有着一种格外亲切感。虽说在 20 世纪末已离开了生我养我的黄土高原，南下来到江南水乡的长三角"打工"，工作性质也发生了一些转变，由一名专职科研人员转为兼顾教学与科研的高校教师，我的转型已近 20 年了，但依旧对来自"农业科学院"的邀请有着某种义不容辞的响应。这个响应不只针对现工作地上海，也包括曾经的工作地山西、浙江以及江苏等。正是这个缘故，受上海市农业科学院农业科技信息研究所副所长张莉侠研究员的邀请，我又一次来到远在大都市郊外的上海市奉贤区，来到上海市农业科学院，为他们站台，为他们服务。由此有了认识我的校友、中国农业大学的博士、上海农科院信息所刘增金同志之机会。这个机会就是由信息所出面邀请相关专家对刘博士撰写的《上海农村发展动力机制研究》项目研究报告进行的鉴评活动。

　　信息所的行为，让我这位在大学待了 20 余年的教授感到那么的熟悉，那么的亲切。20 世纪我所在的山西省农业科学院农业资源综合考察研究所就是这么对待每一位青年学子的，也许这就是一般研究所培养青年才俊的正常路径。虽说当时没有多少感觉，但今天再度重温，感觉好暖心，好需要，若大学也能够像研究所这样，也许我们的青年教师在入职后就不会有那么高的比例在工作不久就"辞职而去"了吧。这或许就是大学和研究所的不同，大学只需要"用"人，不需要"养"人，而研究所则不同。但不管怎么说，从我的经历感知，研究所的这一"路径依赖"于我学术成长有着重要作用。正是有了这 12 年研究所的严格规范训练之经历，才有了我在大学做研究带学生的顺畅自如。我从内心感激山西省农业科学院，感谢农业资源综合考察研究所，正是那些无私的研究员们对我这个初出茅庐且个性张扬的毛头小子予以不时地指点、包容与提携，才有了我今日的发展，他们的行为让我终生难忘，也感激不尽。

来到上海，我也曾对"都市农业发展"这一主题感兴趣，也曾借助国家农村固定观察点上海五个观察村的数据资料，对上海的农户行为做过一些探索，且有论著发表或出版①。更在上海交通大学做了教师后，有了每年带学生到上海的现代农业示范基地孙桥参观访问的机会。尽管之后没有任何作为，但留在脑子中的现代农业概念，诸如无土栽培、立体农业等现代技术装备下的新型农业模式，依然印象深刻。要知道，在寸土寸金的大都市，"土地是财富之母"之特性在级差地租的作用下，无论在农业，还是在工业以及其他行业，都让土地所有者有了"惜地如金"的理念。在基本农田保护制度下，现代农业在都市发展也应是一种重要出路。如果说农地的都市财富效应有所体现，那即是农地城镇化下的征地变现效应的体现，而都市农业的现代化效应体现，则实在有限②。事实上，上海农民也真的不是职业意义上的农民（farmer），而更多的是身份意义上的农民（peasant），上海农民的土地大多也租给外地人在经营③。上海的农地发展战略很明显，那就是借助农地集体所有，快速全面走向城镇化。2002年上海市政府实施了新生农民全员城镇化政策。上海农业发展显然不是现代化的问题④，而是城镇化的问题。农地，不是传统意义上用于生长作物的问题，而是现代意义上用于种植"楼房"的问题。对此，在早期还有激情研

---

① 卓建伟，史清华，"都市农户经济发展不平衡性及根源的分析"，《农业经济问题》，2004年第6期；姜胜楠，史清华，"转型经济中都市农户经济增长因素分析"，《上海农业学报》，2005年第21卷第2期；史清华，武志刚，程名望，《长三角农家行为变迁：1986—2005》，上海三联书店，2007年（该书于2008年获上海市第九届哲学社会科学优秀成果三等奖）。史清华，程名望，徐翠萍，"中国农业新政策变化的政策效应"，《中国人口科学》，2007年第6期（该文于2008年获上海市第七届邓小平理论研究与宣传优秀成果三等奖）。
② 当然，上海也有努力，类似松江的家庭农场模式就是一个很好的案例，但这一努力与孙桥模式所期望的尚有一定距离。
③ 上海农地由外地人生产经营，主要两种情况：一是农业土地统一由村集体流转经营，其中多数流转给外地人；二是流转后的农地一定程度上实现了规模经营，但势必需要较多劳动力，其中不少是外地劳动力。
④ 刘增金同志看了序稿后补充到："上海现有200万亩永久基本农田，这个局面在短期内应该不会改变。此外，还有不少永久保留保护的村庄，短期也不会改变。上海当前以及未来较长时间的农业农村发展以及相关政策的出台，都主要围绕永久基本农田和永久保留保护村庄在推进。近些年，上海农业农村发展有两个重要动作，农业方面，开展了'三区'划定（粮食、蔬菜、特色优势作物）；农村方面，已经分三批建设乡村振兴示范村。在未来很长一段时期内，上海农业用地会保留一定数量，主要为了满足农产品基本供给保障。然而，农村可能会逐步消亡，被城镇化进程吞噬。"对此，我也基本认同，故以注释形式留于此。

究都市农业问题时，我曾做过一些探索①。

由于这样那样的原因，大约在 10 年前，我就再也没有研究过"都市农业"问题，也很少关注这方面的研究。这次刘增金博士期望将他的研究报告转换成专著出版，并邀请我为其作序，才再次激起我对"都市现代农业发展"这一主题的思考。在接到邀请时，我犹豫再三，也建议他请更熟悉上海农业发展的人来写。最后还是没有推脱，只好硬着头皮来写。

由于之前信息所为其组织的鉴评活动只是针对一个研究报告，感觉在内容上、在格式上离专著还是有一定差距。故在答应为其写序时，特意邀请增金博士到上海交通大学来做了一个面对面的讨论，针对其提交的书稿，从框架到内容，从文字表达到图表编辑，进行了一次细致的点对点梳理。就所提意见和建议自感够增金"喝一壶的"。我粗估计完成需要 3～6 个月时间。事实也如预判，经过反反复复几个回合的修改，增金博士终于把我提出的一大堆修改意见或建议，从表面上的"听进"，融到内心上的"行动"。现在摆在我案头的书稿，质量有了大幅提升，故开始了书序写作。

说实在的，我也不想难为增金校友，实是对都市现代农业发展问题久不思考，想借此机会一起学习。把自己曾梦想做而未做成的，寄托在他的行动上。说实在话，我真的有点过分了，但性格使然的我或好为人师的我，就像管理我的学生一样，硬是逼着增金博士把书稿改到我的认知圈。虽说不能完全达到我的要求，但至少有很大的进展，我心足矣。

现摆在读者面前的这部《上海农村发展动力机制研究》专著，应当说是刘增金同志学术生涯中一部很重要的作品，融入了他博士学业完成后的大部分心血和精力。全书分五篇 10 章，以上海为例，对都市农村发展之动力探寻给出了自己的答案。专著首先从理论视角，对都市农村发展之动力给出了一个逻辑框架，在此基础上，对上海的现状以及国内外

---

① 史清华，卓建伟，邵芳，"涉农阶层对都市农政的满意度调查与分析"，《华南农业大学学报》（社会科学版），2007 年第 6 期。史清华，卓建伟，"农村土地权属：农民的认同与法律的规定"，《管理世界》，2009 年第 1 期。史清华，晋洪涛，卓建伟，"征地一定降低农民收入吗：上海 7 村调查"，《管理世界》，2011 年第 3 期（该文于 2012 年获上海市第九届邓小平理论研究与宣传优秀成果三等奖）。史清华，卓建伟，盖庆恩，"都市农民收入现状与增收问题分析——以上海市闵行区七村调查为例"，《学习与实践》，2011 年第 3 期。

的经验做了描述和介绍。进而进入主题，从内生动力和外生动力两个角度，各用 3 章去剖析。内生动力主要剖析的方面有三个，分别是绿色农业发展的动力，集体经济发展的动力以及农村社会治理的动力；外生动力主要剖析的方面也有三个，分别是农产品需求、科技推广以及土地确权。正如书中所言，结合上海乡村振兴战略规划中的"三园"（绿色田园、美丽家园、幸福乐园）工程建设，当前迫切需要加快发展绿色农业、加强农村社会治理、壮大村集体经济，以此为重要抓手来实现高质量推进乡村振兴。其中，发展绿色农业是全面实现农业提质增效的前提和基础，加强农村社会治理是全面提升农村环境面貌的必要条件和保障，壮大村集体经济是全面提升农民致富增收的最主要路径。因此，内生动力篇将绿色农业、农村社会治理、村集体经济作为剖析农村发展内生动力的三大抓手进行重点剖析，是有理有据的，且三者之间是可以实现良性循环的关系。此外，农业是农村发展的产业基础，产业兴旺是实施乡村振兴战略的首要任务和工作重点，更是乡村振兴的基础和保障。上海定位发展都市现代绿色农业，由此，绿色农业发展也将奠定上海农业农村发展的底色与亮色。作者将影响都市绿色农业发展的动力圈定在产业利益主体竞争与协作、需求拉动、政府推动、要素投入、相关技术支持和机遇激励等六大方面，且认定需求拉动、政府推动、要素投入是最重要的外生动力，自有其道理。由此，外生动力篇主要剖析农产品需求、农业科技推广以及土地确权，做到了有的放矢。这些剖析的依据均来自其课题组亲力亲为的大量而艰辛的田野调查，无疑这一分析方法让专著的质量有了明显提高，可信度也大大增强，这成为本书的一大特色。当然，基于此作者所提出的对策建议也是一个很好的看点。这部专著最大的好处是方便了都市理论工作者和实践者在制定政策和指导生产实践时寻找理论支持，同时也起到决策参考作用。

总之，通过刻苦努力，刘增金博士初步构建的"上海农村发展动力机制研究的理论框架"，较为全面展示和剖析了乡村振兴战略实施以来，上海农业农村发展取得的成效以及动力不足的表现及深层原因，并据此为增强上海农村发展动力提出了自己的真知灼见。作者以上海为例，为都市农业农村如何实现高质量发展做出了努力、贡献了智慧，很多研究结果非常值得农业经济研究人员借鉴与参考。

当然，本书也有诸多不足，主要原因是受调查的局限，分析的内容不够全面，诸如都市农业政策及具体落实分析，有待在未来增加。但是，作为一名初入上海的青年学者，能够做到现在这个样子已非常不错。希望作者以后再朝着这个方向继续努力，让其都市农业的研究更上一层楼。

写于上海交通大学闵行校区

2021 年 1 月 31 日

前言 FOREWORD ///////////

  作为国际化大都市，上海城市的发展离不开乡村的滋养。党的十九大报告提出实施乡村振兴战略，这对上海"三农"工作开展提出了新要求。上海市委、市政府高度重视高质量推进乡村振兴，出台了《上海市乡村振兴战略规划（2018—2022年）》《上海市乡村振兴战略实施方案（2018—2022年）》，还出台一系列配套政策文件。近些年，随着乡村振兴战略规划与实施方案的颁布，上海大力推进"三园"工程建设，取得了显著成效。尤其是乡村振兴示范村建设，为全国乡村振兴战略实施贡献了典型案例与上海智慧。然而不可否认的是，上海"三农"发展仍面临耕地紧张、村集体经济发展不平衡、城乡居民收入差距过大等诸多问题，农村发展动力仍有不足，制约了上海实现可持续发展的张力与活力。郊区农村是上海现代化国际化大都市的重要组成部分，也是上海全面建成小康社会、实现更高质量发展的短板。上海要进一步缩小城乡发展差距，关键是要发挥国际化大都市的比较优势，重塑城乡关系，着力增强乡村振兴的内生动力，充分发挥广大农村居民的主体性、积极性与创造性。上海农村发展的利益相关者包括农业经营主体、村民、村干部、政府、市场、社会力量等，农村的发展离不开这些利益主体的参与，农业经营主体、村民、村干部构成农村发展的内生动力，政府、市场、社会力量构成农村发展的外生动力，外生动力通过影响内生动力起作用。

  结合上海乡村振兴战略规划中的"三园"工程建设，当前上海迫切需要加快发展绿色农业、壮大村集体经济、加强农村社会治理，实现高质量推进乡村振兴。然而，由于多种原因，上海农村发展动力明显不足，已成为制约乡村振兴的一个突出问题，具体表现在：农业生产经营主体从事绿色农业生产的动力不足，村集体经济增收的后劲不足，村民参与社会治理的积极性不够。究其原因：一是农产品优质实现不了优价，市场产销对接出现问题；二是农村发展土地指标紧缺，政府政策瓶颈难以突破；三是农村缺乏吸引力，整体环境有待改善，包括生态环境、居住环境、文化氛围等。应该认识到，增强农村发展动力，是一个历久弥新的重大选题，在新形势下具有新的意义和价值。

梳理国内外相关研究发现，现有直接关于上海农村发展动力的研究很少，特别在乡村振兴战略提出的背景下，上海农村发展面临新的形势，如市民对高品质农产品的需求日益强烈、村民对高品质生活的向往、农业农村用地更加紧缺、拆违带来的挑战、长三角一体化战略的机遇等，围绕如何增强上海农村发展动力，还缺少相关系统性研究。很多发达国家经历过乡村衰败的特定历史时期，在振兴乡村方面积累了一些经验，他山之石，可以为我所用。基于此，我确定了"上海农村发展动力机制研究"这样一个选题。本书研究目的，旨在从上海实施乡村振兴战略规划及实施方案的总体要求出发，在厘清农村发展动力来源的基础上，构建农村发展动力机制研究的逻辑框架，立足上海农村发展现状，并借鉴德、法、日等国家以及国内江浙等地区超大城市周边农村发展的有效经验和做法，以绿色农业发展、村集体经济发展、农村社会治理作为增强上海农村发展活力的三大主要抓手，分析上海农村发展动力不足的表现及深层原因，研究增强上海农村发展动力的思路和举措，最终提出增强上海农村发展动力的政策建议。

本研究总体遵循"理论解读—现状经验—内生动力—外生动力—结论建议"的基本思路。具体而言：首先，在研究目标与要求的基础上，构建上海农村发展动力机制研究的逻辑框架，对上海农村发展动力机制的构成与作用机理，以及增强上海农村发展动力进行理论解读。其次，基于研究框架和理论分析，立足上海农村发展历程与现状，对当前农村发展面临的新形势进行研判，明确上海农村发展要实现的目标，并对德、法、日等国家及国内江浙等地区增强农村发展动力的良好做法进行归纳总结，提出上海增强农村发展动力的启示。再次，在厘清上海农村发展的利益相关者和内外动力的基础上，将绿色农业发展、村集体经济发展、农村社会治理作为增强上海农村发展活力的三大主要抓手，基于实地调研获得的数据资料，分别从内生动力和外生动力两个方面，全面分析上海农村发展动力不足的表现，深入剖析农村发展动力不足的原因。最后，在上述研究基础上，探究增强上海农村发展动力的总体思路与举措，并提出具体对策建议。

　　本研究通过对上海市 9 个涉农区 20 个镇的农业经营主体、17 个镇 60 个村的村干部和村民、农业技术推广人员，以及全市各城区农产品消费者的实地调查，以绿色农业发展、村集体经济发展、农村社会治理为增强农村发展动力的重要抓手和切入点，立足上海农村发展的内在动力、外在动力划分，全面深入剖析动力不足的表现及原因，并借鉴国内外经验，提出增强上海农村发展动力的机制设计与对策建议。

　　全书包括"理论解读篇""现状经验篇""内生动力篇""外生动力篇""结论建议篇"五大篇内容，其中，"内生动力篇"与"外生动力篇"是两大核心研究内容。

　　结合上海乡村振兴战略的"三园"工程建设，上海增强农村发展动力迫切需要加快发展绿色农业、加强农村社会治理、壮大村集体经济，以此为重要抓手来实现高质量推进乡村振兴。其中，发展绿色农业是全面实现农业提质增效的前提和基础，加强农村社会治理是全面提升农村环境面貌的必要条件和保障，壮大村集体经济是全面提升农民致富增收的最主要路径，绿色农业发展、农村社会治理与村集体经济发展之间是可以实现良性循环的互动关系。基于此，内生动力篇主要分析绿色农业发展、村集体经济发展、农村社会治理动力不足的表现及原因，重点剖析利益相关主体的行为选择及其背后的深层影响因素。

　　农业是农村发展的产业基础，产业兴旺是实施乡村振兴战略的首要任务和工作重点，更是乡村振兴的基础和保障。上海定位发展都市现代绿色农业，绿色农业发展将奠定上海农业农村发展的底色与亮色，绿色农业的高质量发展关系上海农业农村发展大局。借鉴波特钻石模型，影响绿色农业发展的动力主要来自于产业利益主体竞争与协作、需求拉动、政府推动、要素投入、相关技术支持和机遇激励等六大方面，前四大因素通常居于更加重要的地位，其中产业利益主体竞争与协作是内生动力，需求拉动、政府推动、要素投入是外生动力。基于此，外生动力篇以上海农村发展三大抓手中的绿色农业发展为重点，聚焦基于市场拉动、政府推动、要素驱动三个方面，深入调查分析的上海地产农产品消费需求、农业科技研发推广体系、农业土地确权制度对绿色农业发展影响的作用机理和现实效果。

　　新颖的选题、独特的视角、全面的分析、一手的数据、可靠的结论、可行的建议，这充分体现了本研究的学术创新价值与现实借鉴意义，是本研究的贡献所在。建立在新颖视角、严谨框架、全面内容、丰富方法基础上的研究，得出的结论和建议也应该是可行且具有可推广价值的。本研究的意义和价值在于：一是鉴于目前新形势下上海农村发展动力的相关研究还很少，尤其是缺少基于大量一手调研数据的分析，本研究可以为相关研究提供理论借鉴和客观依据，从而提供一个较为全面的文献积累；二是本研究最终的研究成果，可供相关政府部门决策参考，为上海乃至全国进一步增强农村发展动力，以高质量推进乡村振兴提供具有针对性的对策建议。

目录 CONTENTS //////////////

内 生 动 力 篇

外 生 动 力 篇

结 论 建 议 篇

理论解读篇

LILUN JIEDU PIAN

第一章　理论分析与逻辑框架

实施乡村振兴战略是新时代中国"三农"工作的总抓手，本章在明确上海农村发展实现目标的基础上，厘清上海农村发展的重要抓手及内在逻辑关系，明确上海农村发展的利益相关者与动力来源，构建一个清晰、完整的理论分析框架，为本书研究的核心内容提供一个逻辑起点。构建农村发展动力机制研究的逻辑框架，以保障整个研究在严密的逻辑关系下系统深入地推进。

一、国内外研究进展

"三农"问题始终是关系中国长治久安的重大问题，党和政府历来非常重视"三农"问题。改革开放四十年来，中国农业农村发展取得翻天覆地的变化，但随着社会主要矛盾的变化，人们对农业农村发展提出更高要求，由此也吸引诸多学者从不同角度来研究探讨乡村振兴战略下的农业农村发展问题。本节重点围绕绿色农业、村集体经济、农村社会治理三大方面的发展动力研究展开综述。

（一）绿色农业发展动力机制的相关研究

1. 绿色农业的概念内涵与现状问题

近些年，国家大力倡导发展绿色农业，而发展绿色农业的必要性和环境红利在很长时间内都被学界广泛强调。所谓绿色农业，即以绿色环境、绿色技术、绿色产品为主体，充分运用先进科学技术、先进工业装备和先进管理理念，以促进农产品安全、生态安全、资源安全和提高农业综合经济效益的协调统一为目标，以倡导农产品标准化为手段，以生产绿色食品为核心，推动人类社会和经济全面、协调、可持续发展的农业发展模式（赵大伟，2012）。新中国成立至今，农业绿色发展逐步达成社会共识，农业低碳生产方式初步形成，粮食安全与餐桌安全稳步提升，农业经济性目标从增产转向带动农民增收；国家资源安全、环境安全、食品安全的多重约束要求农业走出一条兼具经济性、安全性和低碳性的绿色发展之路（李学敏等，2020）。

农业绿色发展是农业发展方式的根本性变革，是一个系统工程（刘刚，2020）。中国绿色农业发展可以追溯到 20 世纪 90 年代初（胡士华等，2013）。当时，在国家的宣传下，一些企业率先把绿色生产引入生产范畴，开始致力于生产环境友好型的绿色食品。这些绿色食品的产生正是中国经济与环境友好协调共存的一种表现形式。通过宣传，人们开始意识到绿色食品的意义以及优势之处，并且兴起一股对绿色食品的追捧热潮。随着绿色食品概念的深入人心，绿色农业应运而生，并且通过多年的发展，形成了一定的集群。罗旭生（2013）则对中国绿色农业发展现状进行了研究，认为中国的绿色农业发展具有五个特点：中国农业区域化布局基本形成；绿色农业标准化体系初步建成；绿色农业技术投入不断增大；绿色农业发展进程加快；绿色农业影响范围不断扩大。21 世纪以来，中国推出了多样化的绿色工程，如植树造林、农村沼气工程、新农村建设等，这些均有利于中国农村面貌以及生态环境的改善。

刘刚（2020）对目前有关农业绿色发展的研究进行了梳理，概括为六个方面：一是从经济学视角进行分析，主要分析农业绿色发展的外部性问题及其内部化对策（严立冬等，2009；郑冬梅，2006）。二是从农业生产者视角进行分析，主要研究农户的绿色生产意愿、行为以及绿色技术采纳问题（侯晓康等，2019；潘世磊等，2018）。三是从技术视角进行分析，主要研究石化投入品的减量问题、农业环境技术效率及绿色农业技术扩散等问题（孙若梅，2019；吕娜等，2019）。四是从产业视角进行分析，主要研究农业绿色发展的产业结构优化、产业集聚、农业产业链的绿色化等（张永华，2019；薛蕾等，2019；陆杉等，2018）。五是从区域农业发展视角进行分析，主要研究农业绿色发展水平的区域差异及绿色发展水平评价（涂正革等，2019；金赛美，2019）。六是有关支持农业绿色发展的政策性建议分析，包括对财政支持、投融资机制、农业保险等方面的研究（叶初升等，2016；胡雪萍等，2015；罗向明等，2016）。

2. 绿色农业发展的动力机制

目前国内外关于绿色农业发展动力机制方面的研究已有很多，多数围绕着制度层面展开，其他也包括市场需求等要素。这里提到的绿色农业发展动力机制，就是指绿色农业发展过程中的各种系统动力因素及其相互作用方式，是各种因素相互联系、相互作用进而形成促进系统发展前进动力的过程。一般认为绿色农业的发展基础框架包含内外两个驱动力，外部推动力、内部驱动力形成相互作用的良性循环，共同构成了整个产业演进的系统动力圈（赵大伟，

2012）。

首先，赵大伟（2012）提出政策激励、需求动力、供给动力、技术创新、专业分工构成了绿色农业发展的外部推动力，是关键外部环境影响因素对绿色农业发展的影响。由于中国的绿色农业的发展主要是由政府推动的，故很多学者都提出制度支持是农业绿色发展的重要推手。刘刚（2020）提出从制度经济学视角进行分析更有利于从全局角度解决当前农业绿色发展中存在的问题，有利于在顶层设计上实施统筹推进。政策作为重要的外生制度变量，通过政策信息激励绿色农业发展，使农业生产组织及个人了解政策的激励目标，并逐步内化为人们有意识执行政策的自觉行为，通过政策的导向性将政策意图从政府组织传递给农业生产组织及个人（何寿奎，2019）。关于农业绿色发展支持政策，应坚持底线思维，构建资源源头管控、产地环境监控、产业准入严控的农业绿色发展支持政策改革体系；坚持法律思维，制定农业绿色发展法律法规，推进农业绿色发展支持政策法律化（李学敏等，2020），政府部门要以促进农业龙头企业进行"绿色化"扩张为抓手，建立绿色食品管理部门考核机制，进一步优化原有的绿色食品产业扶持政策，形成针对大、中、小不同规模农业龙头企业的扶持政策体系（张明林等，2012）。还有较多研究是从金融政策的角度探讨绿色农业的发展，韦天珍（2013）认为中央财政对于中国绿色农业建设具有重要的责任，必须投入足够的财政支持才能使绿色农业在全国范围内得到有效普及。政府应对发展绿色农业的种植户给予政策性贷款，从而帮助他们解决资金"瓶颈"等问题。不断加大对农业的补贴支持是保持经济和社会持续健康发展的客观需要（程国强等，2012）。李学敏等（2020）强调坚持系统思维，财政补贴多补并一补，强化支持农业绿色发展主线。梁謇（2020）则是从绿色农业补贴的角度，提出聚焦现阶段影响中国农产品质量安全、农业资源合理利用以及生态环境保护的关键因素，加快构建中国绿色农业补贴政策体系。

其次，内部驱动力主要是产业内部的驱动力量，主要表现为作为微观市场主体的绿色生产企业内部的竞争驱动力、组织结构创新、绿色文化感召力、激励机制催动力构成了发展的内部动力机制，是产业内及市场微观主体生产者、生产企业内部的关键因素对绿色农业发展的影响（赵大伟，2012）。国内也有相关研究表明，机械水平、生产水平和人力资本是推动农业绿色发展的三大动力，促增因素和促减因素交替作用导致各指标在不同时期和不同区域表现各有差异（涂正革等，2019）。这三方面的动力机制将有效推动技术前沿进步，带来农业绿色生产效率的改善。这三大动力的实现，更需要现代农业的劳动者和经营者素质的提高。因此要大力发展中高等农业职业教育，逐步建立起多渠道、多层次、多形式的农民培训体系，大力推进"农科教"结合和农民"绿色证书"工程（方志权，2006）。另外，还有农业面源污染治理的需求动力：由于农业生产片面追求产量、有较高的治理成本和粗放的农业生产技术而导致面源污染，农村推行绿色发展，转变农村经济增长方式与发展模式，可以减少农药化肥使用量，从而减轻面源污染（何寿奎，2019）。而涂正革等提出农业绿色发展主要体现在两个方面：农业生产效率高和农业面源污染少，二者共同构成农业绿色生产效率。根据文献总结与研究成果，大体上可以将绿色生产效率提高归因于机械化程度的提高、生产技术进步以及人力资本的提升。

（二）村集体经济发展动力机制的相关研究

1. 村集体经济的概念内涵

村集体经济，主要是指农村集体成员利用共有生产资源从事生产经营活动的经济组织形式。农村集体经济制度在中国特色社会主义初级阶段制度体系中占据重要地位。所以需要廓清集体经济和民营经济、集体经济发展和集体资产管理、集体产权制度改革和"三变"改革以及村委会和农村集体经济组织四者之间的关系，促进农村集体经济发展。

关于集体经济和民营经济。黄文忠（2017）做了较为浅显的公式来表明二者的关系：广义民营经济＝个体经济＋私营经济＋合作社经济＋股份合作制经济＋集体经济＋"三资"企业＝非国家经营经济，其中私营经济占比最大。但就所有制性质来看，农村集体经济属于公有制经济，民营经济属于非公有经济的范畴。农村集体所有制，是中国农村最基本的制度（赖作莲等，2020）。由于民营经济在发展中已经取得了较多实践成功的模式，因此，可以通过民营经济的发展带动集体经济的发展，二者可以相辅相成。如可以采用租赁、合伙经营等形式展开合作，集体经济通过合作把经营权转让给民营经济等方式促进二者共同发展（刘义圣等，2019）。

关于集体经济发展和集体资产管理。农村集体资产的监督和管理是保障农村经济稳定、健康发展的重要基础。农村集体资产监督管理平台建设要考虑农村经济发展的需要，明确监督管理的目标与原则，完善相关制度，搭建专门的农村集体资产监管平台，将农村资产纳入到监管体系之中，并制定相应的政策制度，落实相应配套措施，最大限度地实现农村集体资产的保值增值（唐李昶，2020），让农村集体资产成为集体经济发展的强劲助力。

关于集体产权制度改革和"三变"改革。从改革的任务来说，农村集体产权制度改革和"三变"改革分别承担的是制度建设与经济建设（刘义圣等，2019）。农村集体产权制度改革，是继农村土地"三权分置"之后，又一项重大改革。实质上是对农村集体利益的再分割，是对农民集体收益分配权的再落实。胡玉辉等（2020）提出推进农村集体产权制度改革过程中的几个关键环节：清产核资、身份确认、股权设置以及股权量化环节，并强调清晰清产核资是深化产权制度改革的根基。集体土地对集体经济的发展至关重要，虽然随着经济制度改革的进行也对农村土地产权制度进行了改革，但已有的改革仍不足以适应现有农村经济发展的现状。加快现有土地制度改革使之尽快与农村集体经济发展相适应是进一步促进农村经济发展的重要方法。而农村"三变"改革的核心内容是"资源变资产，资金变股金、农民变股东"，实际上就是通过发挥政府主导作用和龙头企业、农民合作社的带动作用，构建以农民为主体的产业发展平台（刘义圣等，2019）。其中最重要的是股份制改革，以此盘活农村自然资源、存量资产和人力资本，以股权为纽带整合农村、政府和社会的各种资源要素注入农村产业发展平台，形成以产业为抓手的强大聚力合力，提高集体经济组织程度，发挥规模优势，壮大集体经济（杜良杰等，2018）。

关于村委会和农村集体经济组织。农村集体经济组织产生于 20 世纪 50 年代初，通过梳理改革开放以来中国农村集体经济的发展历程，以实际案例总结出 3 种农村集体经济组织发展模式：工业化、后发优势以及集腋成裘模式（孔祥智等，2017）。村民委员会是基层群众性自治组织，农村集体经济组织是根据相关法律界定的农村经济组织范畴。现在许多地方的村委会已经替代了村集体经济组织，而且两者决策机制相似，实践中职能相互重叠，导致学术争论中存在着认为没有必要在村委会之外重新设立农村集体经济组织，或是仅将农村集体经济组织作为村委会的下设机构的观点，甚至实践中已在基层农村中存在，如当前贵州省很多地方为推进农村集体经济发展，以注册成立专业合作社的形式发展"村社一体"合作社，就是这种观点的实践表达（詹瑜，2019）。但更多观点认为，农村集体经济组织与村委会是相对独立的组织。聚焦上海农村，钱茜（2015）将实践中的上海市闵行区农村集体经济管理组织比喻为党委、村委、村集体经济组织组成的"三驾马车"。曹丽（2015）以浦东新区为案例将集体产权制度改革划分为 3 个阶段，深刻总结了各阶段的发展模式、推进手段、存在问题以及解决思路，为农村集体经济工作下一步开展提供了现实思路。

2. 村集体经济发展的动力机制

农村集体经济主要功能表现在两个方面：一方面摆脱完全依靠上级政府拨款的"空壳村"，提供村庄发展和农民农业生产的公共服务；另一方面将原子化的农民重新组织起来，再造新型村庄共同体，使农民成为乡村振兴的主体（丁波，2020）。当前，中国农村集体经济还很薄弱，特别是集体经济"空壳村"占比较大。截至 2018 年，全国农村集体没有经营性收益或者经营性收益低于 5 万元的村占比高达 63.7%（周振，2020）。而村集体经济发展过程中也存在很多问题，主要体现为集体经济整体发展水平较低、区域间发展不均衡、经营行为短期化等（刘义圣等，2019）。另外产业链建设不完善、缺少水资源、劳动力思想观念落后、基层党建问题严重、发展定位思路不清、合作社经营模式不适合、村内人才缺乏等问题也日益严重，迫切需要认真梳理解决（姜宝山等，2019）。

面对诸多问题，开展发展动力的研究很有必要，学者们多是基于主体视角，从政府、市场以及农村内生发展动力来展开。丁波（2020）结合农村集体经济的演进逻辑，提出农村集体经济发展的三种类型，即外生型、合作型和内生型。集体经济发展的动力主体有政府、企业、合作社、农民，其中政府与企业是集体经济的外生动力主体，而合作社与农民是集体经济的内生动力主体，内外动力形成合力共同促进了集体经济的壮大。同时，政府又是内生主体与外生主体的双面胶，起着黏合的作用。结合"三变"改革，从而形成集体资源撬动政府资源，政府资源调动社会资源双轮驱动机制的结构（杜良杰等，2018）。

政府支持村集体经济发展是较为重要的方面。习近平总书记在党的十九大报告中进一步提出："深化农村集体产权制度改革，保障农民财产权益，壮大集体经济。"深化农村集体产权制度改革是重中之重，将其与保障农民财产权益和壮大农村集体经济有机地联系起来（许经勇，2020）。明晰的集体产权作为有效实现形式的动力机制，当集体产权面临主体虚位及权利残缺问题时，产权改革便成为农村集体经济改革的中心环节（徐声远，2020）。方志权（2018）提到中国农村集体产权制度改革的主要任务：一是分权。没有分权的，抓紧分权；已经分权的，要规范分权。二是赋权。赋予各类集体资产用益物权人的部分处分权。三是活权。建立农村产权流转交易市场及交易规则。四是保权。固化和保障农村集体经济组织成员权利。深化城乡二元土地制度改革，激活土地商品属性和金融属性，提高土地要素的市场化程度，使农村土地实现从资源到资产的飞跃，赋予农民更多的财产权益，壮大集体经济（许经勇，2020）。加强政府对都市农业用地的保护力度，完善配套鼓励都市农业发展的优惠政策，抵御城市开发的压力（方志权等，2008）。另外，发挥政府主导作用，加大对入驻企业的扶持力度，完善农业基础设施建设，解决水资源短缺问题等。除了国家出台相应扶持村集体经济的政策方针以外，也有学者提出要加强基层组织建设，突出党建的引领作用（姜宝山等，2019），无论从理论上讲还是从中国现实中的农村集体经济实践来看，地方政府都具有相对于上级政府尤其是中央政府的自主性（孙新华，2017），从基层领导干部抓起，有效激励村干部积极主动地经营集体资产。

另外，关于农村内生发展动力问题，针对以集体经济为载体的合作社与农民间存在内生发展动力不均衡的现象，一方面引进优秀人才，带入先进的发展理念以及持续"造血"功能；在"三变"改革中增加农民对集体资产管理的参与度与获得感，提高农民对收益的预期。另一方面，提高合作社负责人管理水平，使合作社内部管理更加规范；通过重点扶持集体经济收入低下或无收入的村集体开发经济项目，积极推进涉农金融结构服务链条的延伸，创新小额信贷方式，通过由政府作担保，改善自筹资金有限、财政资金不足等问题（杜良杰等，2018）。市场层面，詹瑜（2019）提出从市场在资源配置中发挥决定性作用角度，唤醒作为市场关系基础的乡土社会所蕴含的组织创新潜力，通过要素市场联动更好实现要素间合作和要素市场的网络关联，提高要素积极性的正向促进作用。

（三）农村社会治理动力机制的相关研究

1. 农村社会治理的概念内涵与存在问题

社会治理是一个由单一向多元，由简单向复杂推进，高效有序社会治理的系统工程（姜秀华，2019）。如何创新社会治理方式，是各级政府和学者们需要探讨的话题。一些地方政府通过积极摸索，形成了具有代表性的经验。例如在城市基层社会治理方面，有两级政府、三级管理的"上海模式"；在农村基层社会治理方面，以"枫桥经验"为代表的综治模式影响到全国各地，成为一些地方借鉴的样本，并逐渐发展成合作治理、整体性治理、协同治理和网络化治理等模式（张国磊等，2018）。"枫桥经验"得到不断发展，形成了具有鲜明时代特色的"党政动手，依靠群众，预防纠纷，化解矛盾，维护稳定，促进发展"的枫桥新经验，成为新时期把党的群众路线坚持好、贯彻好的典范。

党的十九大报告明确提出，要高度重视乡村治理体系建设，从农村社会治理实际角度出发，健全自治、法治和德治相结合的治理体系，进一步提升农村社会治理水平。中国农村社会治理经过长期摸索形成了一套适合中国国情的特色体系，但在实践过程中仍有一些不合理之处。例如有学者指出中国农村集体主体长期缺位、成员资格不明晰以及法人治理机构不完善和制度缺乏的问题（凌燕，2016；孔祥智等，2017；邱秀娟等，2016）；快速城市化进程的挤压，信息技术的加速发展，无形中给农村社会治理增加了新课题，基层组织自治能力、基层服务能力、基层民主协商不足等方面的先天不足，制约农村社会治理的整体质量提升（张晶，2020）。而上海 2012 年农村集体经济产权制度改革后，新的组织形式出现，成员身份和权力得到明确，运行机制和监督机制也均做出改善，集体经济发展得到了政府财政的倾斜支持（孙雷，2017）。上海市通过制度完善和财政转移支付努力维持着农村集体经济的运转，其突出的意义在于不仅完善了乡村社区治理体系，更维持了村级集体福利制度，保证当地农民生活水平和生活质量（熊万胜，2019）。

2. 农村社会治理的动力机制

国内外关于农村社会治理动力机制的研究，主要以问题为导向来展开。吴维海（2018）总结中国目前乡村治理存在的五大主要问题：农村发展定位模糊；乡镇治理能力弱化；国家法治与村民自治的矛盾；农民的公民权利保护的缺失；精英治理模式的缺陷。围绕农村社会治理创新的困境，曹桂茹等（2020）提出两个方面：农村公共服务的碎片化与社会治理主体的缺位化。而贺雪峰（2011）用列举影响乡村治理状况的主要行动者的方式，也间接提出了几个问题：政府管理机构、正在退出农村的乡镇政府、无所作为的村一级、已经散掉的村民组、衰落的农民认同与行动单位、越来越多的钉子户、落单的农民等。反映出关键主体在不同角度和程度上成为了农村社会治理的阻碍，影响了农村发展的稳定。而对于当前社会管理在创新的过程中存在着"内卷化"的问题，王冠军（2020）指出在社会管理创新过程中出现组织机构变得精细、功能变得片面和人员更具行政化的问题，这些"内卷化"使得旧机制得到复现，公共权益也被异化。

有研究者站在制度、主体等角度上进行系统分析，在此基础之上对农村社会治理进行创新和路径选择。关于制度性改革，要基于中国农村地域的差异性，综合考虑本地发展战略规划、面临的现实问题、地方未来发展定位、治理需要投入的成本等因素，同时与上级政府下派的其他各种任务有机结合起来，推动农村社会治理改革（李增元，2017）。清晰有效的产权归属是激活农村发展潜能和创新农村社会治理的重要基础（杨明，2020），通过对资源的有效整合，构建多元化治理模式（曹桂茹等，2020）。另外，关于利益主体，姜秀华（2019）提出加强基层党组织建设，发挥基层党组织的领头羊作用，是农村社会治理的重要组织保障。同时，允许多元主体参与农村社会治理创新，完善居民对新型农村社区社会管理创新的需求表达机制（王冠军，2020），发挥农民的主动性，使其积极地参与到治理中来。另外，加大农村社会治理创新力度，实现农村社会治理手段多样化：培育网络化的新型治理主体，形成多层级、互动化的治理新式格局，依托现代科技手段构建农村社会治理共同体（张晶，2020）。

（四）已有研究述评

通过梳理现有文献，直接关于上海农村发展动力的研究很少，部分学者从多角度对上海农业农村发展现状、存在问题与动力展开相关探索研究。学者们对上海农业农村发展成效进行了归纳总结，但也不回避乡村振兴战略背景下农村发展动力不足的问题。总体来说，目前上海农业农村发展总体趋稳，发展质量有所提升，美丽乡村建设为休闲农业打开了发展空间（刘文敏，2019）。农业产能极大提高，"米袋子"和"菜篮子"日益丰富，农民全面迈进小康，收入发生巨大变化（张占耕，2020）。目前标志着农业信息集约化建设的"上海农业"网络平台也已上线，以农业农村数据资源库和农业地理信息系统为数据核心，进一步规范了农业数据资源标准和数据更新采集标准，共设五个一级栏目和一个党建专栏，最大的特色是突出服务和体验（胡立刚，2018）。上海市乡镇和村集体大多具有一定的财政自主权，建设用地指标向市区集中后乡镇经济发展被土地指标所约束，乡村两级的经济收入不仅无法扩增，反而逐步减少。但基于雄厚的公共财政，上海乡镇政府开始努力建设公共服务型政府，村级组织也主要以为农民提供公共服务为主要职能，即使是在村集体经济被抽空的前提下，村集体每年的转移支付可以达到近百万元（印子，2017）。此外，目前上海乡村也已呈现较明显的都市型乡村结构特征，主要体现在以下几个方面："三农"比重小；乡村经济社会结构复杂，乡村与城镇存在紧密复杂的关联影响；乡村田园风貌特征不明显；乡村类型复杂。上海发展到现阶段，主要短板在乡村，但发展潜力和质量提升的重要空间也在乡村（薛艳杰，2019）。

实施乡村振兴战略，是上海防止乡村过度衰退、促进乡村跨越式发展升级的历史性战略机遇期（刘文敏，2019）。郊区农村是上海现代化国际大都市的重要组成部分，也是上海全面建成小康社会、实现更高质量发展的短板所在。上海要进一步缩小城乡发展差距，关键是要发挥国际大都市的比较优势，重塑城乡关系，着力增强农业农村发展动力。纵览已有相关研究，暂未发现针对上海这样一座国际化大都市如何增强农业农村发展动力开展全面系统研究的文献，尤其是缺少建立在一手大样本问卷调查数据基础上的实证研究，这给本书的研究创新提供了较大发挥空间，也凸显了本研究的现实意义和学术价值。当然，不可否认，已有研究成果为本研究提供了很好的学习借鉴，上海农业农村发展的相关实践和理论探讨为本研究的开展奠定了良好基础。

二、上海农村发展动力机制的理论分析

（一）上海农村发展的实现目标

改革开放以来，中国经济发展取得了举世瞩目的伟大成就。在此过程中，中国城市发展在数量上和质量上都获得了空前的进步，但与此同时，广大农村地区的发展却一直较为缓慢，有些地方甚至出现停滞和后退。2005年10月，中共十六届五中全会通过的《中共中央关于制定国民经济和社会发展第十一个五年规划的建议》提出，要按照"生产发展、生活宽裕、乡风文明、村容整洁、管理民主"的要求，扎实推进社会主义新农村建设，从而开启了以工补农、以城带乡的新篇章。党的十八大以来，中国农业农村发展取得了历史性成就，农民的生产生活发生了显著变化，农村成为更加美丽宜居的生产生活新空间。但由于历史欠账较多，中国当前最大的发展不平衡仍然是城乡发展不平衡，最大的发展不充分仍然是农村发展不充分，全面小康征程上受发展不平衡和不充分影响最大的群体仍然是农民。尤其是在中国特色社会主义的新时期，解决农业农村发展不平衡不充分的短板问题更加凸显，广大农民对缩小城乡差距、共享发展成果的要求也更加迫切。

党的十九大报告中明确提出实施乡村振兴战略，提出"产业兴旺、生态宜居、乡村文明、治理有效、生活富裕"的总要求。2018年又发布了《中共中央、国务院关于实施乡村振兴战略的意见》，对实施乡村振兴战略进行了全面部署。文件从提升农业发展质量、推进乡村绿色发展、繁荣兴盛农村文化、构建乡村治理新体系、提高农村民生保障水平、打好精准脱贫攻坚战、强化乡村振兴制度性供给、强化乡村振兴人才支撑、强化乡村振兴投入保障、坚持和完善党对"三农"工作的领导等方面进行安排部署。文件提出，走中国特色社会主义乡村振兴道路，让农业成为有奔头的产业，让农民成为有吸引力的职业，让农村成为安居乐业的美丽家园。文件确定了实施乡村振兴战略的目标任务：到2020年，乡村振兴取得重要进展，制度框架和政策体系基本形成；到2035年，乡村振兴取得决定性进展，农业农村现代化基本实现；到2050年，乡村全面振兴，农业强、农村美、农民富全面实现。

2018年4月4日，上海市委、市政府召开上海市实施乡村振兴战略工作会议。会议强调，要认真学习贯彻习近平总书记"三农"工作的重要论述，着眼大局、带着感情、立足优势抓好乡村振兴，强化规划引领、彰显品牌特色、优化人居环境、突出富民为本，用改革的办法推动乡村振兴战略落地落实，努力开创上海"三农"工作新局面。会议指出，乡村振兴事关上海城市发展全局，是上海必须做好的一篇大文章。全市上下要统一思想，重新认识和发现乡村的价值。上海的发展离不开乡村，正是有了乡村的滋养，城市才能生生不息、持续发展。未来乡村不仅是重要的居住空间，还是打响"上海制造"品牌、吸引创新创业群体的重要发展空间。我们要以更大的责任担当，用好背靠超大城市的优势，谋划好乡村发展，思想更解放一些，步子更大一些，积极探索超大城市郊区的乡村振兴举措。

会议强调，要明确上海乡村振兴的主攻方向和关键举措。规划是统筹推进乡村振兴的"纲"，要强化规划引领，做好村庄布局规划，加快提高农民居住集中度，为改善乡村面貌、节约土地资源、优化公共服务创造条件。城乡一体化不是城乡一样化，农村要有农村的特色，不能简单复制城市建设形态。要遵循乡村自身发展规律，保留保护村庄肌理、自然水系，粉墙黛瓦、小桥流水、枕水而居，体现江南特色。要把体现上海乡村文化特色的符号和元素提炼出来，形成村庄规划和农房设计的管控导则，有风貌更要有韵味，有入眼的景观更要有走心的文化。乡村产业发展要彰显品牌特色。根据市民需求，生产更多高品质农产品，打造一批经得起市场检验、区域有影响力的农产品品牌。挖掘郊区旅游资源，谋划推出更多对市民有吸引力的乡村旅游景点和特色旅游产品，打响郊区旅游品牌。要优化人居环境，让乡村更美丽干净、更富有魅力。着力提高农村公共服务水平，统筹解决农村教育、医疗、道路建设等问题；全面改善乡村生态环境，加大投入深入推进河道整治、污水处理、垃圾分类等工作；用心传承优秀乡村文化，讲好乡村故事，留住乡愁记忆。富民是乡村振兴的最终落脚点，促进农民增收要有新思路、新办法。要突出富民为本，积极发展农村集体经济，大力支持农民创新创业，不断增加农民财产性收入、经营性收入。

（二）上海农村发展的重要抓手及内在逻辑关系

党的十九大报告提出实施乡村振兴战略，这对上海农村发展提出了更高要求。按照《中共上海市委上海市人民政府关于贯彻〈中共中央、国务院关于实施乡村振兴战略的意见〉的实施意见》和《上海乡村振兴战略规划（2018—2022年）》的要求，就落实乡村振兴关键举措，制定了《上海市乡村振兴战略实施方案（2018—2022年）》。实施方案中指出，上海实施乡村振兴战略，要坚持面向全球、面向未来，推进"三园"工程，实施六大行动计划。"三园"工程是指以全面提升农村环境面貌为核心的"美丽家园"工程，以全面实现农业提质增效为核心的"绿色田园"工程，以全面促进农民持续增收为核心的"幸福乐园"工程。力争到2022年，基本形成乡村空间布局合理、人居环境整洁、产品绿色优质、产业融合发展、社会治理有效、农民生活富裕的格局，使乡村成为提升城市能级和核心竞争力的重要战略空间，成为上海现代化国际大都市的亮点和美丽上海的底色，为建成与迈向卓越全球城市相适应的现代化乡村奠定扎实基础，努力在实施乡村振兴战略中走在前列、做出示范。

"三园"工程中的"绿色田园"工程主要是实施都市现代绿色农业发展行动计划、现代农业经营体系构建行动计划，核心是全面实现农业提质增效。"美丽家园"工程主要是实施"十百千"行动计划、农居相对集中行动计划，核心是全面提升农村环境面貌。"幸福乐园"工程主要是实施农民长效增收行动计划、农民美好生活提升行动计划，核心是全面提升农民致富增收。上海要建设好"三园"工程，就要分清主次，抓住"牛鼻子"。结合上海乡村振兴战略规划中的"三园"工程建设，当前上海迫切需要加快发展绿色农业、加强农村社会治理、壮大村集体经济，以此为重要抓手来实现高质量推进乡村振兴。其中，发展绿色农业是全面实现农业提质增效的前提和基础，加强农村社会治理是全面提升农村环境面貌的必要条件和保障，壮大村集体经济是全面提升农民致富增收的最主要路径。

绿色农业发展、农村社会治理与村集体经济发展之间应该是可以实现良性循环的互动关系，三者之间的内在逻辑关系如图1-1所示。首先，加强农村社会治理需要增强村民对农业农村文化的热爱与推崇，进而带动整个社会对农业农村农民的了解和尊重，绿色农业发展以及传统农耕文化可以为加强农村社会治理提供文化根源；同时，当前绿色农业发展也面临"后继无人"的困境，加强农村社会治理有助于为绿色农业发展提供充足劳动力。其次，绿色农业发展

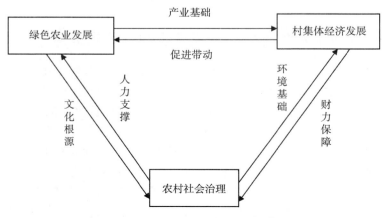

图1-1　三大抓手之间的内在逻辑关系

与村集体经济发展之间存在的主要矛盾是农业发展难以促进村集体经济增收，绿色农业发展是村集体经济发展的产业基础，也应该为村集体经济增收提供产业支撑；同时，村集体经济的发展壮大有助于促进带动绿色农业发展，比如通过引入社会资本促进村域内的三产融合发展。最后，村集体经济发展与农村社会治理之间存在的主要矛盾是新形势下村集体经济收入难以可持续支撑村庄长效管理，发展壮大村集体经济可以为农村社会治理提供财力保障；同时，做好村庄长效管理可以为村集体经济发展提供良好的生态环境、文化氛围和基础设施等。

（三）上海农村发展的利益相关者与动力来源

上海要进一步缩小城乡发展差距，关键是要发挥国际大都市的比较优势，重塑城乡关系，着力增强乡村振兴的内生动力，充分发挥广大利益相关者的主动性、积极性与创造性。上海农村发展的利益相关者包括农业经营主体（农业专业合作社、家庭农场、农业企业、农户）、村民、村干部、政府、市场、社会力量等，农村的发展离不开这些利益主体的参与，农业经营主体、村民、村干部构成农村发展的内生动力，政府、市场、社会力量构成农村发展的外生动力，外生动力通过影响内生动力起作用。

首先，就绿色农业发展而言，农业经营主体是最关键和直接的利益相关者，构成绿色农业发展的内生动力，政府、市场和社会力量也是利益相关者，共同构成绿色农业发展的外生动力（图 1-2）。其中，在绿色农业发展的外生动力中，市场应该是主导力量，发展绿色农业必须坚持市场导向，认清消费需求变化；政府是绿色农业发展的推动力量，政府的政策措施会对农业经营主体行为起到引导作用，但不当的政策措施也会阻碍绿色农业发展；社会力量作为绿色农业发展的一支重要拉动力量，应该给予足够重视，尤其是工商资本直接参与绿色农业发展或者带动农业经营主体发展绿色农业，很大程度上具有抵御

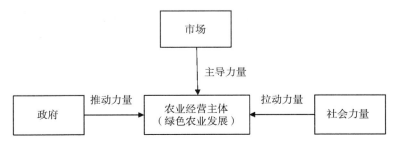

图 1-2 绿色农业发展的利益相关主体及相互作用

市场风险、增强全产业链开发和产业融合的作用。

其次，就村集体经济发展而言，村民应该是直接受益者，但村干部无疑是关系村集体经济健康发展的最重要利益相关者，村干部的眼界、能力和积极性对村集体经济发展具有非常重要的作用，也构成了村集体经济发展的内生动力，而政府、市场和社会力量也是利益相关者，共同构成村集体经济发展的外生动力（图1-3）。其中，在村集体经济发展的外生动力中，政府应该是主导力量，政府的政策措施对村集体经济发展具有重大影响，一方面政府的土地等政策措施会直接决定村集体经济发展与否；另一方面政府对村干部的考核也很大程度上会影响村干部发展村集体经济的积极性。市场是村集体经济发展的拉动力量，应该认识到，不管村集体经济发展什么产业，始终是要面向市场，不能忽视市场调节的作用。社会力量作为村集体经济发展的重要推动力量，应该大有可为，尤其是国有资本应该在其中发挥积极作用，之所以引入国有资本，既是看重国有资本以市场为导向，更加注重效率和效益，又是看重国有资本的抵抗市场风险能力与社会责任担当，毕竟村集体经济发展关系广大村民的切身利益，亏损带来的不利社会影响是巨大的。

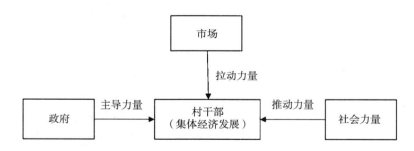

图1-3　村集体经济发展的利益相关主体及相互作用

最后，就加强农村社会治理而言，村民应该是最直接和最重要的利益相关者，农村社会治理最关键的就是充分实现村民自治，村民自治简而言之就是广大农民群众直接行使民主权利，依法办理自己的事情，创造自己的幸福生活，实行自我管理、自我教育、自我服务的一项基本社会政治制度，要充分激发出村民在农村社会治理中的主人翁意识和作用，显然村民是农村社会治理的内生动力，同样政府、市场和社会力量也是利益相关者，共同构成村集体经济发展的外生动力（图1-4）。其中，在农村社会治理的外生动力中，政府应该是主导力量，由于村委会只是基层群众自治性组织，中国农村社会治理应该坚持党委领导、政府主导、社会协同、公众参与的社会共治模式，在当前的村民相对集中居住、人居环境整治、基础设施建设等方面政府要发挥主导作用，而在村集体经济收入无法支撑村务管理支出时政府还要给予必要的财政转移支付。同样，市场也是农村社会治理的拉动力量，村务管理工作纷繁复杂，好多建设项目需要引入更加有效率的市场力量。还要充分重视工商资本、非政府组织等社会力量对加强农村社会治理的积极推动作用，比如在农村养老问题上，既可以有通过政府外包项目形式引入非政府组织的平价养老模式，也可以有通过引入工商资本打造高端养老社区的中高端养老模式。

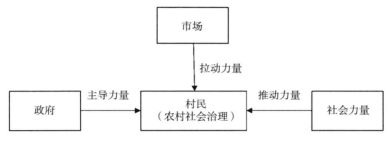

图 1-4　农村社会治理的利益相关主体及相互作用

三、增强上海农村发展动力的理论解读

上海增强农村发展动力应该坚持以下总体思路：以乡村振兴战略提出的五大要求"产业兴旺、生态宜居、乡风文明、治理有效、生活富裕"为农村发展目标；以绿色农业发展、村集体经济发展、农村社会治理为增强农村发展动力的重要抓手；农业新型经营主体、村民、村集体为农村发展的内生动力，政府、市场、社会力量为农村发展的外生动力，外生动力影响内生动力的作用发挥，坚持这一基本分析观点；要围绕三大重要抓手，以实现五大振兴"产业振兴、人才振兴、生态振兴、文化振兴、组织振兴"为增强农村发展动力的具体落脚点。

（一）增强上海绿色农业发展动力

上海发展绿色农业应该以农业经营主体为核心，充分发挥市场调节在绿色农业发展中的主导作用，政府充分利用法律法规和政策等工具发挥引导作用，同时引入社会资本，通过大力发展生产体系、产业体系、经营体系三大体系构建起绿色农业发展的动力机制。

从内涵特质讲，现代农业是一个包含产业体系、生产体系、经营体系三个方面的有机整体。产业体系、生产体系、经营体系融为一体，体现了现代农业建设在生产力和生产关系两个层面的内在要求。其中，产业体系是现代农业的结构骨架，生产体系是现代农业的动力支撑，经营体系是现代农业的运行保障。产业体系和生产体系体现的是生产力要求，经营体系体现的是生产关系要求。从发达国家现代农业发展实践看，各国现代农业发展道路和模式尽管各不相同，但在现代农业建设内容上无不包含了产业体系、生产体系、经营体系"三个体系"。产业体系、生产体系、经营体系构成了现代农业的内涵要求和必要内容。建设现代农业，"三个体系"缺一不可，否则不能成为现代农业。建设现代农业，"三个体系"要同时构建，不能倚重倚轻，甚至出现偏废。现代农业"三个体系"在内容上也是不断发展和丰富的。

构建现代农业产业体系，核心是延伸拓展传统农业的功能边界，实现产业竞争力提升。农业产业体系是集食物保障、原料供给、资源开发、生态保护、经济发展、文化传承、市场服务等产业形式于一体的综合系统，是多层次、复合型的产业体系。在产业体系上，要实现由种植业、畜牧业、渔业、林业等基本产业扩展延伸到生产资料供应、生产技术及信息服务等农业产前部门和农产品加工、流通、销售、食品消费、市场信息服务等农业产后部门，甚至进一步扩展延伸至农业观光旅游、农业生态休闲、农业传统文化保护传承、农业电子商务等农业生产性服务业和生活性服务业的第三产业。

构建现代农业生产体系，核心是优化农产品供给结构，实现农业生产与资源投入、市场需求的纵向贯通。现代农业生产体系是先进科学技术与生产过程的有机结合，是衡量现代农业生产力发展水平的主要标志，核心是解决农业的发展手段、动力和活力问题。在生产体系上，要实现自动化、智能化以及机械化、自动化、智能化相结合的生产方式发展的基本态势，基因工程、生物技术等新兴农业科技与农业深度融合，工厂化农业、设施农业等工程技术在农业中大规模应用，农业生产的物质手段和技术创新水平日益提升，农业对自然的掌控程度和农业与自然的和谐程度日益提升，农业生产效率日益提高。

构建现代农业经营体系，核心是发挥好新型农业经营主体的引领作用，实现小农户和现代农业发展有机衔接。农业经营体系是新型农业经营主体、新型职业农民与农业社会化服务体系的有机组合，是衡量现代农业制度化、组织化、社会化、市场化程度的主要标志。在经营体系上，要实现农业规模化经营、农业经营者素质提高、工商资本进入农业、农业日益扩大同资本市场和期货市场结合、城乡居民收入差距不断缩小等新的态势。着力构建现代农业产业体系、生产体系、经营体系，就是要把握和适应现代农业发展的新趋势，使中国现代农业建设更好体现现代农业的内在要求，更好体现现代农业的发展规律，推动中国现代农业建设和发展水平不断提高。

（二）增强上海村集体经济发展动力

　　上海发展村集体经济应该以政府为主导力量，充分发挥政府在村集体经济发展中引入社会资本以及市场力量方面的作用，引导激励村干部大力发展村集体经济的积极性，因地制宜地大力发展物业型集体经济和产业型集体经济，从而构建村集体经济发展的动力机制。

　　目前上海村集体经济发展主要可以归为两大类。第一类为物业分红模式，其优势是借助靠近城区禀赋发展物业项目，使集体经济组织获得稳定的租金收益；其缺陷是租金收益与房地产市场等领域的形势密切相关，产业的可持续性不强，且不能有效解决农民就业问题，还会催生食利阶层，滋生背靠大树好乘凉的"等靠要"思想。第二类为产业发展模式，其优势是在"农"字上做文章，向上下游产业链延伸拓展，增加涉农地区的知名度和吸引力，带动区域整体发展，既可解决农民就业，又可实现资产增值；其缺陷是起步阶段难，前期投入资金缺乏，容易出现发展层级低、科技含量不高的情况，且易于同质化。

　　当前，江浙地区发展集体经济，更多是依靠产业而非物业，上海集体经济的发展偏重于物业分红模式。与江浙两地相比，上海纯农地区事实上也具有地域特色的农产品、自然景观和人文风俗，不应妄自菲薄，完全可以在发展物业分红型集体经济的同时，进一步激发农村基层的创造性和创新性，强化产业发展型集体经济的发展，使之更可持续。要坚持"两个结合"：一是与新一轮农村综合帮扶相结合，通过建设一批长期稳定收益的帮扶"造血"项目，发展壮大集体经济，提升自主发展能力；二是与产业相结合，使集体经济发展从偏重物业分红向发展产业转型，形成农民持续增收的长效机制。

（三）增强上海农村社会治理动力

　　上海加强农村社会治理应该以政府为主导力量，充分发挥政府在农村社会治理中引入市场力量与社会力量方面的作用，引导激励村民积极参与农村社会治理，加快完善党委领导、政府主导、社会协同、公众参与的农村社会共治模式，从而构建农村社会治理的动力机制。

　　农村社会治理要充分调动多方力量参与，完善"党委领导—政府有限主导—多元主体参与"的社会共治体系。乡镇机构处于中国五级政府机构的最基层，居于国家政权和村级治理的集合点，在农村社会治理结构中起枢纽和衔接作用。乡镇政府所依托的国家权威和村民自治所依托的社会权威无法有效协作是当前农村社会治理困境的根本原因。未来农村社会治理模式的构建应当有效解决二元化的权威基础之间的权力分配问题和多元化的治理主体之间的角色定位问题。"有限主导—合作共治"模式是未来农村社会治理的建设方向。有限主导是指政府在宏观上掌控未来农村社会治理的总体方向，使其不偏离国家意志，保障国家权威在农村社会甚至整个社会的主导地位；合作共治是指积极进行农村社会多元主体的自身建设，努力构建主体间协同治理关系，充分发挥多元主体在农村社会治理中的合力，实现农村社会经济的发展。

该模式的最终目标是要实现政府与社会的协同治理，实现整个农村社会的善治，具体就是要建立和完善党委领导、政府主导、社会协同、公众参与、法制保障的社会治理体制。坚持系统治理，加强党委领导，发挥政府主导作用，鼓励和支持社会各方面参与，实现政府治理和社会自我调节、村民自治良性互动。坚持依法治理、综合治理、源头治理，及时反映、协调和解决村民各方面利益诉求。具体来说：坚持党委领导，主要就是充分发挥好党员先锋模范作用，搞好干群关系，全心全意为广大村民利益服务；坚持政府主导，主要就是由政府主导推进村庄规划和美丽乡村建设等工作，切实改善村民居住环境；坚持社会协同，主要就是鼓励工商资本与非政府组织以政府购买服务形式参与到农村养老、环保等公共服务类项目，切实提高村民生活幸福感；坚持公众参与，主要就是充分发挥乡贤在农村社会治理中的带动示范作用，以及充分调动村民参与农村社会治理的积极性；坚持法制保障，主要就是针对农村基层治理出现的农民与国家关系的疏离这一新问题，从观念和制度两个维度，注重法治观念与法治体系建设并行，重塑国家与农民之间的良性关系，重塑国家权力与农民权利之间的规范平衡，重塑基层党组织、政府、社会和公众的协同治理结构，重塑国家治理与村民自治作为农村治理之一体两面的互嵌格局，重塑法律在农村治理中的支撑作用。

四、上海农村发展动力机制研究的逻辑框架

（一）研究思路与逻辑框架

本研究总体遵循以下框架思路：首先，立足上海农业农村发展现状，提出亟待研究和解决的重大问题，即上海农村发展的动力机制是什么。其次，明确解决问题的途径，厘清农村发展动力机制的作用机理，坚持内生动力与外生动力相结合，以绿色农业、村集体经济、农村社会治理三大抓手为上海农村发展的内生动力，将政府推动、市场需求拉动、土地要素投入作为上海农村发展的外生动力，在此分析基础上，基于上海市情，借鉴国际经验，进一步探讨如何实现农村发展动力机制优化。最后，根据研究结论，提出完善上海农村发展动

力机制、实现农业农村高质量发展的对策建议（图1-5）。

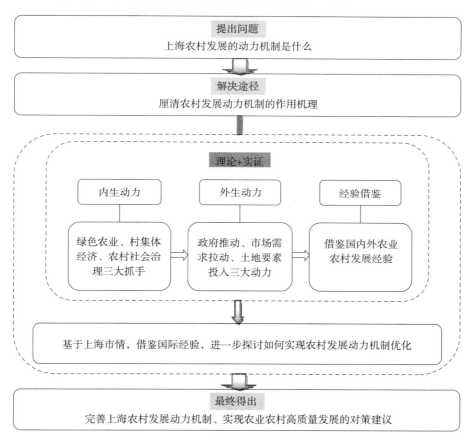

图1-5　研究逻辑框架

（二）研究内容与技术路线

本研究主要包括以下五部分内容：

第一部分　理论解读篇

包括第一章内容。实施乡村振兴战略是新时代中国"三农"工作的总抓手，该部分在梳理评述已有农村发展动力机制文献以及明确上海农村发展的实现目标的基础上，厘清上海农村发展的重要抓手及内在逻辑关系，即以绿色农业发展、村集体经济发展、农村社会治理为三大抓手，明确上海农村发展的利益相关者与动力来源，包括内在动力和外在动力，其中农业经营主体、村民、村干部等构成农村发展的内生动力，政府、市场、社会力量等构成农村发展的外生动力，外生动力通过影响内生动力起作用，从而以此为逻辑起点，构建一个清晰、完整的理论分析框架。

第二部分　现状经验篇

包括第二、三章内容。该部分首先立足上海农村发展历程与现状，分析上海农村发展面临的新形势；其次明确上海农村发展要实现的目标，应该坚持以乡村振兴战略提出的五大要求为实现目标，并提出增强上海农村发展活力的三大主要抓手，即绿色农业发展、村集体经济发展、农村社会治理；再次，对德、法、日等国家以及国内各省份增强农村发展动力的良好做法进行归纳总结，尤其是江浙等省在乡村振兴战略实施方面有很多值得上海学习借鉴的地方；最后，立足中国国情和上海市情，提炼总结德、法、日等国家以及江浙等省份增强农村发展动力做法对上海的启示。

第三部分　内生动力篇

包括第四、五、六章内容。该部分首先在利益相关主体划分的基础上，将农业新型经营主体、村民、村集体界定为农村发展的内生动力，将政府、市场、社会力量界定为农村发展的外生动力，外生动力影响内生动力的作用发挥；其次，通过实地调查，对上海农村发展动力的现状展开分析，尤其是内生动力不足的表现如何。此外，该部分主要基于实地调查，以绿色农业发展、村集体经济发展、农村社会治理为抓手，立足上海农村发展内生动力不足的表现，有针对性地分析农村发展动力不足的深层原因。

第四部分　外生动力篇

包括第七、八、九章内容。农业是国民经济的基础产业，对乡村振兴战略下实现农村高质量发展具有基础性作用。该部分主要立足上海农业发展，借鉴和依据波特钻石模型理论，主要从市场拉动、政府推动、要素投入三个视角，分别实证分析上海地产农产品消费需求、农业科技研发推广体系、农业土地确权制度，深入剖析上海农村发展外生动力现状、存在不足及原因。

第五部分　结论建议篇

包括第十章内容。该部分主要是根据前四部分内容的研究结果，在调查分析上海农村发展动力不足的表现与原因的基础上，借鉴国内外经验，以绿色农业发展、村集体经济发展、农村社会治理为重要抓手，提出保障上海农村发展动力的对策建议。

本书研究技术路线如图1-6所示。

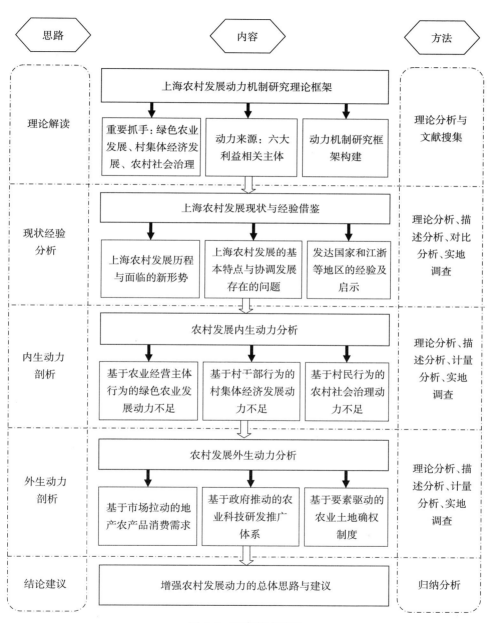

图 1-6 研究技术路线

五、本章小结

乡村振兴战略背景下，上海大力推进"三园"工程建设。本章立足于上海农业农村发展现状，依据经济学等相关理论，构建了上海农村发展动力机制研究的逻辑框架，主要得出以下结论。

上海市坚持面向全球、面向未来，在明确乡村振兴的主攻方向和关键举措的前提下，推进"三园"工程建设，实施六大行动计划。绿色农业发展、农村社会治理与村集体经济发展作为"三园"工程建设的三大重要抓手，三者之间应该是可以实现良性循环的互动关系，主要表现为：绿色农业发展以及传统农耕文化为加强农村社会治理提供文化根源，加强农村社会治理有助于为绿色农业发展提供充足劳动力；绿色农业发展是村集体经济发展的产业基础，也应该为村集体经济增收提供产业支撑，村集体经济的发展壮大有助于促进带动绿色农业发展；发展壮大村集体经济可以为农村社会治理提供财力保障，做好村庄长效管理可以为村集体经济发展提供良好的生态环境、文化氛围和基础设施等。

关于农业农村发展的利益主体，就绿色农业发展而言，农业经营主体是最关键和直接的利益相关者，构成其发展的内生动力；就村集体经济发展而言，村民应该是直接受益者，而村干部也构成了村集体经济发展的内生动力；就加强农村社会治理而言，村民应该是最直接和最重要的利益相关者，显然村民是农村社会治理的内生动力。此外，政府、市场和社会力量也都作为利益相关者，共同构成其发展的外生动力。上海绿色农业发展应该坚持建立完善现代农业生产体系、产业体系、经营体系；农村集体经济发展应该坚持"两个结合"，即与新一轮农村综合帮扶相结合、与产业相结合；农村社会治理应该完善"党委领导—政府有限主导—多元主体参与"的社会共治体系，建立和完善党委领导、政府主导、社会协同、公众参与、法制保障的社会治理体制。

最后确定框架思路：首先立足上海农业农村发展现状，提出上海农村发展的动力机制是什么这一重大问题。其次，明确解决问题的途径，厘清农村发展动力机制的作用机理，坚持内生动力与外生动力相结合，以绿色农业、村集体经济、农村社会治理三大抓手为上海农村发展的内生动力，并将政府推动、市场需求拉动、土地要素投入作为上海农业农村发展的外生动力。最后，基于上海市情，借鉴国内外经验，进一步探讨如何实现农村发展动力机制优化，并提出完善上海农村发展动力机制、实现农业农村高质量发展的对策建议。

现状经验篇

XIANZHUANG JINGYAN PIAN

第二章 上海农村发展历程与现状概述

　　在对上海农村发展动力机制展开具体分析之前，需要先厘清上海市农业农村发展的现状与新形势，对其有一个清晰的了解和认识才能为接下来的理论和实证分析提供现实依据。本章主要对上海农村发展历程与面临的新形势、农村发展呈现的基本特点，以及农业农村协调发展中存在的问题进行分析，后文的进一步研究都是建立在本章所介绍的基础上。

一、农村发展历程与面临的新形势

　　自新中国成立，尤其是改革开放以来，上海农村发生了历史性变化。主要表现在：一是上海农村经济总量得到持续不断增长，从坚持两个立足点，到成为都市产业基地、城市扩展腹地、都市居民绿地（袁以星，2019）；二是上海农业综合生产能力得到持续不断提高，虽然伴随着耕地资源大幅减少、农村劳动力大量转移的大背景，但上海郊区农业的地位没有被忽略，农业综合生产能力没有下降，2017年上海农业总产值比1978年的18.26亿元增长13倍之多，农业科技化、机械化、设施化、标准化和组织化水平走在全国前列；三是郊区农民生活水平持续不断跃上新台阶，1978年上海农民人均分配收入为281元，2017年农民人均可支配收入达到27 825元，比1978年增长近百倍。村民恩格尔系数由1978年的54％下降到2017年的33％，此外，农村道路、电话、互联网、教育卫生、垃圾处理等社会事业得到持续发展，切实提高了村民的生活幸福感。

　　新时代下，乡村振兴战略对上海农村发展提出更高要求，并且随着中国社会主要矛盾的变化，上海农村发展面临一些新形势，需要予以厘清，才能更好地分析上海农村发展动力。当前上海农村发展主要面临以下新形势：

（一）市民对高品质农产品和农业多功能性的需求日益强烈

　　当前中国社会的主要矛盾已经变成了人民日益增长的美好生活需要和不平

衡不充分的发展之间的矛盾，在这一时期随着上海城乡居民收入和生活水平的提高，人们从对农产品数量需求向数量安全、质量安全并重转变，如今更是呈现出更高层次需求，即对农产品高品质的需求提高，这对上海农业发展提出更高要求。农产品保供给的要求有所弱化，保证农产品质量安全是上海农业发展的基本要求和前提，切实提高农产品品质逐渐成为上海农业发展的关键和努力方向。这应该是当前及未来一段时期对上海农产品市场需求以及农业发展方向的基本判断和大势所趋。

此外，应该认识到，农业具有多功能性，农业生产的作用绝不仅仅在于单纯提供农产品。农业多功能性概念的提出可以追溯到 20 世纪 80 年代末到 90 年代初日本提出的"稻米文化"。1992 年联合国环境与发展大会通过的《21 世纪议程》正式采用了农业多功能性提法。1996 年，日本颁布了《粮食·农业·农村基本法》，强调农业除具有经济功能外，还同时具有社会功能、生态功能和政治功能等多种功能。根据国外的研究结果，结合中国的实际，农业多功能性的含义可归纳为：农业多功能性是指农业具有提供农副产品、促进社会发展、保持政治稳定、传承历史文化、调节自然生态、实现国民经济协调发展等功能；且各功能又表现为多种分功能，各功能相互依存、相互制约、相互促进形成多功能有机系统特性。

上海作为一座国际化大都市，随着城乡居民收入和生活水平的提高，人们对良好生态环境的重视程度日益提高，人们越来越向往亲近大自然、了解农业生产过程与农村文化，更加希望了解自己购买的农产品来源是否安全，以及实现对子女的寓教于乐，由此农业的多功能性在都市化背景下愈加重要。要综合吸收发达国家大城市地区的都市农业发展经验，走出具有上海特色的现代都市农业发展道路，成为与城市建设和管理现代化水平相适应的富裕、文明、洁净、安全、优美的都市型重要产业。从根本上实现由农业的生产功能向经济功能、生态功能、社会功能等多种功能延伸，确定都市现代农业的主导功能为经济功能、生态功能、社会功能的有机结合。由此，就可以基本解决都市农业发展的认识、投入、体制与机制、政策扶持等问题，将都市现代绿色农业扎扎实实地推向一个崭新阶段。

（二）农业农村用地更加紧张，尤其是缺少建设用地指标

土地是上海农业农村发展不可或缺的资源，甚至可以说是最重要的资源。然而，在上海城镇化发展的大背景下，农业农村发展空间不断受到挤压，农业农村土地资源不断受到侵蚀，极不利于农业农村的可持续发展。农业农村用地的紧张局面主要体现在以下三个方面。

首先，农作物播种面积和农村人口数都大幅减少。近年来，上海城镇化进程大大加快，上海农业农村发展都受到很大冲击，主要表现为农作物播种面积和农村人口数的减少。其中，农作物播种面积由 2000 年的 52.15 万公顷下降至 2018 年的 28.53 万公顷。粮食作物和经济作物播种面积都出现不同程度减少，主要农产品生产保供给压力大。此外，农村人口数由 2000 年的 360.71 万人减少至 2017 年的 253.58 万人。农村从业人员中，从事第一产业的人数则由 2000 年的 81.45 万人锐减至 2017 年的 34.62 万人，减幅超过一半，农业发展在未来较长一段时期内都会面临"谁来种地"难题。

其次，农业农村建设用地指标短缺。具体表现在农业生产配套设施短缺，休闲农业等产业融合项目难以落地，美丽乡村建设缺少建设用地指标。农业设施短缺主要是缺少仓库，特别是粮食的烘干房。从已建、在建及待建的休闲农业旅游项目看，遇到最大的困难是，项目内的建筑物，特别是一些公共辅助设施及场所（停车场、公共厕所）的建设，因受建筑面积指标的限制，往往导致开发经营主体无法拓展休闲农业的多功能性。另外，美丽乡村建设需对旧房屋进行改造，这就要对原住户进行搬迁，现实中由于村里缺少建设用地指标，没有足够土地空间将原住户搬迁安置，也就无法对原住宅进行改造，无法将道路拓宽。

最后，土地零碎分散导致土地利用率低。这主要表现为"拆违"和"三区"划定之后的遗留问题。2017 年是上海市大拆违之年，拆违对改善城乡面貌和生态环境具有重要作用，但拆违之后却又面临土地利用难问题。特别是城镇化进程较快的农村地区，违规建筑多，拆违之后的土地非常零散且复垦工作难度很大，原有土地因开挖使用已破坏土壤肥力，复垦成本很高，拆违之后的土地难以用于耕种。目前有地区经探索实验可以种植林木，但这样又面临改变土地性质的问题。由于上海耕地面积有限，在城镇化进程下耕地面积更是有减少趋势。为进一步提高农业生产标准化水平、实现区域化布局与专业种植，全镇科学划定农业"三区"，2018 年全市基本完成"三区"划定。然而，"三区"之外的农用地还有较大比例，这部分农用地普遍面临分布较为零散、利用率不高等问题。

（三）农民分化以及村庄利益诉求多元化

乡村振兴必须以农民为主体，将农民组织起来。但问题是：农民是谁？这个问题看起来很简单，但实际上很复杂。中国传统社会是以农业为主的农村社会，农户固守乡土，很少有外出的机会，从农户家庭来讲，大多数农户家庭都实行性别分工，男耕女织，既有农业收入，又有家庭副业收入。进入 21 世纪后，随着中国加入世贸组织，城市和沿海地区提供了大量的就业机会，全国劳动力市场逐渐形成，农村劳动力在全国城市寻找第二、第三产业的就业机会，中国城镇化骤然加速。分田到户时，农村实行家庭承包经营责任制，土地承包的基本原则是"增人不增地，减人不减地"。2016 年全国土地承包权确权颁证，推动农村土地"三权分置"。这样一来，在当前中国农村，"谁是农民"就成了一个复杂的问题。大致说来，可以归纳分为以下五种农户家庭：第一种，全家都在农村（村庄）生产生活，主要收入来自土地、农业和农村的农户家庭。第二种，青壮年子女进城务工经商，中老年父母留村务农的"半工半耕"家庭。第三种，全家进城但仍然有农村承包土地，将承包地经营权流转出去，随时可能回村要回承包地耕种的农户家庭。第四种，全家进城不再需要土地经营权的农户家庭。第五种，其他，比如本村外出工作的家乡人（贺雪峰，2019）。

随着全国统一劳动力市场的形成，城镇化加速，越来越多的农村劳动力和农户家庭进城务工经商，其生产生活都脱离了农村，之前相对封闭的村庄不复存在，农民发生了巨大分化。表现在与土地的关系上就是土地耕种者（经营者）与土地承包者之间正在分离，村民与村庄之间的关系也变得空前多样。在村庄边界已被打破，大量农户进城务工经商的情况下，农户与土地的关系变得十分复杂，农户与村庄利益的关系也变得十分复杂。在某种意义上，当前的村庄已完全不同于过去的村庄，因为村民已极大地分化了，村庄利益多元化了，甚至有大量农户家庭全家进城且退出农村人情圈，多年不回村过年了。作为一个共同体的村庄与作为土地承包者集合体的村庄，重合度越来越低。在村民分化、村庄利益诉求多元化的情况下，之前的村庄组织体系很难再有效发挥作用，村民自治也越来越困难，全国农村普遍出现了村级组织行政化的趋势。正因为难以将农民组织起来，农村缺少接应上级资源的能力，自上而下的各种资源难以有效输入农村。如何在新形势下将农民组织起来就成为乡村振兴的根本问题。

（四）重大战略和政策带来更大机遇与挑战

上海作为国际化大都市，农业比重小，农业用地紧张。2018 年，全市农作物播种面积 28.53 万公顷。为进一步提高农业生产标准化水平、实现区域化布局与专业种植，全市科学划定农业"三区"。截至目前，全市共划定 9.18 万公顷农业"三区"。上海农业用地主要分布为三大片区域，即崇明片区、临港片区、西南片区。三大块区域的农业用地占比差不多，其中，崇明片区主要覆盖崇明区，临港片区主要覆盖浦东和奉贤的部分区域以及闵行的小部分区域，西南片区主要覆盖金山、松江、奉贤、青浦的部分区域。应该认识到，这三大片区各自面临自己独特的战略机遇与挑战，亟须在新形势下厘清发展目标、定位与路径。

首先，崇明片区面临崇明要打造建成世界级生态岛的重大机遇与挑战。2016 年 12 月，上海市人民政府印发了《崇明世界级生态岛发展"十三五"规划》的通知，崇明将建设成为在生态环境、资源利用、经济社会发展、人居品质等方面具有全球引领示范作用的世界级生态岛。崇明作为最为珍贵、不可替代、面向未来的生态战略空间，是上海重要的生态屏障和 21 世纪实现更高水平、更高质量绿色发展的重要示范基地，是长三角城市群和长江经济带生态环境大保护的标杆和典范，未来要努力建成具有国内外引领示范效应、社会力量多方位共同参与等开放性特征，具备生态环境和谐优美、资源集约节约利用、经济社会协调可持续发展等综合性特点的世界级生态岛。农业发展如何融入崇明世界级生态岛建设，是一个重大课题，既要充分考虑生态效益，又要兼顾考虑经济效益。

其次，临港片区面临设立上海自贸区临港新片区这一国家战略带来的重大机遇与挑战。2019 年 8 月 6 日，国务院印发《中国（上海）自由贸易试验区临港新片区总体方案》，设立中国（上海）自由贸易试验区临港新片区。该方案最大亮点是明确提出建设具有国际市场竞争力的开放型产业体系，新片区方案对产业的要求很高，要发展的几个重要产业都是现在一些卡脖子的产业，这些产业要代表国家实现突破的话，在创新性方面必须要有所作为。2019 年 8 月 20 日，中国（上海）自由贸易试验区临港新片区正式揭牌成立。作为国家战略，临港新片区是中央交给上海的三大任务之一。在该区域内，农业用地占了很大比重，特别是基本农田，在临港新片区建设目标和要求下农业有何作为，是一个不可回避的重大问题。

最后，西南片区面临长三角区域一体化发展这一国家战略带来的重大机遇与挑战。2018 年 11 月 5 日，在中国国际进口博览会开幕式上长三角区域一体化发展上升为国家战略。2019 年 5 月 13 日，中共中央政治局召开会议审议《长江三角洲区域一体化发展规划纲要》。至此，长三角一体化示范区的建设正式拉开序幕，长三角城市群格局将走上新的时代舞台。要完成这一国家使命，长三角一体化还有一些重大任务需要完成。目前，长三角一体化仍存在区域合作不够充分、改革发展不够平衡等问题。当前，需抓住基础性、关键性领域与环节，充分发挥地方改革的积极性。农业方面，长三角区域五个乡镇的党委书记共同签订长三角"田园五镇"乡村振兴先行区五镇联盟共建协议，标志着总计 255 平方千米的乡村振兴一体化发展"试验田"正式启动。但应该认识到，在长三角区域一体化发展战略下，三省一市如何加强农业合作与交流，任重而道远。西南片区亟须站在整个长三角区域可持续发展的高度，重新审视该区域应该如何借势发展农业农村地区，探索出一些可供借鉴推广的合作发展模式，而非犹豫停滞不前。

二、农村发展呈现的基本特点

近几年，上海市委、市政府紧密围绕乡村振兴战略提出的总要求，专门成立实施乡村振兴战略工作领导小组，高质量推进农业农村发展。上海农村发展主要呈现以下几个特点。

一是农产品供给基本稳定，绿色农业发展总体向好，但农业发展空间受挤压，提质增效有待加强。上海耕地面积有限，在城镇化进程下耕地面积更是有减少趋势。2018 年全市农作物播种面积 28.53 万公顷，比上年减少 0.2%。其中，粮食播种面积 12.99 万公顷，减少 2.5%，然而，全市粮食产量 103.74 万吨，比上年增长 4.0%。蔬菜和水产品产量都比上年略有增加，生猪和家禽出栏量在环保压力下有较大幅度降低。为进一步提高农业生产标准化水平、实现区域化布局与专业种植，全市科学划定农业"三区"。截至目前，全市共划定 9.18 万公顷农业"三区"，其中粮食生产功能区 5.36 万公顷，蔬菜生产保护区 3.35 万公顷，超额完成预期目标。至 2018 年末，全市累计建成设施粮田面积 8.65 万公顷。然而，"三区"之外的农用地还有较大比例，这部分农用地普遍面临分布较为零散、利用率不高等问题。拆违之后也留出大量复垦土地，这部分土地普遍分布散、肥力差、开垦难度大，亟须提高土地利用率。此外，上海大力推进农业供给侧结构性改革，制定出台都市现代绿色农业发展三年行动计划，逐步提高农产品绿色认证率，继续开展农业面源污染治理，推进农产品品牌化建设，制定实施全力打响"四大品牌"的三年行动计划（2018—2020年）。但也应该认识到，上海地产农产品绿色认证率仍然较低，截至 2018 年底，绿色认证率只达到 13.67%，且多为质量安全标准要求相对较低的 A 级绿色食品。同时，地产农产品的品牌化建设道路艰巨而漫长，尤其是"一镇一品""一村一品"等区域品牌建设有待加强。这些都较大程度上制约了农业生产提质增效的实现。

二是美丽乡村建设稳步推进，人居环境改善有序开展，但村民相对集中居住的实施路径还有待进一步探索，农村基础设施配套亟须完善。结合乡村战略实施提出的总要求，制定了《上海市全面提升美丽乡村建设水平行动计划（2018—2020 年）》，高起点、高标准、高水平推进美丽乡村建设。加快推进乡村振兴示范村的建设与评估以及美丽乡村示范村的评定。同时，协调推进农村人居环境整治，制定了《上海市农村人居环境整治实施方案（2018—2020

年）》，聚焦"四好农村路"建设、农村垃圾治理、农村生活污水处理等 11 项重点任务，推进村庄改造项目，切实增强人民群众获得感。然而，村民相对集中居住方面虽取得较大突破，但推进力度还远远不够。根据《上海市城市总体规划（2017—2035 年）》，上海市农村居民点用地总量要从 2015 年的 514 平方千米减少到 2035 年的 190 平方千米，但从目前工作进度看，要实现这一目标面临不少阻碍。首要一条是对加快推进农民相对集中居住尚未形成共识。按照中共上海市委的指示精神，解决农民建房问题，改善农民居住条件，是重大民生工程，要作为实施乡村振兴战略总的优先议题。目前，市里已明确重点聚焦"三高"沿线、生态敏感地区、环境整治地区，分步推进 30 户以下自然村农民的集中居住的工作要求，但各级政府相关部门中不少工作人员对此认识不足，对实施路径的理解也存在偏差。另外，当前由于上海市大部分区的农宅都是 20 世纪 80、90 年代建造的，现在已经到了集中翻建的时间节点，然而大多数区不允许村民翻建，村民相对集中居住进度又慢，农村基础设施配套亟须完善。上海推进农村居住相对集中工作，要分类梳理户籍，厘清所涉农民集中居住区域人口构成状况；要考虑历史事实，细化宅基地建房资格权的界定；要实施分类引导，细化农民集中居住的操作标准；要实施多方案引导，提升农民集中居住的意愿；要构建多元投入机制，实现农民集中居住的资金平衡；要实施差别化管理，保障农民后续权益以及加强撤并区域后续管控（顾海英，2020）。

三是村民收入水平稳步提高，但城乡居民收入水平差距仍然很大，农村社会治理的实效有待进一步提升，以切实提高村民生活幸福感、安全感和获得感。当前上海郊区农户家庭最严重的问题是成员老龄化，郊区农民的就业选择是完全符合其经济收入预期的，农地经营在促进就业提高或是收入增长方面的作用都非常有限，依靠出租房产等来实现增收与都市郊区的老龄人口就业吻合（史清华等，2011）。近些年，上海市城乡居民收入虽然不断提高，但城乡居民收入差距却仍然较大，农业农村对青年人缺少吸引力。2018 年全市居民人均可支配收入 64 183 元，扣除价格因素，比上年实际增长 7.1%。其中，城镇常住居民人均可支配收入 68 034 元，扣除价格因素，实际增长 7.0%；农村常住居民人均可支配收入 30 375 元，扣除价格因素，实际增长 7.5%。当前上海农村"谁来种地"与"劳力闲置"问题并存，部分农村劳动力并未实现充分就业，稳定的经济收入难以保障，制约村民参与乡村振兴获得感的提高。此外，乡村治理还存在实效如何进一步提升问题。当前，上海农村地区除了党员队伍老龄化、本地户籍居住人员的老龄化、空心化、农村带头人后继乏人等问题外，还有一些情况对乡村治理的深化推进产生制约。一是集体经济"造血"功能有所弱化。随着"198"区域减量化、环境综合整治工作持续推进，近年来农村集体经济收入持续减少，据统计，2017 年上海市村级集体经济组织经营性固定资产 2 793 亿元，比 2014 年减少 19.9％，年均经营收入减少 347％，租赁企业减少 57.21％。一些村的"开门费"只能依靠市、区财政"输血式"支持，给乡村工作开展带来难度。二是"空壳村"现象已成为部分近郊区乡村治理中的突出问题。随着城市化进程加快，有些村大部分村民已经离土甚至有了城市户口，党员党籍关系与居住地分离问题相当突出，村组织选举难度大。由于人均耕地面积不符合撤制要求，集体资产处置难，这些"空壳村"一时难以撤制，已成为上海市乡村基层治理一大难点。

三、农业农村协调发展中存在的问题

通过全面深入的调查研究发现，上海"三园"工程建设取得了很大成绩，但三者还未实现很好协调发展，还存在以下几个方面的主要问题。

（一）绿色农业发展与村集体经济发展之间存在的矛盾

绿色农业发展可为村集体经济增收提供产业支撑，村集体经济发展壮大则有助于带动绿色农业发展。上海绿色农业发展与村集体经济发展之间存在的主要矛盾体现在：

一是绿色农业发展难以促进村集体经济增收。农村集体经济与农业产业发展相脱节，村集体经济缺少产业基础，尤以纯农地区更为严重。调查发现，绝大多数农业经营主体只能给村集体带来很有限的土地流转租金，在带动村民就业增收、收益分红等方面发挥作用很有限。72.94％的受访农业经营主体可以给村集体带来土地租金，36.47％的经营主体可以促进村民就业增收，只有12.15％的经营主体可以给村集体带来收益分红或土地征用金。

二是村集体经济实力强的村庄缺少发展农业产业动力，村集体经济难以反哺农业。上海农村集体经济发展极不均衡，近郊地区有的村集体经济收入达到亿元，而部分纯农地区的经济相对薄弱，村集体经济收入只有几十万元甚至几万元。村集体经济收入的差异主要是村集体经济发展类型不同导致，物业型村集体经济收入通常较高，产业型村集体经济则较低，农业产业的低效益导致集体经济收入高的农村不愿意再将村集体资产投入到农业产业。

（二）绿色农业发展与农村社会治理之间存在的矛盾

绿色农业发展可为加强农村社会治理提供文化根源，加强农村社会治理则有助于为绿色农业发展提供劳动力。上海绿色农业发展与农村社会治理之间存在的主要矛盾体现在：

一是农耕文化未得到很好挖掘，农村社会治理缺少农耕文化传承。农耕文化是长期沉淀形成的文化内涵及外延、各种表现形式（如语言、戏剧、民歌、风俗等）等与农业生产有关的文化类型。文化传承功能应该是农业"三生"功能之外更应该具备的一大功能。然而，当前上海对农耕文化的挖掘、宣传与传承还很不够，比如，作为上海农耕文化起源地的召稼楼，市民却知之甚少，此外全市拥有90多个撤制镇，却很少对这部分撤制镇农耕文化进行挖掘、宣传与传承。

二是多数村民不希望下一代从事农业，农业生产经营陷入"后继无人"的困境。当前全市农村社会治理水平有待进一步提高，农村居住环境、收入水平等方面与城区的显著差异导致农村对青年人缺少吸引力，全市农业发展面临"70后不愿种地、80后不会种地、90后不谈种地"的问题。调查发现，受访村民和农业经营主体中皆有超过七成并不支持子女从事农业。

（三）村集体经济发展与农村社会治理之间存在的矛盾

发展壮大村集体经济可为农村社会治理提供财力保障，做好农村社会治理则可为村集体经济发展提供良好的生态环境、文化氛围和基础设施等。上海村集体经济发展与农村社会治理之间存在的主要矛盾体现在：

一是村集体经济收入难以支撑村庄长效管理。调查发现，受访村中七成集体经济收入不足500万元，其中至少三成村集体经济收入无法满足村务管理支出所需。随着村庄道路养护、环境绿化等常态村务管理支出的不断增加，村集体经济发展面临的压力会更大。

二是治理水平差的村庄更缺少发展村集体经济的资源禀赋，难吸引工商资本的参与。一方面，随着上海市新型城镇化以及开发建设的不断推进，以及"198"区域减量化和环境综合整治工作的深入，市郊农村集体经营性资产不断减少，不少村集体的租金收入大幅下降；不少农村通过清拆获得的土地指标被区里统筹，村、镇发展涉农、非农项目都碰到建设用地等指标吃紧的问题。另一方面，农村集体经济发展需要社会资本的广泛参与，尤其是亟须国有资本的参与。九成受访村干部表示支持社会资本参与村集体经济发展，然而却普遍存在缺少引入社会资本的资源和渠道等问题。

四、本章小结

本章利用文献搜集资料和实地调研资料，对上海市农业农村发展的现状与新形势进行了分析，主要得出以下结论。

上海农村发展主要呈现以下三个特点：从农业角度看，农产品供给基本稳定，绿色农业发展总体向好，但农业发展空间受挤压，提质增效有待加强；从农村角度看，美丽乡村建设稳步推进，人居环境改善有序开展，但村民相对集中居住的实施路径还有待进一步探索，农村基础设施配套亟须完善；从农民角度看，村民收入水平稳步提高，但城乡居民收入水平差距仍然很大，农村社会治理的实效有待进一步提升，以切实提高村民生活幸福感、安全感和获得感。

当前上海农村发展主要面临以下四个方面新形势：一是随着中国社会主要矛盾的变化，以及上海城乡居民收入和生活水平的提高，市民对高品质农产品和农业多功能性的需求日益强烈。二是由于农作物播种面积和农村人口数大幅减少，农业农村建设用地指标短缺，土地零碎分散导致土地利用率低，而使得农业农村用地更加紧张，尤其是缺少建设用地指标。三是农民分化以及村庄利益诉求多元化，农村普遍出现了村级组织行政化的趋势，自上而下的各种资源难以有效输入农村。四是重大战略和政策带来更大机遇与挑战，如崇明要打造建成世界级生态岛、设立上海自贸区临港新片区以及西南片区面临长三角区域一体化发展的机遇与挑战。

上海农业农村协调发展中主要存在以下三个问题：绿色农业发展与村集体经济发展之间存在的矛盾在于，前者难以促进村集体经济增收，而村集体经济实力强的村庄缺少发展农业产业动力，后者难以反哺农业。绿色农业发展与农村社会治理之间存在的矛盾在于农耕文化未得到很好挖掘，后者缺少农耕文化传承，且多数村民不希望下一代从事农业，农业生产经营陷入"后继无人"困境。村集体经济发展与农村社会治理之间存在的矛盾在于，前者收入难以支撑村庄长效管理，且治理水平差的村庄更缺少发展村集体经济的资源禀赋，难以吸引社会资本的参与。

第三章 国内外农村发展经验借鉴

他山之石,可以攻玉。总结国内外农业农村发展经验,对增强上海市农业创新力和竞争力,促进农业农村发展,具有重要的借鉴意义。本章内容首先选择日本、欧盟、荷兰及以色列等发达国家和地区,总结其在绿色农业、农业多功能性、农业科技、城乡规划及文化方面的经验做法与启示。其次聚焦国内江苏、浙江等地,从生态农业、村集体经济及农村社会治理三方面归纳学习其良好做法与启示。

一、国外良好做法与经验启示

上海作为一座国际化大都市,与欧美日等发达国家和地区具有更为相同的发展特征,这些国家和地区以前以及现在的经验做法非常值得上海借鉴学习。但由于国情和市情不同,我们更应该把握住欧美日发达国家和地区农业农村发展的内在规律,以对上海农业农村发展目标和思路有所启示,主要归纳总结为以下几个方面。

(一)全面深入发展都市现代绿色农业,坚持地产地销,实现提质增效

结合大都市特点,上海定位发展都市现代绿色农业,这无疑是正确的。切实提高地产农产品品质,这是上海农业发展工作的基础与核心。在绿色农业发展方面,日本与上海具有相似的发展背景和优劣势条件。日本政府于1992年首次提出了"环境保全型农业"新目标:灵活运用农业所具有的物质循环机能,发展环境负荷量小的可持续型农业,本质上也就是绿色农业。在日本政府的宏观调控下,制定并实施了有关农业环境保护的法律法规和基本措施;在技术方面大力推进了土壤改良技术和化肥、化学农药减量技术的发展以及微生物、诱虫灯等物理技术的研发,有效地推进了日本环境保全型农业的发展。上海发展现代农业要建立以绿色生态为导向的制度体系,全面提升农业绿色生产技术。具体而言,开展畜禽粪污综合治理,推进水产养殖污染综合治理,深化

种植业污染防治，推进农业废弃物资源化处理利用，提高农产品绿色认证率。

此外，日本农村振兴运动非常值得上海借鉴学习。20 世纪 60 年代，随着日本经济的快速增长，农村劳动力不断向工业领域和城市流动，许多农村开始出现衰落迹象，主要表现为劳动力高龄化与农业兼业化现象日趋严重，土地抛荒、半抛荒等现象较为普遍，村落数量不断减少，农村经济几近停滞，农业后继者匮乏等，导致城乡差距不断扩大，给维持社会安定与保障粮食安全带来了极大的挑战。然而，农村劳动力的流出也给归整零散的农业生产经营、促进农业经营向规模化集中化发展、优化农业生产结构与区域布局带来了机遇。同时，收入的增加也引起国民对肉蛋奶和水果类高品质农产品需求的扩大，为日本提高粮食自给率、实现农产品供求的平衡与农业产业升级创造了机会。这些挑战和机遇都对农业农村的发展方式提出了新的要求。为了提高农业农村对高度成长的国民经济的贡献度，日本发起了农村振兴运动，其重点提出了农产品生产销售战略，并与农业六次产业化紧密结合。该战略提倡在生产阶段，大力打造品牌农业，将农产品的生产服务与当地特有的自然、历史、风土、文化和社会元素有机结合，积极申请农产品地理标志，强调农产品的地方特色，同时引导工商业资本与人才资源进入农业领域，建立健全农业品牌规划，实行规模化与品质化生产。总的来说，通过开展农产品品牌营销、开发与活用地域资源、创新农业技术、推广农业六次产业化等，活跃了农村经济并取得了农民增收与城乡一体化协调发展的成效（贾磊等，2018）。地理标志农产品品牌的建立过程为发掘地区资源、确立品牌形象、开发新产品，制定生产管理标准与商标管理制度，进行市场调查与开拓商品销售渠道。由此可产生三个效果：一是稳定当地农产品价格，提高生产者收入，引导加工业和旅游业等新产业、新业态进入农业领域，进而创造出更多的就业机会；二是将当地居民团结起来，打造宜居环境，促进农村定居人数的增加；三是提高地方知名度，结合乡村旅游，吸引外地游客，活跃当地的零售业、餐饮业和观光业，最终实现乡村振兴。总之，上海应该充分利用大都市大市场的特点，以市场需求为导向，深入细致研究消费者需求，大力发展绿色农业、品牌农业，坚持农产品地产地销，这样才能实现上海发展都市现代绿色农业的可持续。

（二）深入挖掘和充分发挥农业的多功能性，以突出"生态功能"和"社会功能"的理念发展现代农业，大力发展生态农业、休闲农业和乡村旅游

农业的多功能性主要包含经济、社会、文化、生态等功能。国外农村社会治理充分重视和发挥农业的多功能性，具体表现在农村社区建设和乡村旅游、

休闲农业的发展等方面。欧洲的农村社区建设不是完成时而是正在进行时，其建设方式正在从工业化向生态化转变的经验，是值得我们学习和借鉴的。中国在环境保护方面要加强对农业环境保护重要性的认识，加强农业环境保护工作的制度与组织建设，通过多种手段来促进农业环境保护工作。要处理好城镇发展和环境保护的关系，城镇的发展不能以牺牲环境为代价，要环境保护与经济发展并重，努力实现在绿色环境中工作和生活，创造适宜居住的环境。而这种对环境的重视，不单是重视自然环境和生态环境，也重视社会环境、人文环境、历史环境，讲究人、自然、社会三者之间的协调与平衡。

欧盟共同农业政策（CAP）就是欧盟发挥农业多功能性的集中体现。CAP 是指欧盟国家的共同农业政策，自 1962 年正式实施以来，CAP 的不断改革、成功推行影响着欧盟农业和农村的发展。环境问题一直是 CAP 改革、农业多功能性发展中欧盟特别关注的领域。1987 年，CAP 中加入了环境目标，CAP 的每次改革（尤其是 2003 年的改革）越来越重视农业生产中的环境问题，在 2003 年的 CAP 改革中，把与生产挂钩的政策转变成为与生产不挂钩的农场补贴。农业生产者根据市场需求有更加自由的生产决定权，但要获得 CAP 的有关补贴必须满足"交叉遵守（cross-compliance）"中提出的对农业环境、食品安全、动物卫生与动物福利的基本道德基准。2003 年 CAP 首次引入的"交叉遵守"机制和环境保护计划，增加对有利于环保、食品安全和动物福利的农业项目的补贴金额。2003 年改革后的 CAP 规定，农民必须承诺遵守欧盟在环境保护、食品安全和牲畜健康等方面所制定的标准，保持和维护其农田的良好状态，遵守良好的农业实践规范。若疏忽未履行规定，将削减补贴额度；若故意违反，则至少削减 20％以上，甚至完全失去补贴权利。CAP2013 年后改革引入了三项强制性的"绿色"措施，包括：永久草地、作物多样化和生态重点领域，因此，2014—2020 年的 CAP 中的"交叉遵守"规定中增加了这些有益于气候和环境的农业生产实践的补贴。在这个规定中，如果农民在其农场中采取了这三个措施，农民可以获得全额的补贴。

欧盟在发挥农业多功能性方面积累了诸多经验：一是欧盟的农业政策绿色化发展。欧盟将农业环境保护、生物多样性保护、农业多功能发展作为欧洲农业实现可持续发展、保持欧盟农业产业竞争力的先决条件，以绿色化的农业发展政策来引导可持续农业发展。二是通过补贴政策引导农民参与环境保护和农业可持续发展。欧盟把农民作为农业和农村环境的管理者，将农民的经济利益与农业环境保护、生物多样性保护联结起来，引导农民提供农产品的同时，提供环境公共品及其服务。三是将农业环境措施的实施与农村发展相连接。欧盟注重农业多功能发展，通过农业政策和支持的引导，保护农村地区的生物多样性和农村景观，保护农村地区生态环境，促进乡村旅游等多功能发展，保持农村地区经济和社会的繁荣。

此外，欧洲乡村旅游的内容丰富多彩，根据性质、定位、经营等方面的特色，欧洲农业旅游主要可分为三大类：传统观光型，以城市人所陌生的农业生产过程为卖点，在城市近郊或景区附近开辟特色农业生产体验。都市科技型，以高科技为重要特征，在城内小区和郊区建立小型的农、林、牧生产基地，为城市提供部分时鲜农产品的同时，又取得一部分观光收入，兼有农业生产和科普教育功能。休闲度假型，利用不同的农业资源，如森林、牧场、果园、湖滨等环境宜人的地方，提供休闲度假服务。中国各地需在提高乡村旅游综合"吸引力"上下功夫，确定发展重点与优势，树立长远思想，积极稳步推进农业旅游，不能脱离实际。政府部门的管理与行业协会加强自律也很重要，行业协会的自律是保证乡村旅游质量的重要因素。

目前，上海农业 GDP 比重不到全市 GDP 总量的 1%，但不能从 GDP 的比重来确定农业产业的重要程度。应该讲，越是"稀有的"，恰恰是城镇化进程中越应该"珍惜的""保护的"和"有挖掘潜力的"。要综合吸收发达国家大城市地区的都市农业发展经验，走出具有上海特色的现代都市农业发展道路，成为与城市建设和管理现代化水平相适应的富裕、文明、洁净、安全、优美的都市型重要产业。从根本上实现由农业的生产功能向经济功能、生态功能、社会功能等多种功能延伸，确定都市现代农业的主导功能为经济功能、生态功能、社会功能的有机结合。就可以基本解决都市农业发展的认识、投入、体制与机制、政策扶持等问题，将都市现代绿色农业扎扎实实地推向一个崭新阶段。

（三）依靠科技力量加快推进农业现代化，完善农业技术创新体系、农业技术推广体系、新型农业经营主体培训体系

一是加快农业科技创新体系建设。上海都市农业科技发展必须立足本市现状，遵循国际科技发展规律，借鉴国际经验，面向市场，重点发展能提升都市农业经济效益与生态效益，以及促进都市农业多功能发挥的新科技（马佳等，2019）。相比于日本、以色列、荷兰，中国农业技术创新体系还不完善，荷兰、以色列的农业科研体系值得学习。首先中国政府应重视农业科技创新，加大对农业科研投入。借鉴荷兰和以色列的经验，每年政府应拿出一定比例的资金用于农业科研，尤其是前期成本投入较大的农业。其次，应借鉴荷兰经验，建立分工明确的全国农业科学研究体系。大学和研究所主要从事基础、战略和政策方面的研究，应用研究主要在实验站、地区性研究中心和实验企业中进行，试

验站是与农民联系最紧密的科技机构。要注重开发性应用研究，以便快速有效地转化为生产力（顾卫兵等，2017）。最后，应建立高效统一的科研管理体制。中国农业不同类型、不同项目的科研经费由不同的部门管理，经常存在重复、推脱现象。而以色列对于农业科技的管理，形成了一个自上而下的高效管理机制。借鉴以色列的经验，中国也可以建立一个全国农业科技管理委员会进行行政管理，协调科研经费，组织相关研究机构、大学及企业的应用和基础研究工作，并对研究成果跟进、评审。

二是完善农业技术推广制度。与农业科研体系相配套的是完善的农业技术推广体系，两者结合才能对中国乡村振兴、农业科技创新起到推动作用。当前中国农业科技创新推广体系主要是以政府及农业技术经济合作组织为主体进行推广，并且科研、教育和推广没有协同发展，导致中国农业技术推广效果不佳，农业科研成果转化率较低。借鉴日本、以色列、荷兰的相关经验，首先中国应完善农业技术推广主体，形成以中央及各级地方政府为主，科研院所、高校、农业科技企业、农业协会等为辅的推广主体，由上而下多层次地展开推广，并且利用一些农村教育培训、农民技术夜校、电视广播、报纸等渠道进行推广。其次要提高农业技术推广人员的待遇，加强农业推广人才的培养。人们对农学类专业的认识一直都是就业环境差、收入低，直接导致了推广队伍人才的缺乏。因此，借鉴国际经验，要提高农业技术推广人才的待遇，留住人才，同时要加强农业推广人才培养，保障中国农业技术推广体系的顺利运行。最后应加强农业科研、教育、推广三部门的统一协调合作。科研、教育、推广相结合基本是所有走农业科技发展之路国家共同采用的战略（刘秀鹏，2018；盛立强，2016；尹彬，2016；朱艳菊，2015）。这三个部门如果不交流合作，科研部门不协助推广部门、推广部门不了解科研成果、农民的教育水平吸收不了科研成果等问题就会接踵而至。因此，上海应该根据本市市情，尽早建立完善的农业技术推广体系。

三是加快农业职业教育发展。借鉴日本、以色列、荷兰的经验，要建立以科技创新为主的现代农业体系，就需要有现代职业教育体系的支撑。在乡村振兴战略下，农业职业教育相当重要，要培养现代职业农民，促进农业产业升级。借鉴荷兰职业教育经验，首先，加强农业职业教育宣传，转变对农业的心态。中国从事农业的人员越来越少，而且家长也不鼓励子女接受农业教育。政府部门也应该学习荷兰的做法，对农业类学校及专业的学生进行补贴，并加强校企合作，实现职业教育与中国劳动力市场对接（王守聪等，2014）。其次，要注重理论知识和实践密切结合，培养学生的实践能力。荷兰学校基本上所有专业课程的实践环节占比都较大，并且学生都要到农村或者公司参加生产实践，才能获得专业证书和毕业证书（王守聪等，2014）。中国可以借鉴这种实践性教学方式，提高涉农院校学生的实际工作能力，掌握先进农业技术与应用。最后，农业职业教育不仅要在学校里展开，也要针对农民开展一些教育试点。在农村及社区开展村干部学历教育培训试点、新型职业农民培育试点、现代学徒制试点等，激发农民参加职业教育、参与培训的积极性和主动性。定期邀请农业专家跟农民进行面对面交流，解决农民实际生产中遇到的困惑，实施精准培训。通过农业职业教育，造就高素质、高经营能力的农民，这也是对现代农民职业教育体系构建的探索与实践。

（四）坚持城乡合理规划，实现乡村发展特色化和产业化

欧洲乡村社区建设经验对中国乡村发展的启示包括：第一，发挥政府的引导作用，真正从城乡统筹的战略高度来考虑和推进城镇化，要着眼于中国的具体国情来考虑当前城乡统筹面临的形势和任务，要着眼于新型城镇化的理念与要求来系统考虑统筹城乡发展的问题。第二，以先进的规划理念和科学的发展规划统筹小城镇建设，引入现代规划思想，强化小城镇建设的多元化功能，注重对小城镇本土文化特色和自然生态的保护。第三，立足实际实施多样化产业转型。第四，优化完善配套设施，重视社会管理与社区治理的城镇化转型。在发展过程中要根据实际情况不断的做出相应的调整，争取在完善基础设施和提升农村生活水平的同时，也为人类保留农业生产用地和美好的乡村环境。

中国需要加强农村特色化建设，中国幅员辽阔，东西部环境差异、人文差异较大，不同地区都有其各自的特点。通过特色化的建设，能够充分突出本地区的特色，实现差异化建设，不仅可以发展特色的旅游业，提高其竞争力，也促使农业和工业的发展实现区域化，避免了资源的浪费。这个特色规划设计不只是物质景观的建造过程，还应包括非物质文化景观的创造，需引起关注的是，在农村特色化建设过程中，不能全部照搬其他地方的模式。为促进中国乡村地区生产空间集约高效、生活空间宜居适度、生态空间山清水秀的总体要求，乡村建设需要做好前期规划，保护和弘扬传统优秀文化，延续城市历史文脉，保留村庄原始风貌。

欧盟非常重视农村地区发展，尤其是农村地区产业发展，欧盟将农村地区视作欧洲未来发展的重要组成部分。农村地区是欧盟实现可持续发展战略目标的重要支撑，承担着保障食品安全和持续供给、农村居民就业和生活、城市居民休闲旅游、自然资源和生态环境保护、文化传承和发扬等重要功能。由于国家制度、社会制度的不同，欧盟没有和中国相似的农村集体经济组织，但欧盟的农业农村发展政策及举措对中国在乡村振兴发展背景下的农村集体经济发展

仍有诸多可借鉴的经验，欧盟一个重要做法就是实施"LEADER"计划。为解决欧盟农村地区面临的人才流失、年轻人流失、农村发展潜力不足、就业机会少等问题，欧盟于1991年推出"LEADER"计划这一创新模式。LEADER意为"农村地区发展行动联合"，取单词开头字母，缩写为 LEADER。LEADER 是动员和联合农村地区社会、经济发展的各要素、利益相关者的措施和方法。LEADER 秉持了欧盟包容性发展、可持续发展的多方参与、综合发展原则，通过欧盟财政、成员国政府补贴、私人投资等多种融资渠道，为农村地区社会、经济发展注入活力。多方参与是指农村地区采用自下而上、参与性的途径，由来自农村地区不同组织、机构、社区、团体等的利益相关者形成具有政府和私人机构合伙关系的地方行动小组（Local Action Group）来实施农村发展项目。LEADER 计划采取综合发展的策略，强调因地制宜，注重农村的多功能发展，针对项目地区的优势、劣势、机遇及威胁，提出解决方案。"LEADER"计划总体来看就是社会多方参与，共同推进农村地区综合发展。过去的 20 多年里，欧盟各成员国都在其农村地区开展了 LEADER 项目，对促进欧盟农村地区社会、经济发展取得了积极效果。从 2007 年起，欧盟将"LEADER"计划纳入欧盟农业共同政策。在欧盟共同农业政策 2014—2020 年周期内，欧盟 28 个成员国的 2 500 个地方行动小组在各国开展 LEADER 项目，为农村地方创造就业机会，促进农村地区经济增长。

产业是一个地区生存与发展的基础，中国农村的产业多以农业为主，在此基础上需要延长产业链，提高农产品的附加值，促进农民增收致富。农村地区除了生产和提供粮食之外还具有很多其他价值，最主要的是自然风光和宁静的环境，这些形成的旅游业收入是构成和维持农村经济发展的重要组成部分。另外，应该突出其区域结构，根据自然条件的不同，形成各具特色的农产品特色经营区或特色产业带。加强规划管理，提升休闲农业发展的经营水平；坚持特色创新，推进休闲农业发展，开发具有特色的旅游产品和旅游品牌。

（五）加强农村社会文化的整合、创新、传承和保留，构建社会文化体系，改善农村社会风貌

西方人类学的本土化对于当下乡村建设的理论实践具有启示作用。西方人类学的本土化本身表明，对地方性知识的珍视，以"农村主位"为导向的乡村建设，更要珍视乡村的知识和经验，从而对这一传统进行知识谱系的梳理，重建自身的话语体系和研究范式，不至于沦为西学的一种补充形式（刘珩，2013）。当前中国农村文化发生了一定程度的变迁，主要表现在家族文化衰败、乡规民约弱化、价值观念现代化。而这些文化变迁对农村社会也具有影响，使

农村社会从封闭性向开放性转变、从单一性向多元化转变、从人情社会向理性社会转变。

中国农村文化正处于转型的历史时期，家族文化、乡规民约以及村民的价值观念都发生了巨大的变化。我们需要重塑公共文化，整合农村社会秩序，推进文化创新，促进农村社会转型，构建文化体系，改善农村社会风貌。当前农村文化建设的重点是摆脱旧有文化建设的路径依赖，在新时代背景下，重新思考农村文化建设的路径。农村文化建设应融入社会主义新农村建设中，与农村的政治、经济、生态发展同步进行，把农村社会建设成为"生产发展、生活富裕、乡风文明、村容整洁、管理民主"的社会主义新型农村。特别需要重视乡村礼仪习俗、村规民约、家风等传统文化在规范村民行为方面的正向引导作用，积极开展乡村社区文化建设，如开展丰富多彩的乡村社区文化活动、发展老年协会和妇女协会等公益性民间组织，增强农村凝聚力。

二、国内良好做法与经验启示

（一）国内生态农业发展方面的良好做法与经验启示

自 20 世纪 80 年代首次提出生态农业的概念以来，在过去的 30 多年里，在中央及各地政府的引导、推动下，各地纷纷探索生态农业建设与发展之路，形成的生态农业模式示范点遍布全国，取得了一定成效。在实践中，生态农业逐步成为中国农业发展的主导形态，成为建设现代农业的有效途径。近年来，中国政府连续出台了一系列重大的政策措施，从发展目标、指导思想、发展方式、实施手段和管理制度等方面全面推进生态农业的建设与发展，生态农业发展得到了社会的广泛认可和关注。上海建设现代农业的核心是高效生态农业。高效是农业作为城市一种产业的立足之本，生态是城市可持续发展的基础保障（顾海英等，2016）。江苏、浙江正在着力打造现代农业强省，两省在"十二五"期间加强了生态循环农业建设、发展的政策和投入力度，取得了显著的成效，生态农业发展处于国内前列。

1. 江苏的良好做法与经验启示

"十二五"期间，江苏省高度重视农业生态环境建设，加快生态农业发展。大力推进畜禽粪便、农作物秸秆综合利用以及化肥、农药的减量使用，结合重点流域农业面源污染治理，鼓励各类农业生产经营主体践行生态农业发展，促进了种养结合、生态循环和农业绿色发展，改善了农业生态环境，提高了农业可持续发展水平，取得了较为显著的工作成效。

在推进生态农业发展进程中，江苏在以下方面走在全国前列：一是探索建立秸秆综合利用机制。江苏省在全国率先制定地方性法规，探索按量补助方式被农业部在全国推广，建立层级式秸秆收储利用体系，形成肥料化、能源化、饲料化、基料化和工业原料化为主的"五料化"利用途径，有效控制了秸秆露天焚烧，秸秆综合利用率突破90%，比全国平均高10个百分点。二是综合推进畜禽粪便资源化利用。较早在全国实施农村沼气工程、生产推广商品有机肥、推进规模化养殖场标准化建设，探索多种形式农牧结合模式，畜禽粪便综合利用率突破89%，在全国处于领先水平。三是切实控制化肥农药污染。耕地质量建设、有机肥推广补贴、绿肥种植补贴等工作走在全国前列，化学肥料使用得到有效控制。高效低毒低残留农药使用覆盖率达到72.4%，高于全国10个百分点以上。建立病虫害绿色防控综合示范区143个，推进病虫害专业化统防统治，覆盖率达到57.3%，高于全国20个百分点。四是积极推进省级生态循环农业示范县建设。制定实施《江苏省生态循环农业示范建设方案》，较早在全国开展循环农业示范项目建设，创建省级生态循环农业示范县11个。

　　江苏在生态农业发展方面的经验启示主要总结为以下几点：一是不断探索机制体制创新。江苏省农业政策机制和体制创新一直走在全国前列，一些出台的补贴项目初具农业生态补偿雏形，有力地引导了农业生产经营主体参与生态农业建设。通过农业"三项补贴"的改革，建立以绿色生态为导向的农业补贴制度，使政策目标调整为支持耕地地力保护和粮食适度规模经营，助推生态农业建设和农业的可持续发展。二是积极推进生态农业产业化发展。全省各农业大市围绕"生态、高效、特色、现代"发展定位，加快推进农业结构调整，优化特色产业布局，逐步形成特色生态农业产业体系，并通过农业产业与二三产融合发展，提高生态农业的产业化发展水平和经济效益。

2. 浙江的良好做法与经验启示

　　"十二五"期间，浙江省积极践行"绿水青山就是金山银山"的发展理念，围绕"高效、生态"农业发展定位，积极推进农业水环境治理、全国现代生态循环农业试点省建设，通过政策引导、主体培育、科技支撑、机制创新，在现代生态循环农业建设发展中取得长足进步、显著成绩。2014年，农业部将浙江列为全国唯一的现代生态循环农业发展试点省，通过试点省建设，从顶层设计到基层实践，在现代生态循环农业制度和长效机制方面创新出一些规律性、系统性的成果，为全国转变农业发展方式，促进农业可持续发展积累经验。

　　浙江在推进生态农业发展上取得的成效主要有：一是基本建立政策制度体系。根据现代生态循环农业发展要求，省政府颁布农作物病虫害防治、动物防疫、耕地质量管理、农业废弃物处理与利用、畜禽养殖污染防治等法规规章；省政府先后出台加快畜牧业转型升级、加快发展现代生态循环农业、商品有机肥生产与应用、推进秸秆综合利用、创新农药管理机制、发展农村清洁能源、农药废弃包装物回收和集中处置等意见和办法；制定畜禽养殖场污染治理达标验收办法、沼液资源化利用、生猪保险与无害化处理联动、养殖污染长效监管机制、化肥和农药减量增效、废旧农膜和肥料包装物回收处理等指导意见和实施方案，基本建立了现代生态循环农业法规和政策体系。二是全面实施农业环境治理。贯彻"五水共治"决策部署，全面实施农业水环境治理；全面治理畜禽养殖污染，调整划定畜禽养殖禁限养区，建立生猪保险与无害化处理联动机制，构建病死动物无害化处理体系；全面实施肥药减量增效，大力推广测土配方施肥技术、商品有机肥和新型肥料应用，以及高效环保农药、病虫害绿色防控和统防统治。三是构建三级循环体系。按照"主体小循环、园区中循环、县域大循环"的生态循环农业体系构建思路，创建了一批省级生态循环农业示范县、示范区、示范企业。以县域为单位，通过产业布局优化、畜禽养殖污染治理、种植业清洁生产、农业废弃物循环利用等，整体构建生态循环农业产业体系，实现县域大循环，基本构建起点串成线、线织成网、网覆盖县的现代生态循环农业三级循环体系。

浙江在生态农业发展方面的经验启示主要总结为以下几点：一是提供政策和制度保障。浙江省出台的一系列促进现代生态循环农业发展的农业法规、政策措施，为生态循环农业的发展提供了有力的政策制度保障及良好的发展环境。二是系统构建生态循环农业体系。在家庭农场、农业企业、现代农业园等生产经营单位内构建一个个小生态循环，再将这些小循环连点成线，串线成片，形成了"主体小循环、园区中循环、县域大循环"的三级循环发展格局，推动农业废弃物无害化处理、资源化循环利用。

（二）国内农村集体经济发展方面的良好做法与经验启示

农村集体经济是中国社会主义公有制经济在农村的重要体现，是中国农村的基本经济形态。改革开放 40 多年来，全国各地积极探索农村集体经济发展，农村集体经济实力逐步壮大，在促进农村基层社会治理、保障村级组织正常运转、促进农民增收等方面发挥了积极作用。当前，整体而言，中国农村集体经济仍较薄弱，发展很不平衡，已成为制约乡村振兴战略实施的瓶颈因素。因此，在农业农村优先发展、实施乡村振兴战略的发展大背景下，各地政府根据当地资源禀赋、区位特点、产业优势，积极探索多元化的集体经济发展路径，一些举措、经验值得上海借鉴。

一是加强用地保障，促进集体经济发展。2019 年 7 月，山东省农业农村厅在《关于加快推动乡村振兴和巩固提升脱贫攻坚成果的支持政策》中提出，涉农市县每年安排不少于 10% 的用地指标，保障乡村振兴和脱贫攻坚新增建设用地需求；鼓励各地探索"点状"供地模式，稳步开展集体建设用地建设租赁住房试点等政策。2018 年 8 月江西赣州市发布的《关于支持村级集体经济发展壮大的若干措施》中明确，支持和鼓励村级集体经济组织参与城乡建设用地增减挂钩（土地整理和村庄整治），新增耕地由村集体统一管理经营，置换出的建设用地指标优先用于村集体经济发展项目，节余指标允许在省内交易。

二是"飞地"抱团发展，推进集体经济均衡发展。2019 年 1 月浙江省出台了《关于推进村级集体经济"飞地"抱团发展的实施意见》，为资源禀赋有限、集体经济薄弱的村提供了发展村级集体经济的渠道和平台。在土地开发方面，鼓励村级集体经济组织对村内闲置、低效的存量建设用地进行复垦，产生的增减挂钩节余指标用于"飞地"抱团发展项目。在"飞地"项目用地落实方面，县域内村级集体经济"飞地"抱团发展项目用地，由县（市、区）政府优先安排；跨县域的项目，可由输出县（市、区）落实建设用地指标及耕地占补平衡指标。将"飞地"抱团发展项目优先列入省重大产业项目和省重点建设项目，优先支持申报国家相关产业项目，优先给予省级扶持产业发展有关专项资金支持。浙江较早就开始探索村级集体经济异地发展的模式，以解决地域环境差、发展空间小的薄弱村集体经济发展问题，积极推进村级集体经济发展和薄弱村转化，成效显著。

（三）国内农村社会治理方面的良好做法与经验启示

乡村治理既关乎农民切身利益，也关乎农村社会长治久安，是国家治理体系的重要组成部分和实施乡村振兴战略的重要内容。农业农村部于 2019 年 6 月公布了首批 20 个乡村治理典型案例，为各地推进乡村治理体系建设提供借鉴。首批乡村治理经典案例既有市、县层面开展的创新，也有村、镇层面的探索实践，有效解决了乡村治理面临的一些难点、痛点、堵点的问题，在加强基层党建、完善治理体制、健全治理体系、创新治理方式、提升治理能力等方面积累了经验，闯出了路子，提供了样板，体现了较强的实用性、可操作性和可借鉴性。

首批全国乡村治理典型案例各有不同、各有侧重。总体来说可以分为四个类型：一是注重加强基层组织建设，密切党群干群关系，进一步完善乡村治理体制机制。如：织密三级党建网格（广东佛山南海区）、党建引领·活力村庄（湖北黄石大冶市）、"三线"联系群众工作法（陕西安康汉阴县）、构建党建"同心圆"（福建泉州洛江区罗溪镇）、党建引领社会组织协同治理（四川成都郫都区唐昌街道战旗村）。二是侧重于发挥自治、法治、德治的作用，探索"三治"结合的有效途径，健全乡村治理体系。如：自治德治法治融合（浙江嘉兴桐乡市）、规范村民代表会议制度（宁夏吴忠市红寺堡区）、一村一法律顾问（广东惠州市）、"村规民约"推进协同治理（北京顺义区）、深化基层民主协商制度（天津宝坻区）。三是通过完善基层议事协商机制、利用现代信息技术、开展积分考评、规范管理村级事务等创新治理方式，提升乡村治理能力。如：村民说事（浙江宁波象山县）、村落自治（湖北宜昌秭归县）、"社区通"智慧治理（上海宝山区）、村级事务管理积分制（湖南娄底市新化县吉庆镇油溪桥村）、村务工作标准化管理（上海金山区漕泾镇护塘村）。四是聚焦宅基地改革、村级权力监管、红白喜事大操大办、天价彩礼和殡葬陋习等突出问题，寻求有效解决办法，提升乡村治理效果。如：抓"宅改"促治理（江西鹰潭市余江区）、小微权利清单"36 条"（浙江宁波市宁海县）、"积分＋清单"防治"小微腐败"（安徽滁州天长市）、红白喜事规范管理（河北邯郸市肥乡区）、殡葬改革破除丧葬陋习（山东临沂市沂水县）①。

上海农村社会治理水平在全国处于前列，农业农村部评选的 20 个典型案例中就有 2 个是上海宝山和金山的经验总结，但同时也应该认识到，上海市乡村治理水平与城区治理水平还有较大差距，需要借鉴兄弟省市的宝贵经验，不断完善自身社会治理水平。本研究认为，上海加强农村社会治理还需进一步调动和引入社会力量，上述 20 个典型案例中就有以下三个可供借鉴的宝贵经验。

一是福建泉州洛江区罗溪镇的构建党建"同心圆"。位于泉州市洛江区北部的罗溪镇，距泉州市区 40 多千米，辖区面积 126 平方千米，四周山岭环绕，水系纵横交错，素有"泉州后花园"的美誉。为加强乡村基层治理，2016 年以来，罗溪镇在洛江区委领导下，先后在新东村、洪四村、建兴村和广桥村开展试点，探索在基层政权的神经末梢——村民小组，建立由党员、小组长、村民代表、各类人才组成的党群圆桌会，作为创新社会管理、加强基层政权建设、拓宽群众诉求渠道的有效载体，形成"1 个支部＋1 个党群圆桌会议事制度＋社会力量"的"1＋1＋S"同心圆模式，实现"自己的事自己办，自己的权自己使，自己的利自己享"。2018 年，同心圆模式已在全镇 17 个村推广。

二是四川成都郫都区唐昌街道战旗村的党建引领社会组织协同治理。战旗村通过对村内外资源、社区治理存在的问题及村民需求的综合分析，从基层党

---

① 资料来源：农业农村部网站 http://www.moa.gov.cn/nybgb/2019/201907/202001/t20200103_6334300.htm，下载时间，2020 年 8 月。

建和群众服务入手，围绕"自治、德治、法治"以及满足群众生产生活中多元化服务需要，开展乡村综合治理。通过厘清党建引领城乡社区发展治理思路，细化治理措施，战旗村规范党组织领导下的村民协商议事机制，党组织定期听取居民委员会、议事会、居民监督委员会等自治组织报告，同时严格落实"三问三亮""三固化、四包干"工作制度，街道、社区（村）干部常态走访联系群众，及时协调回应群众诉求。同时，引入专业社工机构，围绕村民需求开展服务。通过引入成都同行社会服务中心，战旗村走访调查了解村民的现实问题和需求，整合社区资源，采用专业化的手段和方法，有计划、有步骤地为居民提供个性化、专业化、规范化服务。

三是浙江嘉兴桐乡市的自治德治法治融合。发端于嘉兴桐乡市的"三治"探索，在党的十九大上被正式写入大会报告：加强农村基层基础工作，健全自治、法治、德治相结合的乡村治理体系。"大事一起干、好坏大家判、事事有人管"，这是"三治融合"的核心要义。嘉兴及时作出了规范和指导，大力发挥基层群众自治组织的主导作用，在全省率先明确基层群众自治组织依法履行职责事项和协助政府工作事项，健全乡规民约、村民议事会、乡贤参事会、百姓参政团、道德评判团、百事服务团"一约二会三团"为标准配置的"三治融合"新模式，激发基层群众参与自治的主人翁意识。同时大力扶持和培育各类社会组织，大幅放宽社会组织准入和登记门槛，目前全市有经民政部门登记的社会组织 3 577 家，通过镇街道备案的社会组织 1.2 万家，社会治理力量迅速壮大，实现了政府和社会组织的合作共治。

三、本章小结

作为国际化大都市，上海市应该学习国外发达国家和地区关于农业农村发展的经验做法，结合本地发展阶段和遇到的问题，提出促进上海农业农村高质量发展的经验启示。本章主要是立足上海农业农村发展动力不足的表现及原因，借鉴国内外农业农村发展经验，重点聚焦对上海绿色农业发展、村集体经济发展、农村社会治理等方面的启示，主要得出以下结论。

首先是从五个角度来归纳总结国外的经验做法：一是全面发展都市现代绿色农业，坚持地产地销，实现提质增效；二是深入挖掘和充分发挥农业的多功能性，以突出"生态功能"和"社会功能"的理念发展现代农业，大力发展生态农业、休闲农业和乡村旅游；三是依靠科技力量加快推进农业现代化，完善农业技术创新体系、农业技术推广体系、新型农业经营主体培训体系；四是坚持城乡合理规划，实现乡村发展特色化和产业化；五是加强农村社会文化的整合、创新、传承和保留，构建社会文化体系，改善农村社会风貌。

其次聚焦国内江苏、浙江等地的经验做法，归纳总结对上海的启示：绿色农业发展方面，江苏探索建立秸秆综合利用机制，综合推进畜禽粪便资源化利用，切实控制化肥农药污染，较早在全国开展循环农业示范项目建设，这源于其不断探索机制体制创新并积极推进生态农业产业化发展。而浙江围绕"高效、生态"农业发展定位，已基本建立了政策制度体系，同时全面实施农业环境治理，基本构建起点串成线、线织成网、网覆盖县的现代生态循环农业三级循环体系。村集体经济发展方面，要加强用地保障，保障乡村振兴和脱贫攻坚新增建设用地需求；"飞地"抱团发展，为资源禀赋有限、集体经济薄弱的村提供了发展村级集体经济的渠道和平台，推进集体经济均衡发展。农村社会治理方面，通过首批全国乡村治理不同典型案例，总结出注重加强基层组织建设，密切党群干群关系，进一步完善乡村治理的体制机制；侧重于发挥自治、法治、德治的作用，探索"三治"结合的有效途径，健全乡村治理体系；通过完善基层议事协商机制、利用现代信息技术、开展积分考评、规范管理村级事务等创新治理方式，提升乡村治理能力；聚焦宅基地改革、村级权力监管、红白喜事大操大办、天价彩礼和殡葬陋习等突出问题，寻求有效解决办法。进一步通过构建党建"同心圆"、党建引领社会组织协同治理、自治德治法治融合等典型案例，总结出可供借鉴的宝贵经验。

内生动力篇

NEISHENG DONGLI PIAN

第四章　绿色农业发展动力分析

在乡村振兴战略实施的大背景下，绿色农业作为上海都市现代农业三大抓手之一，经过近年来不断地发展已取得了较大成绩。然而不可否认的是，当前上海绿色农业发展的内生动力存在不足。本章基于市场、政府、社会力量等视角对其动力不足的表现及原因进行分析，进而对农业经营主体发展绿色农业的行为选择展开分析，并在归纳上海绿色农业发展的典型模式的基础上总结宝贵经验。

一、绿色农业发展现状与动力不足表现

（一）数据来源与样本说明

本章主要通过对上海各涉农区不同农业生产经营主体开展的大样本问卷调

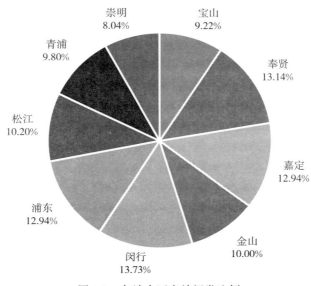

图 4-1　各涉农区有效问卷比例

查和典型案例调查展开研究。其中，农业经营主体问卷调查数据资料主要源于2019 年 7—8 月对上海市宝山、奉贤、嘉定、金山、闵行、浦东、崇明、松江、青浦等 9 个涉农区 20 个镇进行的调研。每个区至少选择一个镇的农业经营主体开展问卷调查，最终获得 510 份有效问卷。为确保问卷调查质量，在正式调研之前进行了预调研（图 4-1）。

接下来对样本基本特征做以下说明。从性别看，男性受访者为 403 人，占总样本数的 79.02%；女性受访者为 107 人，占总样本数的 20.98%。从年龄看，$18 \leqslant x < 40$ 岁的有 83 人，占总样本数的 16.27%；$40 \leqslant x < 60$ 岁的有 364人，占总样本数的 71.37%；$x \geqslant 60$ 岁的有 63 人，占总样本数的 12.35%。从学历看，受访者学历大多集中在初中学历，人数为 236 人，占总样本数的 46.27%；小学及以下占比为 7.45%；高中及中专学历人群占总样本数的 21.18%；专科学历人群占总样本数的 13.14%；大学及以上学历人群占总样本数的 11.96%（表 4-1）。

表 4-1　受访农业经营主体样本基本特征

项目	类别	频数	比例（%）
性别	男	403	79.02
	女	107	20.98
年龄	$18 \leqslant x < 40$ 岁	83	16.27
	$40 \leqslant x < 60$ 岁	364	71.37
	$x \geqslant 60$ 岁	63	12.35
学历	小学及以下	38	7.45
	初中	236	46.27
	中专、高中	108	21.18
	专科	67	13.14
	大学及以上	61	11.96

（二）上海绿色农业发展现状分析

上海市农业总产值占 GDP 的比重只有不到 1%，但农业作为基础产业的地位不可改变，农业在改善城乡居民生活环境和品质、保障农产品基本供给、促进农民增收等方面的作用不可替代。围绕乡村振兴战略实施方案确定的目标任务，上海牢牢把握农业农村优先发展的总方针、高质量发展的总要求，持续推进实施都市现代绿色农业发展行动计划，以农业供给侧结构性改革为主线，把增加绿色农产品供应放在突出位置，重点打造绿色农业、规模农业、品牌农业、科技农业，积极打造示范引领区域，各项工作取得新进展。

一是优化功能与生产力布局。以落实国家最严格的耕地保护制度为重点，以保障超大城市有效供给和城市运行安全为目标，在新一轮城市总体规划确定的市域空间格局下，按照"面积稳定、质量提升、布局优化"的导向，注重多规合一，有效衔接相关规划成果，坚持划足、划准、划优，高质量地完成了粮食生产功能区、蔬菜生产保护区、特色农产品优势区农业"三区"的划定任务。全市共划定农业"三区"136.49万亩[1]，其中，粮食生产功能区80.32万亩，蔬菜生产保护区49.07万亩，划定特色农产品优势区13个，面积7.1万亩。研究制定了农业"三区"管理办法。做到规划既落图、又落地，将划定成果纳入上海市城市空间基础信息平台，全面纳入国土"大机"管控，在全国属首创。

二是持续推进农业供给侧结构性改革。重点聚焦绿叶菜生产，提升蔬菜绿色生产水平，2019年重点打造3 000亩高标准蔬菜绿色生产基地建设，启动三个蔬菜生产保护镇绿色高质量发展试点建设。稳步推进种植业布局调整，全市郊区已退出小麦种植，绿肥和深耕晒垡面积达到120万亩以上。推动养殖业布局规划落地，全面完成全市农村生猪散养户退养工作，启动3家符合产业规划、具有较高生产水平的规模化养殖场建设。编制市养殖水域滩涂规划，稳定水产养殖面积，调优渔业生产结构，全面落实长江水生生物保护区全面退捕，配合推进中华鲟保护区二期基地建设工作。

三是推行绿色生产方式。大力推进农产品绿色认证，2019年全市绿色食品认证率达到20%。积极推进化肥农药减量工作，推广使用有机肥、秸秆还田及绿色防控技术应用等绿色生产技术，2019年全市域内化肥（折纯）、农药使用量分别比2015年减少26.7%和34.6%。全市主要农作物化肥利用率达到38.55%。持续推进秸秆综合利用工作，主要粮油作物秸秆综合利用率达96%。推进畜禽养殖废弃物资源化利用，畜禽养殖废弃物资源化利用率达到96%以上。加强农膜回收处置，初步形成农膜回收处置体系与制度。创新绿色技术发展模式，启动整建制生态循环农业示范区和示范镇建设，整体打造生态循环农业产业和生产经营体系。提升装备和智能化水平，加大蔬菜生产领域"机器换人"力度，组织各区开展蔬菜"机器换人"基地建设，推动无人机技术应用。搭建市、区资源共享的农业"一张图"，推进地产绿色农产品和蔬菜种植精准化管理、上图落地工作。

四是不断拓展农商产销对接渠道。截至2019年底，全市承包地的流转率已

---

[1]　15亩＝1公顷。

接近 90%，鑫博海、清美、松林等一批有市场竞争力的龙头企业在推进现代农业中较好地发挥了引领带动作用。同时，引进了一大批有规模、有实力、有品牌、有市场的经营主体共同从事现代农业生产。加强农商合作，搭建了上海绿色农产品公共推介平台，推动了绿色优质农产品与新型零售企业建立产销对接合作机制，盒马鲜生、本来生活等企业在全市建立了 130 多个直采基地。培育了一批地产农产品品牌，举办了国庆新大米、水蜜桃、葡萄等地产农产品评优品鉴活动，提高了品牌的知晓度和美誉度，增加了市民的获得感和幸福感。

（三）上海绿色农业发展动力不足的表现分析

在乡村振兴战略实施的大背景下，上海大力发展都市现代绿色农业，取得了较大成绩，然而不可否认的是，当前上海绿色农业发展的内生动力存在不足，核心表现为：农业经营主体生产绿色农产品的主观意愿整体较高，但现实中绿色农产品生产端与销售端存在的问题极大挫伤了农业经营主体生产积极性，很大程度上导致农产品绿色认证率不高。调查发现，当问及"当前市场环境下您是否愿意通过减少化肥农药使用来生产绿色农产品"，在受访的 510 位农业经营主体中，表示"非常愿意"的人数最多，占总样本数的 62.55%；其次选择人数最多的是"比较

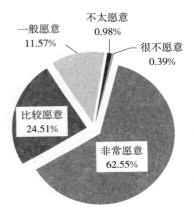

图 4-2　农业经营主体生产绿色农产品的意愿

愿意"，占总样本数的 24.51%；选择"一般愿意"的人占总样本数的 11.57%；选择"很不愿意""不太愿意"的分别只有 0.39%、0.98%。可见，农业经营主体生产绿色农产品的意愿整体较高（图 4-2）。

但调查也了解到，全市化肥农药施用现象仍普遍存在，农产品绿色认证率仍较低，截至 2018 年底，绿色认证率只达到 13.67%，且多为质量安全标准要求相对较低的 A 级绿色食品①。统计数据显示，2010 年以来，上海市农药、

---

　　①　绿色农产品是指遵循可持续发展原则，按照特定生产方式生产，经专门机构认定，许可使用绿色食品标志，无污染的安全、优质、营养农产品。实际上，中国绿色农产品分为 A 级和 AA 级，A 级为初级标准，即允许在生长过程中限时、限量、限品种使用安全性较高的化肥和农药。AA 级为高级绿色农产品，相当于国际上通行的有机食品标准，执行 AA 级标准的农产品质量安全程度更高，农产品品质通常也更好。上海地产绿色农产品普遍是 A 级标准，这也意味着当前绿色农产品认证主要是质量安全策略，并不意味着农产品品质有多好。

化肥施用总量都呈现下降趋势。然而需要注意的是：平均每公顷农药施用量虽呈现下降趋势且近些年实现零增长，但却仍高于全国平均水平；平均每公顷化肥施用量虽低于全国平均水平，但却呈现出上涨趋势。此外，与长三角地区其他省份比较来看，2017年，上海市化肥平均施用量明显低于其他三省，但农药平均施用量却高于江苏、安徽两省（图4-3、表4-2）。农产品认证方面，至2018年末，全市有1 701家企业、6 396个产品获得"三品一标"农产品认证。其中，无公害农产品证书使用企业1 342家，产品5 824个，企业和产品的认证比例分别为78.89%、91.06%；绿色食品证书使用企业350家，产品536个，企业和产品的认证比例分别为20.58%、8.38%；有机农产品生产企业9家，产品22个，企业和产品的认证比例分别为0.67%、3.44%；农产品地理标志14个。问卷调查结果则显示，在受访的510位农业经营主体中，35.88%的人表示获得了无公害农产品认证，35.29%的人表示获得了绿色食品认证，2.94%的人表示获得了有机食品认证，34.12%的人没有获得任何一种认证[①]。

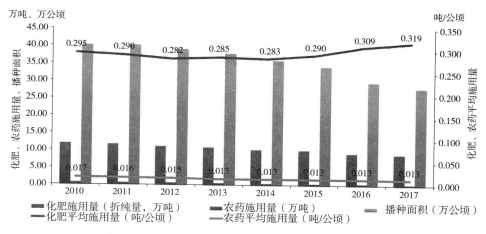

图4-3 2010—2017年上海市化肥农药施用量变化

数据来源：《上海统计年鉴》。化肥施用量指本年内实际用于农业生产的化肥数量，包括氮肥、磷肥、钾肥和复合肥。化肥施用量要求按折纯量计算数量。折纯量是指把氮肥、磷肥、钾肥分别按含氮、含五氧化二磷、含氧化钾的百分数进行折算后的数量。复合肥按其所含主要成分折算。化肥平均施用量＝化肥施用量/农作物播种面积。农药平均施用量＝农药施用量/农作物播种面积。

---

① 需要说明的是，小部分农业经营主体获得了两种及以上质量认证，因此百分比加总超过100%。

表 4-2　　2017 年长三角地区三省一市化肥农药施用情况比较

地区	化肥施用量（折纯量，万吨）	农药施用量（万吨）	播种面积（万公顷）	化肥平均施用量（吨/公顷）	农药平均施用量（吨/公顷）
上海	8.90	0.35	27.94	0.32	0.013
安徽	319.72	9.94	885.36	0.36	0.011
浙江	82.63	4.63	246.66	0.34	0.019
江苏	303.85	7.32	760.12	0.40	0.010

数据来源：《上海统计年鉴》《安徽统计年鉴》《浙江统计年鉴》《江苏统计年鉴》。

二、绿色农业发展动力不足的原因分析

农业经营主体是否愿意发展绿色农业或者生产绿色认证农产品，归根到底是受生产端的生产困难与成本、销售端的经营收益，以及农业经营主体基本特征的共同影响。接下来分别从市场、政府、社会力量等视角，分析影响农业经营主体生产绿色农产品积极性的因素。另外也关注不同农业经营主体基本特征条件下，经营主体生产绿色农产品积极性的差异。具体调查分析结果如下。

（一）基于市场视角的动力不足的原因分析

一是消费需求发生变化，城镇居民对农产品的需求从追求数量安全、质量安全向同时追求数量安全、质量安全及高品质转变，地产绿色农产品在满足消费者需求方面有待进一步改进。当前中国社会主要矛盾发生变化，在新形势下，上海现代农业发展应该认清市场需求变化，以此明确现代农业发展方向。随着上海城镇居民收入和生活水平的提高，人们从对农产品数量需求向数量安全、质量安全并重转变，如今更是呈现更高层次需求，即对农产品高品质、多样化的需求提高，此时农产品质量安全已成为人们的基本需求。人们认为真正的食物安全不仅仅是"吃饱"，还要"吃好"（朱信凯等，2015）。当前农业经营主体生产绿色农产品在销售端遇到两大关键问题：一是消费者是否信任绿色农产品的质量安全与高品质；二是消费者能否便捷知道、买到绿色农产品。其中，解决消费者是否信任问题的路径主要是实施产品差异化策略，绿色认证则是产品差异化策略的一种信号甄别机制。由于当前上海地产绿色农产品主要是质量安全策略，消费者已不再仅仅因为是绿色认证农产品就愿意为其支付高价格。这对上海地产农产品生产提出更高要求，更应该重视生产优质农产品，以满足市场最新需求。

一般而言，农产品高品质的内涵应该包括质量更安全、口感味道更好、营养更丰富，同时也追求新鲜度和外形美观等一些外在特征，这也是当前上海市

城镇居民对高品质农产品的新要求。然而，调查发现，当问及"您生产经营的产品，与别家同类产品相比，有何特色"，在180位获得绿色食品认证的农业经营主体中，63.89%的人认为自己的产品质量更安全，62.22%的人认为自己的产品口感或味道更好，38.89%的人认为自己的产品更新鲜，另外25.00%、14.44%的人选择营养更丰富、外观更美观，16.11%的人选择无明显特色（图4-4）。也就是说，当前上海绿色农产品通过少施用或不施用化肥农药，基本可以保证质量安全程度比其他普通农产品更高、口感味道也更好，但在营养全面性、外形美观性等方面还有待进一步提高。

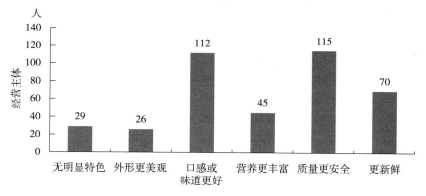

图4-4 农业经营主体对自己生产的绿色农产品的品质评价

二是绿色认证农产品价格优势并不明显，难以实现优质优价。就粮食而言，不少农业经营主体将水稻直接以普通价格卖给国储粮，其中不乏获得绿色认证的水稻。另外，以蔬菜产品为例，通过图4-5的数据分析发现，在2018年7月至2019年6月，绿色认证青菜的田头价格并未显著高于市场上青菜的田头价格，价差最大的时候绿色认证青菜田头价比市场上青菜田头价仅高0.52元/千克，有时绿色认证青菜田头价甚至比市场上青菜田头价还低0.35元/千克。这一问题在水果等农产品上也存在，尤其是对于没有自己品牌且规模较小却通过绿色认证的农业经营主体，其生产的绿色农产品往往不具有价格优势。

进一步调查也验证，生产绿色农产品并不能很好地实现优质优价。在180位获得绿色食品认证的农业经营主体中，13.89%的受访者表示自己生产的农产品"根本不能实现"优质优价，33.33%的人表示"偶尔可以实现"，29.44%的人表示"经常实现"，只有23.33%的人表示"总能实现"优质优价（图4-6）。这很大程度上说明了生产绿色农产品并不总是能让农业经营主体获得更高的经济效益，较大程度上挫伤了农业经营主体生产绿色农产品的积极性，不利于绿色农业的可持续发展。

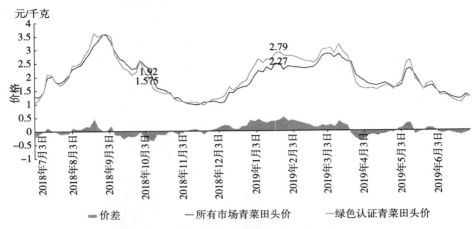

图 4-5　绿色认证青菜田头价变化及对比

数据来源：上海市农委农产品价格监测预警系统与实地调研，其中绿色认证青菜是选取了奉贤、松江、金山、青浦、崇明等 10 家通过绿色认证合作社的青菜平均价，所有市场青菜田头价也是平均价格。

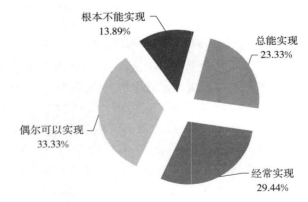

图 4-6　农业生产经营能否实现优质优价

　　三是农产品产销对接不畅，农产品销售难问题仍在局部地点、局部时间不同程度地存在。产销对接不畅是目前上海地产农产品不能实现优质优价的重要原因。前文提到，当前农业经营主体生产绿色农产品在销售端遇到的两大关键问题之一，就是消费者能否便捷知道、买到绿色农产品。前期调研发现，相比外地产农产品，上海市城镇居民对地产农产品具有更高的认可度和购买倾向，然而由于产销对接不畅，导致农产品不同程度地存在销售难问题，这一问题对于绿色认证农产品更严重。调查发现，在受访的 510 家农业经营主体中，

31.37％的人表示一直存在农产品销售难问题，23.14％的人表示经常存在，28.82％的人表示偶尔存在，只有16.67％的人表示不存在。而绿色认证农产品销售难问题要比非绿色认证农产品更严重，38.89％的获得绿色认证的农业经营主体表示一直存在农产品销售难问题，而未获得绿色认证的农业经营主体表示一直存在的比例仅为27.27％，低11.62个百分点（表4-3）。绿色农产品追求优质优价的时候，产销对接不畅会加剧销售难问题。

表4-3　农业经营主体的农产品销售难情况

单位：％

类别	所有农产品	获得绿色认证	未获得绿色认证
一直存在	31.37	38.89	27.27
经常存在	23.14	20.00	24.85
偶尔存在	28.82	26.67	30.00
不存在	16.67	14.44	17.88

四是农产品品牌化建设力度不够，绿色农产品的认可度和附加值有待进一步提升。品牌是具有经济价值的无形资产，品牌化建设有助于提高农产品生产的经济效益，尤其是"南汇水蜜桃""松江大米""马陆葡萄"等地理标志农产品区域品牌建设对提高农业经营主体的收入效果更加显著。然而，就绿色认证农产品而言，品牌化建设力度并不强。调查发现，在受访的510家农业经营主体中，28.49％的人表示拥有自己的农产品品牌，25.29％的人表示自己生产的是地理标志农产

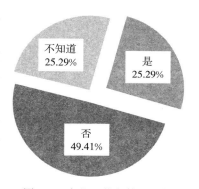

图4-7　农业经营主体地理标志农产品获得情况

品（图4-7）。其中，虽然获得绿色认证的农业经营主体拥有自己品牌的比例远高于未获得绿色认证的农业经营主体，但获得绿色认证的农业经营主体中仍有55.00％没有自己品牌，这极大影响了绿色农产品的认可度和附加值的提升。

（二）基于政府视角的动力不足的原因分析

一是认证面积的严格要求以及宣传不到位打击了农业经营主体申请绿色认证的积极性。绿色认证农产品申报有严格的面积门槛要求，这降低了土地规模较小、土地零散程度较高的农业经营主体申报绿色认证的积极性。以蔬菜为例，申报绿色认证需要单品种种植面积达到50亩及以上，这对品种多的蔬菜

实现难度很大。加之，农业部门宣传力度较弱，导致认证面积的要求在农业经营主体中存在错误解读，部分农业经营主体在申报过程中多次修改申报材料，更是降低了农业经营主体申报绿色认证的积极性。

二是大棚房整治一刀切与高标准农田建设未充分听取农业经营主体意见较大程度上影响了绿色农业标准化生产推进力度。标准化生产是绿色农业发展的必由之路，这势必要求加强高标准农田建设和机械化配套设施建设。然而，一方面，高标准农田建设过程中未积极听取农业经营主体的意见和建议，导致高标准农田建设项目完成后却难以利用，如灌溉沟渠挖掘过深没法使用；另一方面，发展绿色农业必然要求机械化作业，这便需要一些配套设施建设，特别是从事一些农产品初加工更是需要配套设施，比如稻谷加工成稻米出售经济效益更好，但这势必需要对稻谷进行烘干和脱壳处理等，大棚房整治"一刀切"的做法极大挫伤了农业经营主体的生产积极性。

三是绿色技术推广培训体系不完善一定程度上也阻碍了绿色农业发展。发展绿色农业不是单纯地追求"双减"，而是要建立在不大面积发生病虫害、不大幅度减产的前提下，这便要求农业经营主体了解掌握绿色农业技术。然而，调查发现，农业经营主体对绿色农业技术的了解掌握程度并不高，只有18.63%的受访农业经

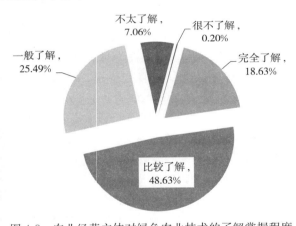

图4-8 农业经营主体对绿色农业技术的了解掌握程度

营主体表示"完全了解掌握"绿色农业技术，48.63%的人表示"比较了解"，25.49%、7.06%、0.20%的人表示"一般了解""不太了解""很不了解"（图4-8）。此外，调查发现，表示经常接受绿色农产品生产技术培训的人占46.27%，认为偶尔接受绿色农产品生产技术培训的人占43.92%，认为没有接受过绿色农产品生产技术培训的人占9.80%。

四是缺少绿色农产品生产标准体系以及循环种养结合力度不够，不利于绿色农业实现可持续发展。标准化生产是绿色农业发展的必由之路，上海市在绿色农业发展方面做了诸多努力，但目前还没有专门的绿色农产品生产标准体系，农业经营主体需要不断尝试探索绿色农业发展模式，在绿色农产品认证过程本来就较为烦琐的情况下，一定程度上更是打击了农业经营主体从事绿色农

业生产的积极性。此外，要想真正实现绿色甚至有机，循环种养模式是发展绿色农业不可或缺的一种实现形式。但当前上海主要受制于养殖所产生的环保压力，循环种养模式覆盖范围很有限，只有松江部分家庭农场的"稻—猪种养结合"模式、上海自在源农业发展有限公司的"稻—蛙种养结合"模式等进行了探索和尝试，也取得了较好的经济效益，但在各涉农区还远远达不到推广普及的程度。调查发现，在受访的510家农业经营主体中，只有11.37%的人表示采取循环种养结合的方式，这其中有75.86%的人表示采取种养结合之后生产经营效益有明显提升，剩下24.14%的人表示生产经营效益较之前差不多。

（三）基于社会资本视角的动力不足的原因分析

缺少工商资本和龙头企业对合作社、家庭农场、农户等利益主体在绿色农业发展方面的带动，较大程度上降低了生产经营绿色农产品的经济效益，使得农业经营主体更难实现优质优价，不利于调动农业经营主体生产绿色农产品的积极性以及绿色农业的可持续发展。农业是弱质产业，具有高风险、低收益特点，上海发展绿色农业很大程度上需要社会资本的参与、龙头企业的带动，最终实现全产业链开发，从而提高农产品附加值和农业生产经营效益。由社会资本牵头走三产融合之路是较为合理的发展路径，如发展农产品加工、农业休闲旅游。然而，上海绿色农业发展过程中社会资本发挥作用或者说龙头企业的带动作用相对有限，存在个别优秀的典型案例，比如浦东老港镇的大河蔬果专业合作社依托"中国雪菜之乡"的地域品牌优势，坚持"以建设特色农产品种植、加工、仓储、运输体系"的发展方向，创建国家雪菜产销一体化标准化示范区，带动周边农户实现增收。调查发现，在受访的510家农业经营主体中，53.92%的人表示生产的农产品没有加工，31.57%的人表示生产的农产品是经过粗加工或粗包装，18.24%的人表示经过精加工或精包装。可见，农产品加工程度并不高，深入调查还发现，上海农产品加工企业普遍面临建设用地指标紧缺、用工成本高、研发实力弱、农产品原材料不足等问题。农业休闲旅游发展则普遍存在建设用地指标紧缺、缺少文化特色、工商资本参与度不够等问题，极大制约了三产融合发展。

（四）基于农业经营主体基本特征的动力不足的原因分析

通过问卷数据统计分析发现，不同学历、不同生产规模的农业经营主体获得绿色认证的比例存在明显差异。首先，大专/本科及以上学历的农业经营主体获得绿色认证的比例为45.31%，比大专/本科以下学历的农业经营主体获

得绿色认证的比例高 13.37 个百分点。可以看出，拥有高学历的农业经营主体
生产绿色农产品的积极性更高，另一方面也意味着低学历的农业经营主体发展
绿色农业的积极性有待提高。其次，生产经营面积在 100 亩及以上的农业经营
主体获得绿色认证的比例为 42.90％，比生产经营面积在 100 亩以下的农业经
营主体获得绿色认证的比例高 25.68 个百分点。现实中，不同种类农产品申报
绿色认证都有面积要求，比如水稻要求单品种种植面积达到 100 亩及以上，蔬
菜要求单品种种植面积达到 50 亩及以上，因此，显然生产经营面积在 100 亩
及以上的农业经营主体获得绿色认证的比例更高（表 4-4）。

表 4-4　不同基本特征的农业经营主体绿色认证差异情况

项目		获得绿色认证		未获得绿色认证	
		频数	比例（％）	频数	比例（％）
学历	大专/本科以下	122	31.94	260	68.06
	大专/本科及以上	58	45.31	70	54.69
规模	100 亩以下	26	17.22	125	82.78
	100 亩及以上	154	42.90	205	57.10

三、农业经营主体发展绿色农业的行为选择分析

　　绿水青山就是金山银山。随着中国农业资源不断开发，传统农业增长模式
日益面临资源透支、环境恶化、生态破坏、质量风险等问题，特别是农业面源
污染严重，农产品质量安全问题频出，成为制约社会经济可持续发展的关键因
素。由于环境承载能力已经达到或接近上限，不能再靠透支环境、超标使用化
肥农药来换取农业产出（张晓山，2020）。党的十八大以来，生态文明建设成
为"五位一体"总体布局的重要组成部分，保护绿水青山、让人民吃得放心成
为落实"以人民为中心"发展理念的目标要求，广阔的农村成为绿色发展的主
战场。农业发展目标从增产目标向提质增效目标转变，绿色发展成为农业农村
发展的主流，成为农业农村现代化的基本要义。发展绿色农业，既是破解中国
农业发展资源约束瓶颈和生态环境压力的必然选择，也是满足人民日益增长的
优质安全农产品需求和良好生态环境需求的客观要求。

　　绿色食品认证是绿色农业发展的抓手和最终落脚点，近几年中国绿色食品
认证农产品发展迅速，2018 年绿色食品认证获证单位总数为 13 203 个，获证
产品总数为 30 932 个，国内年销售额为 4 557 亿元，而 2013 年绿色食品认证
获证单位总数为 7 696 个，获证产品总数为 19 076 个，国内年销售额为

3 625.2亿元，5年间绿色农产品生产规模获得大幅增长。与此同时，随着经济社会持续发展，居民消费偏好由注重量的满足转向质的追求，中国对绿色农产品的需求激增，绿色农产品市场迅速扩大。食品具有搜寻品、经验品和信任品特性，其中信任品特性难以被消费者所知（Caswell，Padberg，1992），这种信息不对称导致食品市场上的逆向选择与道德风险，由此造成食品安全风险增加（Holleran，1999）。绿色食品认证作为解决食品安全问题的一种产品差异化策略（王秀清等，2002），为消费者提供了质量信号甄别机制，有助于缓解信息不对称带来的市场失灵，有利于保障消费者权益（王常伟等，2012）。然而，由于生产绿色认证农产品付出了更多成本，影响绿色食品认证作用发挥的一个关键问题在于，获得绿色食品认证是否有助于实现农产品优质优价，这对农业经营主体是否有动力持续获得绿色食品认证以及申请获得绿色食品认证具有重大意义。

推动农业绿色发展是农业发展观和生产方式的一场深刻革命，而农业经营主体是农业绿色发展以及绿色食品认证的直接参与主体，消费者则是绿色食品认证的直接受益者。Lancaster偏好理论认为消费者对某种商品的需求是一种将商品某些特征属性从商品中剥离出来的活动，消费者对商品的需求是商品特征属性的派生需求（Lancaster，1966）。绿色认证可以认为是农产品的一种特征属性。由于绿色认证是中国特有的一种质量产品认证，因此，国内不少学者从消费视角，实证研究了消费者对农产品绿色认证属性的支付意愿（梁志会等，2020；王一琴等，2018；陈默等，2018；尹世久等，2015）。研究普遍发现，虽然面临消费者是否信任绿色农产品等困境，但总体上消费者愿意为农产品绿色认证属性支付额外价格。但一个严峻的现实疑问是，消费者愿意为绿色农产品支付的额外价格是否传导到绿色农产品生产端，以及农业生产经营者是否真正感受到绿色农产品实现优质优价。

随着中国对绿色农业发展和农产品绿色食品认证的重视，近些年国内很多学者从生产视角，对农户的绿色生产意愿、行为以及绿色技术采纳等进行实证分析（高杨等，2017；高杨等，2019；张童朝等，2019；王恒等，2019）。已有研究发现，农户从事绿色农业的意愿和行为存在相关关系，总体上农民的绿色生产意识水平高于绿色生产行为水平，两者之间存在显著差异（龚继红等，2019），尤其是农户绿色农药的购买意愿和行为存在背离（姜利娜等，2017）。关于发展绿色农业行为影响因素方面的研究发现，农户的政治面貌、务农时间、绿色农业环境经济价值认知和危害认知因素，对其从事绿色农业的意愿起到显著促进作用（潘世磊等，2018），老龄化、社会网络对农户绿色生产技术采纳行为也有影响（杨志海，2018）；网络嵌入和风险感知对农户绿色耕作技术采用行为具有显著的正向影响，同时风险感知在结构嵌入对农户绿色耕作技术采纳行为的影响中具有中介效应（程琳琳等，2019）；政府补贴、简化绿色食品认证及加大对绿色生产技术的宣传有利于促进绿色农产品的供给（沈琼等，2019），在提供绿色购置补贴的情形下，农户的绿色农药使用量显著提高，农户绿色农药投入量与补贴额度变化趋势一致（林楠等，2019）；社会资本对于农户测土配方施肥技术采纳行为和化肥减量化使用行为都具有显著的影响（李浩等，2020）。

纵览现有文献，已有研究为厘清农户发展绿色农业行为机理积累了非常有益的成果。然而，一个遗憾是，暂未发现对绿色食品认证是否有助于实现农产品优质优价的直接研究。基于此，本研究利用上海9个郊区510位农业经营主体的调查问卷数据，运用双变量Probit模型，实证分析农业经营主体获得绿色食品认证的影响因素，并在此基础上，从客观收入与主观感受两个角度，重点考察获得绿色食品认证的农产品是否真正实现优质优价。选择上海市作为研究案例地的意义和价值在于，截至2019年底，上海的农产品绿色认证率已达到20%，处于全国前列，实际调查样本中获得绿色食品认证的比例为35%，能很好地支撑本书开展实证研究。其更深层的考量在于，作为国际化大都市，上海定位发展都市现代绿色农业，以提高农产品绿色认证率为目标，《上海市乡村振兴战略实施方案（2018—2022年）》中提出，2022年全市地产农产品绿色认证率要达到30%，绿色认证农产品能否实现优质优价至关重要，决定了上海市绿色农业的可持续发展。此外，从全国层面来看，短期内更应该贯彻落实"双减"（减农药、减化肥）举措，不宜过度提高农产品绿色认证率，否则易导致大范围农产品价格提高引致的消费者福利降低。

（一）模型构建与变量选择

上海定位发展都市现代绿色农业，持续减少农药化肥使用，不断提高农产品绿色食品认证率。然而，绿色农业发展的最终目标是提高农产品附加值，实现农业提质增效。获得绿色食品认证的农产品是否真正实现优质优价，这是更应该关注的问题。应该认识到，农产品实现优质优价是一个美好愿望，是一种主观感受，农业经营主体的主观感受很重要，同时还希望通过实际收入来衡量是否实现优质优价。应该说，用土地生产经营收入可以回答绿色食品认证是否有助于增收这一问题，却无法回答绿色食品认证增收效果是否还有提升空间这一问题，而用优质优价认知则可以较好回答这一问题。因此，本研究用土地生产经营收入与优质优价认知来从客观实际和主观感受两个角度综合衡量获得绿色食品认证的农产品是否真正实现优质优价。

该部分主要就土地生产经营收入与优质优价认知的影响因素展开计量模型分析。为了便于理解和模型分析，将土地生产经营收入划分为单位土地面积生产经营纯收入在"0.2万元及以上""0.2万元以下"两种选择[1]，优质优价认知分为生产经营的农产品"经常能实现优质优价""不能经常实现优质优价"两种选择，都属于典型的二分选择问题。

假设模型概率函数采用标准正态分布函数形式，因此需要估计的模型就可以转变成如下两个二元 Probit 模型：

$$Y = f_1(G，X，\mu_1) \tag{4-1}$$

其中，当被解释变量 Y 是土地生产经营收入时，1 表示单位土地面积生产经营纯收入在 0.2 万元及以上，0 表示单位土地面积生产经营纯收入在 0.2 万元以下。当被解释变量 Y 是优质优价认知时，1 表示生产经营的农产品经常能实现优质优价，0 表示生产经营的农产品不能经常能实现优质优价。G 是绿色食品认证获得行为，包括获得绿色食品认证和未获得绿色食品认证两种选择，将该变量纳入模型分析是为了回答"获得绿色食品认证的农产品是否真正实现优质优价"这一重大问题。X 是除绿色食品认证获得行为之外的其他影响土地生产经营收入或优质优价认知的因素。μ_1 是残差项。

另外，本研究认为，绿色食品认证获得行为也会受到土地生产经营收入或优质优价认知影响因素的共同影响。据此再设立如下模型：

$$G = f_2(X，\mu_2) \tag{4-2}$$

其中，μ_2 是残差项。

模型自变量的定义见表 4-5。

表 4-5 自变量定义

变量名称	含义与赋值	均值	标准差
绿色食品认证	产品是否有绿色食品认证：是=1，否=0	0.35	0.48
性别	男=1，女=0	0.79	0.41
年龄	实际数值，单位：周岁	49.80	9.65
学历	小学及以下=1,初中=2,高中/中专=3,大专=4,大学及以上=5	2.76	1.15

---

① 需要说明的是，单位土地面积生产经营纯收入在 0.2 万元及以上已经算是比较高的水平，调查发现，在受访的 510 位农业经营主体中，有 247 人的单位土地面积生产经营纯收入在 0.2 万元及以上，占总样本数的 48.43%，因此将 0.2 万元作为分界线从现实看是合适的。此外，目前还没有对两个多序次被解释变量进行联立估计的模型，因此将土地生产经营收入与优质优价认知都处理成虚拟变量，这样可以用双变量 Probit 模型进行估计。

（续）

变量名称	含义与赋值	均值	标准差
土地规模	从事农业生产经营的农用地或水域面积，单位：亩	191.96	296.47
经营主体类型	生产经营主体类别：合作社或农业龙头企业＝1，其他＝0	0.40	0.49
经营产品类别	生产经营产品类别：粮食＝1，其他＝0	0.53	0.50
品牌	产品是否拥有自己的品牌：有＝1，否＝0	0.30	0.46
地理标志	产品是否属于地理标志农产品：是＝1，否＝0	0.25	0.43
信息追溯	产品是否实现质量安全信息追溯查询：是＝1，否＝0	0.65	0.48
宣传渠道	产品是否有宣传推广渠道：有＝1，无＝0	0.50	0.50
产品加工	产品是否经过加工处理之后销售：无加工＝1，其他＝0	0.52	0.50
销售渠道	产品的销售渠道：批发市场、批发商或贩子＝1，其他＝0	0.55	0.50
销售问题	产品是否经常存在销售难问题：是＝1，否＝0	0.55	0.50
产品特色	生产经营的产品与别家同类产品相比，有何特色：无明显特色＝1，其他＝0	0.28	0.45
客户质量要求	农产品收购商或客户对您产品的质量安全要求严格程度如何：非常严格＝1……很不严格＝5	1.73	0.77
产业融合模式	在农业生产经营中是否采用某种产业融合模式：是＝1，否＝0	0.57	0.49
政策满意度	对当前政府的农业补贴和优惠政策的满意度如何：非常满意＝1……很不满意＝5	2.01	0.89
绿色技术认知	是否了解掌握生产绿色农产品的技术：完全了解＝1……很不了解＝5	2.22	0.83
科技服务评价	对政府的农业科技指导服务作用或效果的评价如何：作用很大＝1……作用很小＝5	1.84	0.77

（二）模型估计结果与分析

前文式（4-1）和式（4-2）构成了联立方程组，若上述两个方程的残差项之间存在相关性，则采用单一方程估计法并不是最有效率的，但若两个方程的残差项不存在相关性，那么对式（4-1）和式（4-2）分别进行估计是可行的（陈强，2010）。鉴于此，本研究首先对式（4-1）和式（4-2）残差项之间相关性进行 Hausman 检验。检验结果发现，模型一中，$Rho=0$ 的似然比检验的卡方值为 3.515，相应 P 值为 0.061，在 10％的显著性水平下拒绝原假设，说明式（4-1）和式（4-2）的残差项显著相关，模型二中，$Rho=0$ 的似然比检验的卡方值为 7.906，相应 P 值为 0.005，在 1％的显著性水平下拒绝原假设，说明式（4-1）和式（4-2）的残差项显著相关，此时对两个方程进行联立估计是必要的。本研究运用 Stata13.0 选择有限信息极大似然法（LIML）对式（4-1）和式（4-2）组成的双变量 Probit 模型进行估计（格林，2011），结果见表 4-6。

表 4-6 模型估计结果

变量名称	模型一				模型二			
	农业生产经营收入		绿色食品认证		优质优价认知		绿色食品认证	
	系数	Z 值	系数	Z 值	系数	Z 值	系数	Z 值
绿色食品认证	1.351***	6.70	—	—	−1.615***	−18.42	—	—
性别	0.173	1.24	−0.323**	−2.07	−0.096	−0.72	−0.326**	−2.13
年龄	0.008	1.08	−0.003	−0.35	−0.002	−0.26	−0.003	−0.42
学历	0.088	1.37	0.051	0.72	0.047	0.79	0.062	0.90
土地规模	−0.001***	−4.91	0.001***	3.02	0.000	0.97	0.001***	3.85
经营主体类型	0.033	0.25	−0.162	−1.06	0.024	0.19	−0.199	−1.37
经营产品类别	−0.650***	−4.85	0.322**	2.24	0.004	0.04	0.264*	1.90
品牌	−0.247*	−1.80	0.281*	1.79	0.209	1.61	0.470***	3.16
地理标志	0.018	0.14	0.132	0.89	0.365***	2.89	0.158	1.09
信息追溯	−0.151	−1.07	0.474***	2.91	0.303**	2.35	0.495***	3.26
宣传渠道	−0.072	−0.59	−0.093	−0.69	0.081	0.71	−0.114	−0.83
产品加工	0.160	1.16	−0.539***	−3.83	−0.364***	−3.05	−0.570***	−4.08
销售渠道	0.011	0.09	−0.102	−0.74	−0.177	−1.53	−0.122	−0.90
销售问题	−0.170	−1.51	0.236*	1.82	0.076	0.70	0.292**	2.30
产品特色	0.039	0.26	−0.241	−1.35	−0.331**	−2.29	−0.243	−1.37
客户质量要求	0.015	0.19	0.011	0.12	−0.212***	−2.65	−0.011	−0.11
产业融合模式	−0.159	−1.31	−0.010	−0.07	−0.073	−0.61	−0.184	−1.30
政策满意度	−0.195***	−2.64	0.011	0.14	−0.102	−1.52	−0.002	−0.02
绿色技术认知	0.248***	3.05	−0.345***	−3.72	−0.256***	−3.40	−0.294***	−3.36
科技服务评价	0.054	0.65	0.072	0.78	−0.072	−0.91	0.005	0.06
常数项	−0.639	−1.14	−0.031	−0.05	1.777***	3.27	0.134	0.21
Wald chi^2	307.21				415.60			
Prob>chi^2	0.0000				0.0000			

注：*、**、***分别表示 10%、5%、1%的显著性水平。

1. 绿色食品认证对农业经营收入与优质优价认知的影响

由模型估计结果可知，绿色食品认证变量正向显著影响农业生产经营收入，然而，绿色食品认证变量却反向显著影响优质优价认知。具体而言，相比未获得绿色食品认证的农业经营主体，获得绿色食品认证的农业经营主体的单位土地面积生产经营纯收入在 0.2 万元及以上的可能性更大，获得绿色食品认证的农业经营主体表示生产经营的农产品经常能实现优质优价的可能性反而更小。更通俗一点理解，客观上讲，获得绿色食品认证农业经营主体的农业生产经营收益确实高于未获得绿色食品认证的农业经营主体，但在主观认知上，获得绿色食品认证的农业经营主体却并不认为比未获得绿色食品认证的农业经营主体更易实现优质优价。该研究结果回答了"绿色食品认证是否有助于实现农产品优质优价？"这一重大问题，即：获得绿色食品认证确实有助于促进农业生产经营收入增加，但现实增收效果还不够，未达到部分农业经营主体的心理预期，或者说绿色食品认证实现优质优价还有较大提升空间，而实地调查也发现上海地产绿色农产品不能实现优质优价现象较为普遍存在。深入调查研究发现，主要归纳为以下几方面原因。

第一，绿色农产品认知度有待进一步提升。一是已获证绿色农产品企业用标率不高。根据不完全调查，全国绿色农产品用标率只有 10% 左右，上海绿色农产品用标率也只有 17%。主要原因：一方面，大部分是初级产品，不包装上市，加工产品销售半径小或未进商超；另一方面，部分获证产品只作为原料，不直接进入市场。由于获证绿色农产品用标率低，再加上宣传也不到位，使得绿色农产品在消费者中的影响力大打折扣，知晓率不高，获得感不强。此外，调查发现：55% 的受访消费者购买过地产绿色农产品[①]，仅有 10% 的消费者表示经常购买，还有 25.67% 的消费者表示分不清是否地产绿色农产品；大多数消费者只愿为地产绿色农产品额外支付不超过 20% 的价格，这导致消费者的地产绿色农产品购买行为不可持续。二是绿色农产品生产认证体系与农业技术推广培训体系还有待进一步加强协调。绿色农产品认证实行的是目录清单制[②]，与此同时，农业技术推广部门也在推进农业的绿色发展，也就是"双减"，但这种减肥、减药并未很好地与农产品的绿色认证目标结合起来，而且用肥、用药的范围也不一定在绿色农产品目录清单内（实际上是超出范围的）。因此，形成了农业技术推广与农产品绿色认证两条线或者说二者脱节。绿色农业生产更多是要靠农业技术推广部门的宣传与推进，由于以上原因造成了农业经营主体了解掌握以认证为导向的绿色农业技术机会比较少。调查发现，农业经营主体对绿色农业技术的了解掌握程度并不高，八成受访农业经营主体表示对绿色农业技术有不同程度的困惑与不解，绿色农业技术培训体系不健全是了

---

① 本研究对上海市 15 个城区（除崇明）939 位消费者进行了问卷调查，下文有详细介绍。

② 即用药、用肥是严格限制在目录清单里，而且对产地环境也有严格的要求。

解掌握程度不高的重要原因，经常接受绿色农业技术培训的人只占 46.27%。

第二，品牌化建设与产销对接力度不够。一是农产品品牌化建设力度不够，绿色农产品的认可度和附加值有待进一步提升。品牌化建设有助于提高农产品生产的经济效益，尤其是"南汇水蜜桃""松江大米""马陆葡萄"等地理标志农产品区域品牌建设对提高农业经营主体的收入效果显著。品牌是识别上海地产农产品的重要标志，对提升地产绿色农产品的溢价具有明显作用。然而，绿色认证农产品的品牌化建设力度并不强。调查发现，获得绿色认证的农业经营主体中仍有 55% 没有自己品牌，这极大影响了绿色农产品的认可度和附加值的提升。二是产销对接不畅，农产品销售难问题仍在局部地点、时间不同程度地存在。当前由于产销对接不畅，导致地产农产品不同程度地存在销售难问题，该问题在绿色认证农产品中反而更严重。调查发现，31.37% 的受访农业经营主体表示一直存在农产品销售难问题，23.14% 表示经常存在，28.82% 表示偶尔存在，只有 16.67% 表示不存在。究其原因：一方面，将水稻、蔬菜等农产品以普通价格卖给国储粮或批发市场现象较为普遍，其中不乏绿色认证产品，导致绿色认证农产品价格优势不明显；另一方面，缺少良好的销售渠道，具体表现在农业经营主体与电商企业等的合作关系不稳定、集销售与宣传双重作用的区域品牌农产品集中展销场所缺乏等；此外，地产农产品宣传力度不够，九成受访消费者表示不同程度地存在缺少购买上海地产农产品渠道问题。

2. 其他因素对农业经营收入与优质优价认知的影响

由模型一估计结果可知，土地规模、经营产品类别、品牌、政策满意度、绿色技术认知 5 个变量显著影响农业经营收入。第一，土地规模变量反向显著影响农业经营收入，即从事农业生产经营的农用地或水域面积越大，农业经营主体的单位土地面积生产经营纯收入在 0.2 万元及以上的可能性越大，这主要是因为土地规模经营带来的经济效益增加。第二，经营产品类别反向显著影响农业经营收入，即粮食类农业经营主体的单位土地面积生产经营纯收入在 0.2 万元及以上的可能性更小，显然种植蔬菜、水果或养殖畜禽、水产的经济效益通常要高于种植粮食。第三，品牌变量反向显著影响农业经营收入，即拥有自己品牌的农业经营主体的单位土地面积生产经营纯收入在 0.2 万元及以上的可能性更小，这与预期不一致。一般来说，品牌是企业的一种无形资产，有助于扩大农业经营主体产品知名度，从而促进产品销售，但现实中上海地产农产品销售难问题较为普遍存在，品牌在助力农产品产销对接上并未发挥应有的作用，甚至导致品牌农产品在追求高价格的同时反而更加剧了销售难问题，品牌农产品要想真正实现优质优价需要建立在质量安全、高品质、新鲜以及加大品牌宣传力度等基础上。第四，政策满意度变量反向显著影响农业经营收入，即对当前政府的农业补贴和优惠政策的满意度越高，农业经营主体的单位土地面积生产经营纯收入在 0.2 万元及以上的可能性越大，这是易于理解的。第五，绿色技术认知变量正向显著影响农业经营收入，即对绿色农产品生产技术了解掌握程度越低，农业经营主体的单位土地面积生产经营纯收入在 0.2 万元及以上的可能性越大，这一点有些不合常理。可能的原因在于，传统农业生产增产增收主要依靠多施用农药、化肥，但绿色农业才是上海这样一座国际化大都市的发展方向，对绿色农产品生产技术了解掌握程度低的农业经营主体，应该对绿色农业技术具有更强烈的需求，当农业生产经营收入达到一定高度之后，通过多施农药化肥实现增产增收已变得很困难，此时这部分农业经营主体需要转向发展绿色农业才能获得更高收入。

由模型二估计结果可知，地理标志、信息追溯、产品加工、产品特色、客户质量要求、绿色技术认知6个变量显著影响优质优价认知。第一，地理标志变量正向显著影响优质优价认知，即产品是地理标志农产品的农业经营主体表示经常能实现优质优价的可能性更大。地理标志作为一种区域品牌，如松江大米、马陆葡萄、南汇水蜜桃等，因通常由地方政府统一宣传推介，且有统一的生产技术标准和规范，因此农业经营主体更能主观感受到实现了农产品优质优价，但由模型一的估计结果可知，地理标志农产品与非地理标志农产品农业经营主体的单位土地面积生产经营收入并未有显著差异，也就是说地理标志农产品在实现提升农业收入方面还需进一步增强。第二，信息追溯变量正向显著影响优质优价认知，即产品可以实现质量安全信息追溯查询的农业经营主体表示经常能实现优质优价的可能性更大。中国推行农产品质量追溯体系建设多年，上海一直走在全国前列，不少农业经营主体都加入到政府农产品可追溯系统，这也一定程度上对农产品起到宣传推介作用，农业经营主体更能主观感受到农产品优质优价的实现，但和地理标志变量的影响相似，信息追溯在实现提升农业收入方面还需进一步增强。第三，产品加工变量反向显著影响优质优价认知，即产品没有任何加工就销售的农业经营主体表示经常能实现优质优价的可能性更小。一般而言，农产品加工有助于提高农产品附加值，本研究中的农业经营主体主要是将农产品进行包装、初加工处理之后再销售，少有深加工，但在农业经营主体看来，这样加工处理已经有助于实现优质优价。这也启示我们，达不到一定经营规模和具备足够资金实力，要实现农产品深加工之后再销售很难，但只是对农产品进行包装、初加工处理也是一个比较合适的选择。第四，产品特色变量反向显著影响优质优价认知，即如果生产经营的产品与别家同类产品相比并没有特色，那么农业经营主体表示经常能实现优质优价的可能

性更小，这一结果是显而易见的。第五，客户质量要求变量反向显著影响优质
优价认知，即农产品收购商或客户对您产品的质量安全要求严格程度越高，农
业经营主体表示经常能实现优质优价的可能性越大。对产品质量安全要求严格
程度高的收购商通常会给予更高的收购价格，也更容易实现优质优价。第六，
绿色技术认知变量反向显著影响优质优价认知，即对绿色农产品生产技术了解
掌握程度越高，农业经营主体表示经常能实现优质优价的可能性越大。

3. 绿色食品认证获得行为的影响因素

由模型估计结果可知，不管是模型一还是模型二，性别、土地规模、经营
产品类别、品牌、信息追溯、产品加工、销售问题、绿色技术认知 8 个变量都
显著影响农业经营主体绿色食品认证获得行为。这也恰恰在一定程度上说明了
模型一、模型二估计结果的稳健性和可靠性。

第一，性别变量反向显著影响绿色食品认证获得行为，即男性受访农业经
营主体获得绿色食品认证的可能性更小。本研究调查人员都是选取对农业生产
经营重大事项具有决定作用的人员，有男性也有女性，上述估计结果显示女性
受访者更倾向于申请获得绿色食品认证。第二，土地规模变量正向显著影响绿
色食品认证获得行为，农用地或水域面积越大的农业经营主体获得绿色食品认
证的可能性越大。该变量的影响非常显著，这与绿色食品认证的严格面积要求
有密切关系，比如粮食产品获得绿色食品认证要求单品种生产经营面积达到
100 亩及以上，果蔬则要求单品种生产经营面积达到 50 亩及以上。第三，经
营产品类别变量正向显著影响绿色食品认证获得行为，即粮食类农业经营主体
获得绿色食品认证的可能性更大，这仍然与绿色食品认证的面积要求有关系，
相比蔬菜、水果类单品种 50 亩及以上的要求，粮食类农业经营主体的面积要
求更容易达到。第四，品牌变量正向显著影响绿色食品认证获得行为，即拥有
自己品牌的农业经营主体获得绿色食品认证的可能性更大。前文研究已经发
现，品牌农产品并不见得比非品牌农产品获得更高收入，不少农业生产经营主
体在拥有自己的产品品牌后，也倾向于申请获得绿色食品认证，而且拥有自己
品牌的农业经营主体通常生产经营面积也更大，在获得绿色食品认证方面也更
有优势。第五，信息追溯变量正向显著影响绿色食品认证获得行为，即产品可
以实现质量安全信息追溯查询的农业经营主体获得绿色食品认证的可能性更
大。第六，产品加工变量反向显著影响绿色食品认证获得行为，即产品没有任
何加工就销售的农业经营主体获得绿色食品认证的可能性更小。这一结果易于
理解，将农产品进行包装加工之后再销售的农业经营主体更倾向于申请获得绿
色食品认证，以获得更高产品附加值。第七，销售问题变量正向显著影响绿色
食品认证获得行为，即产品经常存在销售难问题的农业经营主体获得绿色食品

认证的可能性更大，这一方面反映出存在产品销售难问题的农业经营主体寄希望于申请获得绿色食品认证来打破这一困境，另一方面也突出反映出绿色认证农产品仍面临较为严重的销售难问题，这影响了绿色认证农产品优质优价的实现。第八，绿色技术认知反向显著影响绿色食品认证获得行为，即对绿色农产品生产技术了解掌握程度越高，农业经营主体获得绿色食品认证的可能性越大。

四、绿色农业发展的典型模式与经验总结

（一）主要模式

绿色农业是指以生产并加工销售绿色食品为轴心的农业生产经营方式。以"绿色环境""绿色技术""绿色产品"为主体，促使过分依赖化肥、农药的化学农业向主要依靠生物内在机制的生态农业转变。生态农业是 21 世纪现代农业的发展方向。上海定位发展都市现代绿色农业，而生态农业是发展都市现代绿色农业的重要抓手，也应该是实现农业现代化和农民增收的必要途径。目前上海生态农业主要存在以下五大类发展模式：一是种养结合模式；二是设施生态栽培模式；三是农业废弃物资源循环利用模式；四是节能减排模式；五是生态休闲农业模式。

1. 种养结合模式

种养结合模式是针对畜禽养殖（渔业养殖）的排泄物的特点进行设计的，该模式最大程度上保护了生态环境，促进了种植养殖融合发展，取得了良好的社会效果和经济效果。国内大量田间试验表明，通过加工处理后的畜禽粪污可制成优质有机肥料，与传统单一施用化肥相比，有机肥使用更具改良土壤理化性状、刺激作物生长、增强作物抗逆性、提高产量、改善品质等益处。利用畜禽粪污生产使用有机肥，解决化肥施用过量问题，有利于土壤、培肥地力。根据生态种养的原则，上海探索出果—草—禽生产模式、稻—鱼模式、林—鸡模式、林—鹅模式、林—羊模式、稻—鸭模式、稻—蛙模式、稻—鳖—虾模式、稻—泥鳅模式、菜—鳝模式、菜—蟹模式等生态农业模式，在局部地区予以推广，取得了较好的经济效益和社会效益。

2. 设施生态栽培模式

设施生态农业是 20 世纪 80 年代以来出现的新型现代生态农业模式，它以设施工程为基础，通过动植物共生互补、废弃物循环利用以及立体种养、梯级利用等措施的应用，改善设施生态环境，实现生态系统高效生产和可持续发展。设施生态农业已成为 21 世纪现代农业实现高效生产和可持续发展的重要

途径，发展前景极为广阔。上海充分发挥在农业科技方面的优势，研究探索出设施清洁栽培模式、设施种养结合模式、设施立体生态栽培模式等。其中，设施清洁栽培模式包括：设施生态型土壤栽培模式、有机生态型无土栽培模式和生态型设施病虫害综合防治模式；设施种养结合模式主要包括：温室畜—菜共生模式、温室鱼—菜共生模式；设施立体生态栽培模式主要包括：温室果—菜立体生态栽培模式、温室菇—菜立体生态栽培模式、温室菜—菜立体生态栽培模式。

3. 农业废弃物资源循环利用模式

农业废弃物的无害化、减量化、资源化利用是控制农业污染、实现农业可持续发展的重要途径。农业废弃物资源循环利用模式即通过物理、化学、生物等手段，转换农业废弃物形态与结构，获得能源、农资物品以及资源化产品。上海主要探索出设施农业废弃物资源循环利用模式、秸秆循环利用模式、养殖业废弃物循环利用模式等几种模式。其中，设施农业废弃物资源循环利用模式主要包括：设施农业废弃物生物质炭化利用模式、大棚农业废弃物发酵产 CO_2 施肥利用模式、堆肥化和沼气化利用模式、育苗和基质利用模式、无土栽培营养液废液循环利用模式等。秸秆循环利用模式主要包括：秸秆直接还田模式、堆沤还田模式、过腹还田模式。养殖业废弃物循环利用模式根据自然条件、经济条件、养殖规模、环境承载能力等因素，采用多种技术，对畜禽粪污进行综合治理，达到无害化、减量化、生态化、资源化利用的目的，具体包括：使用沼气技术、集约化畜禽养殖场大中型沼气工程技术、畜禽粪污制作有机肥料技术。

4. 节能减排模式

节能减排就是节约能源、降低能源消耗、减少污染物排放。节能减排包括节能和减排两大技术领域，农业发展中的节能减排模式是通过整合以利用亚临界水反应的有机固体废弃物循环化处理系统（Hydrolysis Processing System，简称 HPS 技术）为代表的节能减排技术，以生态保护和节能减排为前提，以科技创新为依托，以市场化运作为动力，以实现农业产业化为目的，形成现代化的农业生态循环模式。

5. 生态休闲农业模式

生态休闲农业是利用农业景观资源和农业生产条件，发展观光、休闲、旅游的一种新型农业生产经营形态，也是深度开发农业资源潜力，调整农业结构，改善农业环境，增加农民收入的新途径。上海充分利用农业和农村资源，主要探索出以下几种生态休闲农业发展模式：一是农家乐，主要以住农家屋、吃农家饭、享农家乐、体验采摘垂钓等农事活动为主；二是休闲农庄，主要以农业生产过程、农村风貌、农村劳动生活场景为主要内容，具有休闲、餐饮、娱乐、科普及教育功能的综合性休闲农业庄园；三是小型观光农园，主要是利用特色种植、养殖业资源，开展农园观光旅游；四是大型农业园区，主要利用原有市区两级农业园区，融休闲、观光、采摘、科普教育及推广展示于一体的体验活动；五是生态园林，利用水源涵养林、人工片林、环线绿地等资源开发生态休闲场所。

（二）经验总结

浦东新区作为国家首批现代农业示范区、首批国家农产品质量安全县，积极探索农产品质量安全信用体系建设，不断优化农产品安全监管模式，全力打造农产品质量安全放心区，助力农业绿色发展，积累了不少可供借鉴的经验。

一是依托信息技术，科学开展信用评级。浦东以农用地 GIS 信息系统、农产品质量安全追溯系统信息共享为基础，将农业生产企业、农民专业合作社、家庭农场等农业生产主体的行政许可、行政处罚、认证（登记）、监督检查等相关信息纳入浦东新区农产品质量安全追溯系统平台数据库管理，建立健全企业信用档案，通过综合评价，实施农产品质量安全诚信分级和分类监管，建立守信激励和失信惩戒等机制，全面提升农产品质量安全诚信意识和信用水平。2018 年，全区共有 758 家单位进行农产品质量安全信用申报评定，申报量占全区农业农资生产经营主体总量的 50% 以上。经综合评定，在农业生产主体上，有 219 家单位认定为农产品质量安全信用 "A" 级，71 家单位认定为农产品质量安全信用 "B" 级，21 家单位认定为农产品质量安全信用 "C" 级；在农资生产经营主体上，23 家单位认定为农产品质量安全信用 "A" 级，175 家单位认定为农产品质量安全信用 "B" 级，26 家单位认定为农产品质量安全信用 "C" 级。

二是强化信用应用，提升监管工作效能。依据信用评级结果，农业部门实施动态分类监管，对守法经营信用好的 A 级经营单位减少执法检查频次，强化服务；对信用较好的 B 级经营单位的监管坚决不放松，强化宣传和管理；对信用低的 C 级经营单位实行 "重点监管"，增加执法检查频次，对违法行为加大处罚的力度。同时，将被认定为 A 级、B 级信用作为申报农业项目、享受惠农政策的前置条件，并通过扶优与治劣、日常监管与综合评价、监管执法与技术指导服务相结合，实现精细化管理。

三是动员社会力量，构建社会共治格局。为充分发挥社会监督作用，浦东新区组建了一支由农协会成员、种养户代表、退休行业专家组成的新队伍，以社会监督员的身份参与到信用评价工作中。这支队伍的建立，一方面弥补了政府监管部门监管上的不足，通过明察暗访等形式，让诚信评级结果更加公正、公平、真实；另一方面，作为监管部门和监管对象之间的桥梁，有利于监管部门听取广泛的意见和建议，建立健全内外部监督制约机制。

四是开展放心基地建设，驱动农业绿色发展。基于信用体系在保障农产品质量安全上的基础性作用，浦东新区推进"安全优质农产品放心基地"建设，通过落实按标生产，倡导诚信经营，配套以名誉、产品质量保险，并优先考量项目建设、支农政策等，推荐相关销售平台进行供销对接，畅通地产农产品销售渠道，增加绿色优质农产品有效供给，保证消费者吃得放心。2018年，全区共有121家规模化基地进行了申报，申报面积约占全区耕地总面积的1/3，其中80家单位被认定为"浦东新区安全优质农产品放心基地"。

五、本章小结

本章主要依据对上海市9个涉农区20个镇的农业经营主体开展问卷调查，以及对相关利益主体开展典型案例调查，重点实证分析了上海绿色农业发展动力不足表现及原因。调查充分揭示了当前上海绿色农业发展的内生动力存在不足，核心表现为：农业经营主体生产绿色农产品的主观意愿整体较高，但现实中绿色农产品生产端与销售端存在的问题极大挫伤了农业经营主体生产积极性，很大程度上导致农产品绿色认证率不高。具体表现在生产端的生产困难与成本、销售端的经营收益，以及农业经营主体基本特征这几个方面，共同影响了农业经营主体是否愿意发展绿色农业或者生产绿色认证农产品。

从市场来看，在城镇居民对农产品的需求向同时追求数量与质量安全及高品质转变时，绿色农产品价格优势不明显，实现优质优价难，且产销对接不畅，存在农产品销售难问题。另外，绿色农产品品牌化建设力度不够，认可度和附加值有待提升。从政府来看，认证面积的严格要求以及宣传不到位打击了农业经营主体申请绿色认证的积极性，大棚房整治一刀切与高标准农田建设未充分听取农业经营主体意见，较大程度上影响了绿色农业标准化生产推进力度，绿色技术推广培训体系不完善与缺少绿色农产品生产标准体系以及循环种养结合力度不够，不利于绿色农业实现可持续发展。从社会资本来看，缺少工商资本和龙头企业的带动，较大程度上降低了生产经营绿色农产品的经济效益，更难实现优质优价，进而不利于调动农业经营主体生产绿色农产品的积极性。从农业经营主体基本特征来看，拥有高学历的农业经营主体生产绿色农产品的积极性更高，生产经营面积在100亩及以上的农业经营主体获得绿色认证的比例更高，说明了不同学历、不同生产规模的农业经营主体获得绿色认证的比例存在明显差异。

此外，进一步利用双变量 Probit 模型对农业经营主体发展绿色农业的行为选择进行分析，显示在绿色食品认证对农业经营收入与优质优价认知的影响方面，绿色农产品认知度有待进一步提升，品牌化建设与产销对接力度不够；在其他因素对农业经营收入与优质优价认知的影响方面，首先土地规模、经营产品类别、品牌、政策满意度、绿色技术认知 5 个变量显著影响农业经营收入。其中土地规模、经营产品类别、品牌变量、政策满意度反向显著影响农业经营收入，而绿色技术认知变量正向显著影响农业经营收入，即对绿色农产品生产技术了解掌握程度越低，农业经营主体的单位土地面积生产经营纯收入在 0.2 万元及以上的可能性越大。其次地理标志、信息追溯、产品加工、产品特色、客户质量要求、绿色技术认知 6 个变量显著影响优质优价认知。其中地理标志、信息追溯正向显著影响优质优价认知，而产品加工、产品特色、客户质量要求以及绿色技术认知反向显著影响优质优价认知。在绿色食品认证获得行为的影响因素方面，性别变量、产品加工、绿色技术认知反向显著影响绿色食品认证获得行为，而土地规模、经营产品类别、品牌、信息追溯、销售问题呈正向显著影响。

最后，对上海绿色农业发展的典型模式与经验进行总结，主要存在以下五大类发展模式：种养结合模式、设施生态栽培模式、农业废弃物资源循环利用模式、节能减排模式、生态休闲农业模式。浦东新区也积累了不少可供借鉴的经验：依托信息技术，科学开展信用评级；强化信用应用，提升监管工作效能；动员社会力量，构建社会共治格局；开展放心基地建设，驱动农业绿色发展。

第五章　村集体经济发展动力分析

基于上一章系统分析，可以看到绿色农业是农业发展新的转变方式，它有利于推动农业转型升级、加快农村经济发展、实现农民增收。而农村集体经济作为集体共有，能够将已松散化的农民重新组织起来，但需要认识到，当前上海村集体经济发展内在动力还存在不足。本章基于市场、政府、社会力量、村干部基本特征等视角对村集体经济动力不足的表现及原因进行分析，进而对村干部发展集体经济积极性的影响因素展开分析，并在归纳上海村集体经济发展的典型模式的基础上总结宝贵经验。

一、村集体经济发展现状与动力不足表现

（一）数据来源与样本说明

本章主要通过对上海各涉农区不同村的村干部开展的大样本问卷调查和典型案例调查展开研究。其中，村干部问卷调查数据资料主要源于 2019 年 7—8 月对上海市宝山、崇明、奉贤、嘉定、金山、闵行、浦东、青浦、松江等 9 个涉农区 17 个镇 60 个村进行的调研（图 5-1）。每个区至少选择一个镇，每个区至少选择 5 个村，请每个村的村"两委"干部开展问卷调查，最终获得 276 份有效问卷。为确保问卷调查质量，在正式调研之前进行了预调研。

接下来对样本基本特征做以下说明。受访的村干部中，男性为 162 人，所占比例为 58.70%，女性为 114 人，所占比例为 41.30%；从年龄分布看，$30 < x \leqslant 40$ 岁年龄段的人最多，占总样本数的 42.03%，其次为 $40 < x \leqslant 50$ 岁年龄段，占总样本数的 31.16%，$50 < x \leqslant 60$ 岁年龄段和 $x \leqslant 30$ 岁年龄段的占比分别为 15.94% 和 10.87%。可见，中青年村干部占据了上海村干部的主体，31~50 岁年龄段的村干部占比超过了 70%。从学历分布看，本科及以上学历 117 人，所占比例为 42.39%，占比最大；其次为专科学历，所占比例为 39.49%；中专高中学历 38 人，所占比例为 13.77%；初中学历 12 人，所占比例为 4.35%。可见，上海村干部的学历层次总体较高，拥有专科以上学历

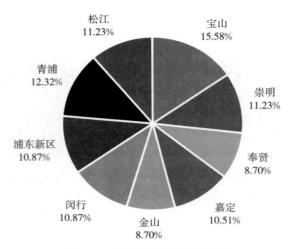

图 5-1　各涉农区有效问卷比例

的村干部超过 80％。从收入方面看，接近一半村干部的年收入在 10 万以下，所占比例为 48.55％，其次为 $10 \leqslant x < 15$ 万元收入区间，所占比例为 35.87％，年收入在 $15 \leqslant x < 20$ 万元区间的人数占比为 10.14％，最后是年收入在 20 万元及以上区间的，所占比例分别为 5.43％。

表 5-1　受访村干部样本基本特征

特征	分类	频数	比例（％）
性别	男	162	58.70
	女	114	41.30
年龄	$x \leqslant 30$ 岁	30	10.87
	$30 < x \leqslant 40$ 岁	116	42.03
	$40 < x \leqslant 50$ 岁	86	31.16
	$50 < x \leqslant 60$ 岁	44	15.94
学历	初中	12	4.35
	高中/中专	38	13.77
	大专	109	39.49
	本科及以上	117	42.39
年收入	$x < 10$ 万元	134	48.55
	$10 \leqslant x < 15$ 万元	99	35.87
	$15 \leqslant x < 20$ 万元	28	10.14
	$x \geqslant 20$ 万元	15	5.43

（二）上海村集体经济发展现状分析

20世纪80、90年代，村办工业企业迅速发展，上海郊区村级集体经济经历了一个比较繁荣的历史时期，为农村社会各项事业发展作出了重大的贡献。21世纪初，随着改制、迁移、城市化发展、年轻劳动力迅速转移等，农村经济结构加快调整，村级经济发展速度放缓，新形势下集体经济发展问题从幕后转向台前。为探索农村集体所有制有效实现形式，创新农村集体经济运行机制，保护农民集体资产权益，调动农民发展现代农业和建设社会主义新农村的积极性，国家颁布《中共中央国务院关于稳步推进农村集体产权制度改革的意见》等一系列改革文件。

上海市紧紧围绕中央相关文件精神，出台《关于推进本市农村集体经济组织产权制度改革若干意见》《上海市农村集体资产监督管理条例》等文件，以强农惠农为根本目的，以改革创新为主要途径，大力发展农村集体经济，赋予农民更多的财产权利，实现城乡要素平等交换，激发农村经济社会活力，健全农村治理机制，促进农村社会和谐，加强和规范农村集体资产监督管理，维护农村集体经济组织及其成员的合法权益，支持和促进农村集体经济可持续发展。上海市各区也陆续出台文件，稳步推进村级集体经济组织产权制度改革，积极推进镇级集体经济组织产权制度改革，促进农村集体经济转型发展。有序推动农村土地制度改革，改革和完善农村宅基地制度，健全农村集体建设用地流转制度，引导农村土地经营权有序流转，让土地的资源、资产和资本属性在市场机制中得到更为理性的表现。上海现有9个涉农区、108个建制镇（乡）、1 577个行政村，其中还有527个经济相对薄弱村。上海集体资产主要分布在5个中心城区和4个近郊区，包括镇、村、组三级集体资产（孙雷，2012）。截至2018年，全市农村镇、村、组三级集体经济组织总资产、净资产分别为5 620.2亿元、1 637.7亿元。全市农村集体总资产占全国总量3.1万亿元的18.1%，位列各省区市第二。

顾海英课题组（2018）将上海基层发展和壮大农村集体经济归纳为八种类型：一是留存物业型。结合"198"区域土地减量化工作，通过对接新城开发建设项目，以土地附条件出让方式在开发成本价以内用减量化补偿资金为集体经济购置优质的商业物业。二是合作开发型。通过"区区合作、品牌联动"，以镇联合社下属集体资产公司为出资方，与开发区组建混合制发展公司来发展集体经济。三是资产托管型。在区层面成立平台公司，整合经济薄弱村的经营性资产，明确村集体经济组织的股东身份，建立股份合作实体，委托区属国有企业实际运营。四是盘活资产型。在厘清农村集体资产产权关系、规范农村集体经济运行管理的基础上向存量资产要效益，要求使用集体资产的政府部门向集体经济组织支付租金，促进非经营性资产出效益。五是公益项目型。在整合农村综合帮扶等用于支持集体经济发展的财政专项资金的基础上，委托具备相关资质的区级国有企业统筹管理，投资参与收益稳定的市、区重大公益项目建设。六是统筹开发型。对纯农地区的 104 区域新增工业建设用地指标，鼓励区域内的农村集体经济组织成立园区平台公司，开发建设特定区域或范围内标准厂房等相关物业。七是产销对接型。开展农产品销售和旅游推介对接，引入工商资本和社会资本发展都市现代绿色农业和休闲农业乡村旅游，推进产业融合发展、新型主体联合发展，带动农户增收。八是民宿带动型。利用特殊区位优势，吸引社会资本开发村内闲置农房发展乡村民宿，并带动当地发展特色农业，农民既能获得租金收入和农产品销售收入，还能获得收益分红和就业收入。

除了上述发展壮大村集体经济的几种类型，上海还在以下几个方面努力提高村集体经济收入和村民收入：一是全面推进新一轮农村综合帮扶工作。重点扶持经济薄弱村的生活困难农户，既开展产业帮扶，又注重就业帮扶、基础设施和社会事业帮扶，全面提升农民的生活质量和水平。2019 年度下达市级财政农村综合帮扶专项资金 6.5 亿元，7 个帮扶项目建设也已有序推进。二是加速开展农民职业技能培训。加速培育新型职业农民，加快农村富余劳动力非农就业转移，促进农民持续增收。截至 2019 年底，共为 13 125 名农民建档立卡，实现就业 7 304 人。2019 年前三季度，全市农村常住居民人均可支配收入27 498 元，同比增长 9.4%。三是深化农村产权制度改革。农村产权制度改革持续深化。村级产权制度改革全面完成，镇级产权制度改革预计可完成 85%，全市形成了在村党组织领导下，村民委员会自治管理、村集体经济组织自主经营、村务监督管理委员会监督的组织治理机制。截至 2019 年底，全市有 534家新型集体经济组织进行了 2018 年度收益分红，分红总额 25.9 亿元，涉及成员 206.67 万人，人均分红 1 253 元，农民财产性收入呈现逐年增长态势。

（三）上海村集体经济发展动力不足的表现分析

村集体经济发展在带动村民就业增收、促进村庄长效管理、拉动农业产业发展等方面发挥了不可替代的作用。然而需要认识到，当前上海农村集体经济发展的内生动力还存在不足，核心表现为：村干部普遍认为发展村集体经济非常重要，但村集体经济收入地区差距很大，村干部发展村集体经济的动力仍有不足。调查发现，当问及"所在农村发展动力不足的主要表现"，在受访的276 位村干部中，56.88% 的村干部认为是"村集体经济发展后劲不足"，所占比例最大，其次为"三产融合发展动力不足"，所占比例为 45.29%。选择"绿色农业生产动力不足"和"村民社会治理参与度不够"的占比分别为 28.99% 和 20.29%（图 5-2）。可见，进一步增强农村的发展动力仍是当前需要解决的问题，并且需要重点在加强村集体经济发展，促进农村三产融合和农业绿色发展，以及调动村民参与村社会治理的积极性等方面下功夫。尤其是村集体经济发展方面需要引起格外重视，崇明、金山、奉贤、青浦和松江等区经济相对薄弱村占比皆超过 45%，部分纯农地区的经济相对薄弱村集体经济收入只有几十万元甚至几万元，面临村集体经济收入远远不足以支撑村庄长效管理支出以及村民就业增收不够等问题，部分村干部在面临村集体经济发展难题时，发展集体经济的动力明显不足。

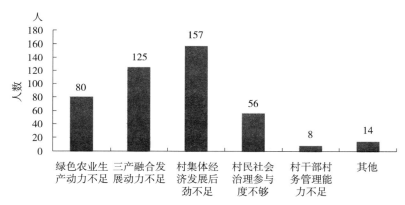

图 5-2　农村发展动力不足的主要表现

注：由于是多选题，因此频数和比例的加总不是 276 和 100%。

调查发现，在被问及"您感觉发展村级集体经济的必要性如何"时，87.68% 的村干部回答"非常必要"，11.96% 的人回答"比较必要"，仅有 0.36% 的村干部认为"不太必要"。在发展村集体经济的动力方面，大部分村干部比较有动力，表示"动力较大"和"动力很大"的村干部占比分别为 39.46% 和 39.14%。但同时也看到，仍有占比 14.89% 的村干部表示发展村集体经济"动力较小"，6.51% 的村干部表示"动力很小"（图 5-3）。可以很明显地看出，有较大比例的村干部认为发展村集体经济很有必要，却未必有足够动力发展村集体经济。村干部发展村集体经济的动力不足既有自身主观认识不到位的原因，也有一些客观因素的制约，如何提高村干部在发展村集体经济方面的思想认识，破除影响村集体经济发展的一些客观因素的制约，充分调动村干部带动村民发展村集体经济的热情和积极性，是当前亟须解决的问题。

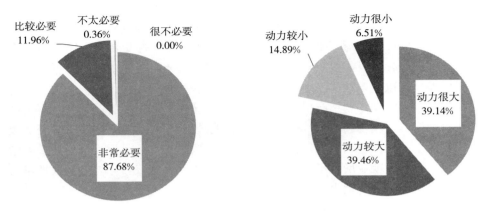

图 5-3　村干部对发展村级集体经济的必要性认知与动力

二、村集体经济发展动力不足的原因分析

村干部是否有动力发展村集体经济，归根到底是受村集体经济发展中遇到的困难、村干部工作考核激励、村干部基本特征的共同影响。接下来分别从市场、政府、社会力量等视角，分析影响村干部是否有动力发展村集体经济的原因，另外也关注不同村干部基本特征条件下村干部发展村集体经济动力的差异。具体调查分析结果如下。

（一）基于市场视角动力不足的原因分析

一是村集体经济发展地区之间很不均衡，部分村集体经济收入低甚至不能支撑村庄长效管理支出，长期积贫积弱，导致村干部缺乏发展村集体经济的信心与干劲。调查发现，上海农村集体经济发展极不均衡，近郊地区有的村集体经济收入达到亿元，有的纯农地区村集体经济收入只有万元。在受访的 60 个村中，村集体经济收入平均为 429 万元，村务管理支出平均为 288 万元。有11 个村的集体经济收入不足 100 万元（占 18.33%），42 个村的集体经济收入不足 500 万元（占 70.00%），其中有 28.33% 的村的集体经济收入无法满足村务管理支出所需。应该认识到，随着乡村振兴战略实施的深入推进，村庄道路养护、环境绿化等常态村务管理支出会越来越高，村集体经济发展面临的压力只会更大。深入调查发现，多数经济薄弱村、空壳村缺乏发展条件，领导班子缺乏发展思路和发展动力，配置资源能力不强，创收增收渠道不多，主要依赖各级财政补助，村级集体经济缺乏有效的发展空间，不同程度存在"一产只能种、二产不能动、三产空对空"的现象；而且农村集体资产的经营所得与集体组织成员之间的利益关系并不直接，造成村集体和村干部缺乏发展村集体经济的内在动力，成为当前乡村振兴发展的重点和难点所在。

二是农村集体经济与农业产业发展相脱节，村集体经济缺少产业基础，尤以纯农地区更为严重，村干部在发展村集体经济方面难有大作为。纯农地区是上海重要的功能区之一，承担着农业生产、生态建设、耕地保护等重要任务。所谓纯农地区，就是指拥有永久基本农田且面积达到区域总面积一定比例的农业地区，主要集中在崇明、奉贤、金山、浦东（原南汇地区）、松江（浦南地区）、青浦（青西地区）等中远郊地区。市郊纯农地区农地资源有限，难以通过规模化发展来提升农业的产业规模和竞争力，单靠农户、家庭农场、合作社，难以实现农业的多功能开发、三产融合发展，单纯的农业生产难以支撑当地农民增收致富。调查发现，绝大多数农业经营主体只能给村集体带来很有限的土地流转租金，在带动村民就业增收、收益分红等方面发挥作用很有限。在受访的 510 位农业经营主体负责人中，72.94％的人表示可以给村集体带来土地租金，36.47％的人表示可以促进村民就业增收，7.25％的人表示可以给村集体带来收益分红，4.90％的人表示可以给村集体带来土地征用金，认为带来其他益处的占比为 3.53％。

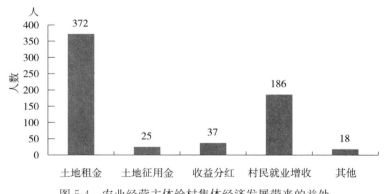

图 5-4 农业经营主体给村集体经济发展带来的益处

注：由于是多选题，因此频数和比例的加总不是 510 和 100％。

（二）基于政府视角动力不足的原因分析

一是村集体资产利用不充分，区、镇对村资产具有支配权但还缺少全面合理统筹，村干部在村集体资产利用方面缺少足够话语权和统筹利用能力，尤其是缺少必要的建设用地指标，极大打击了村干部发展村集体经济的积极性和主动性。近年来，随着上海市新型城镇化以及开发建设的不断推进，以及"198"

区域减量化和环境综合整治工作的深入，一方面，市郊农村集体经营性资产不断减少，租金收入下降，不少村集体经济组织的租金收入呈断崖式下降；另一方面，受用地指标限制，无法进行新项目的规划、开发、建设。近年来，不少农村通过清拆获得的土地指标被区里统筹了，村、镇发展涉农、非农项目，都碰到建设用地等指标吃紧的问题，村级集体经济组织缺乏用地指标，严重影响了新规划项目的开发建设、运营管理，从而阻碍了村级集体经济的可持续发展。

《关于推进本市乡村振兴做好规划土地管理工作实施意见》及新出台的乡村振兴规划土地管理政策，对超大城市乡村振兴的空间规划和土地管理新模式、新路径进行了积极探索，但从政策抓落地见效角度，各区对乡村振兴土地供给不足。实施意见中明确各区盘活的建设用地指标要向乡镇倾斜，并按照不低于5%的比例用于农业设施、休闲农业和乡村旅游的发展，但目前各涉农区没有将实施意见的精神落实到位，土地供给没有向乡村倾斜，乡村建设中涉及的新增建设用地需求普遍难以满足。尤其是纯农地区经过"三区划定"，几无可开发利用的土地资源，即便是农家乐、民宿、乡村旅游等涉农项目的开发也受用地指标、市场监管、环境保护等因素的制约和限制。

二是村干部村务管理工作任务重且经济激励不足，加之取消和弱化村招商引资等经济指标考核，村干部缺少发展村集体经济的动力。随着时代发展，对村干部精神激励的要素也会发生变化，不同时期精神激励的要素赋予不同的内涵。当前多数村干部把"村官"当作一门职业，力求通过职业发展规划、职务晋升来寻求更高、更快的发展，以求满足自身的尊重需要和自我实现需要。故职务晋升、职业规划等成为新时期村干部精神激励要素的重要方面。但是从目前村干部激励机制来看，村干部职业规划缺失，职务晋升受阻，对于绝大多数村干部而言，"当村干部在政治上没盼头，当村支书是尽头"。因此，对村干部精神激励所采取的措施效力也在不断弱化。

此外，当前各涉农区对村干部招商引资等经济指标的考核已取消或弱化，在村务管理工作很繁重以及政府对村务管理支出托底的情况下，村干部更是没有足够动力发展村集体经济。村干部长期生活工作

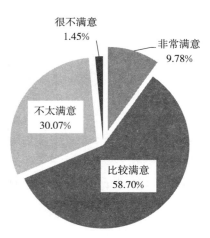

图 5-5　村干部对工作报酬水平的满意度

在农村基层，承担大量日常繁杂工作，他们的经济收入仍有待进一步提高，尤其是离任后缺少物质保障。调查发现，在受访的 276 位村干部中，30.11％的人表示加班"很频繁"，44.59％的人表示"经常"加班，24.64％的人表示"偶尔"加班，只有 0.66％的人表示"从不"加班。关于对工作报酬的满意度，9.78％的受访村干部对工作报酬"非常满意"，58.70％的人表示"比较满意"，30.07％的人表示"不太满意"，1.45％的人表示"很不满意"（图 5-5）。由于村干部不属于国家公务员队伍行列，故不能享受公务员所具有的养老保险保障，也很难获得事业编制，只有部分区的村支书才有希望在达到一定任职年限后获得事业编制。在受访的 276 位村干部中，只有 5.12％获得事业编制，有 86.58％的人表示在当前职位下根本没有资格获得事业编制。没有编制则意味着退休后没有退休工资，仅有社保，甚至还不如普通企业员工，目前居委会干部工作满五年或六年后有机会转为事业编，但大多数村干部没有这种机会。

（三）基于社会力量视角动力不足的原因分析

村集体经济发展需要社会力量的广泛参与，尤其是国有资本的积极参与，但农村地区普遍缺少引入社会资本的资源和渠道，村干部发展村集体经济难以借势借力。当前，上海农村集体经济发展存在村集体资产缺少统筹合理使用以及缺少产业支撑等问题，需要社会力量的广泛参与，尤其是亟须鼓励支持国有资本的积极参与，这既有助于坚持村集体经济发展以市场为导向，以营利为目的，也有助于发挥国有企业在拓展产业能力和抗市场风险能力，以及带动村民就业增收等社会责任方面的优势。上海在引入国有资本带动村集体经济方面积累了比较好的典型经验，比如，奉贤等区在区层面成立平台公司，整合经济薄弱村的经营性资产，明确村集体经济组织的股东身份，建立股份合作实体，委托区属国有企业实际运营，取得了较好的实效。同时，引入国有资本带动村集体经济这一发展模式也具有比较好的群众基础，调查发现，在受访的 276 位村干部中，59.06％的人表示"非常支持"社会资本（农业龙头企业、工商企业等）参与村集体经济发展，31.52％的人表示"比较支持"，8.33％的

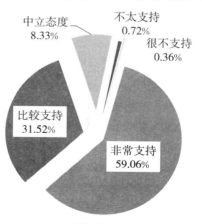

图 5-6　村干部对社会资本参与村集体经济发展的态度

人持"中立态度",只有 1.08% 的人持反对意见(图 5-6)。然而,村干部有强烈意愿引入社会资本发展村集体经济,却普遍存在缺少引入社会资本的资源和渠道等问题,已有的良好经验在全市涉农区的推广覆盖面还很有限。

(四)基于村干部基本特征的动力不足的原因分析

通过问卷数据统计分析发现,不同年龄的村干部发展村集体经济的动力存在明显差异,$18 \leqslant x < 40$ 岁年龄段的村干部表示发展村集体经济动力"很大""较大"的比例为 85.50%,比 $40 \leqslant x < 60$ 岁年龄段的村干部高 13.09 个百分点。深入调查发现,年轻村干部在发展村集体经济方面通常更有干劲,文化程度相对更高。此外,上海市于 2018 年确立了 9 个乡村振兴示范村,调查发现,乡村振兴示范村的村干部表示发展村集体经济动力"很大""较大"的比例为 91.30%,比其他村的村干部高 15.21 个百分点。可见,首批乡村振兴示范村的村干部发展村集体经济的动力更强,现实中乡村振兴示范村在生态环境治理和维护等方面面临更大的资金压力,亟须大力发展村集体经济以提供财力支撑(表 5-2)。

表 5-2 不同基本特征的村干部发展村集体经济的动力差异情况

项目		很大、较大		其他(较小、很小)	
		频数	比例(%)	频数	比例(%)
年龄	$18 \leqslant x < 40$ 岁	112	85.50	19	14.50
	$40 \leqslant x < 60$ 岁	105	72.41	40	27.59
示范村	是	42	91.30	4	8.70
	否	175	76.09	55	23.91

三、村干部发展村集体经济的积极性分析

(一)模型构建与变量选择

村干部作为村集体经济发展的重要利益主体,激发村干部发展村集体经济的动力至关重要,因此,本部分聚焦村干部发展村集体经济动力的影响因素。前文已对影响村干部发展村集体经济动力的原因有所涉及,但并不全面深入,接下来运用计量模型对其展开分析。调查发现,分别有 39.46% 和 39.14% 的村干部表示发展村集体经济"动力较大""动力很大",将这部分村干部界定为发展村集体经济动力强,另有 14.79%、6.51% 的村干部表示发展村集体经济"动力较小""动力很小",将这部分村干部界定为发展村集体经济动力弱。这

是典型的二分选择问题，适合选用二元 Logit 模型。构建如下模型：

$$\ln\left[\frac{P(Y=1)}{1-P(Y=1)}\right]=a+bX+\varepsilon$$

其中，$Y=1$ 表示村干部发展村集体经济动力强，$Y=0$ 表示村干部发展村集体经济动力弱；a 为常数项；X 是解释变量；b 为解释变量 X 前相应的系数；ε 为残差项。

模型自变量定义与描述性统计如表 5-3 所示。

表 5-3　自变量定义

变量名称	含义与赋值	均值	标准差
性别	男＝1，女＝0	0.59	0.49
年龄	实际数值，单位：周岁	41.00	8.65
学历	小学＝1，初中＝2，中专高中＝3，专科＝4，本科及以上＝5	4.20	0.83
职务	村书记＝1，其他村"两委"成员＝0	0.14	0.35
事业编制	是否有获得事业编制的资格：有＝1，没有＝0	0.13	0.34
工作收入	作为村干部一年的工作报酬：5 万以下＝1，5 万～9 万＝2，10 万～14 万＝3，15 万～19 万＝4，20 万及以上＝5	2.71	0.87
加班频率	是否经常加班：是＝1，否＝0	0.75	0.44
收入满意度	对目前自己作为村干部的工作报酬水平的满意度如何：非常满意＝1……很不满意＝4	2.23	0.63
示范村	所在村是否为首批乡村振兴示范村：是＝1，否＝0	0.17	0.37
村集体收入	2018 年所在村的村集体经济收入：实际数值，单位：万元	422.69	485.60
村务管理支出	2018 年所在村的村务管理支出：实际数值，单位：万元	295.10	298.75
村集体收支状况	村集体收入大于村务管理支出或收支平衡＝1，否则＝0	0.70	0.46
村集体收入来源	所在村的村集体经济收入主要来源：有厂房租赁、征地、集体企业收入、分红收入＝1，否则＝0	0.57	0.49
干部胜任能力	自评能否胜任目前的村干部职位：完全能胜任＝1……根本不能胜任＝4	1.53	0.59
工作热情	是否热爱目前的村干部工作：非常热爱＝1……很不热爱＝4	1.31	0.48
村庄规划作用	感觉制定村庄规划对村里发展是否有作用：作用很大＝1……作用很小＝4	1.53	0.67
大棚房整治态度	对大棚房整治行动的态度如何：非常支持＝1……很不支持＝5	1.33	0.62
村民就业情况	所在村是否实现充分就业：是＝1，否＝0	0.12	0.33
社会资本参与情况	所在村是否有社会资本（农业龙头企业、工商企业）参与乡村振兴：是＝1，否＝0	0.33	0.47

（续）

变量名称	含义与赋值	均值	标准差
社会资本参与态度	对社会资本（农业龙头企业、工商企业）参与乡村振兴的态度如何：非常支持＝1……很不支持＝5	1.51	0.69
村集体经济必要性	感觉发展村级集体经济是否非常必要：是＝1，否＝0	0.88	0.33

（二）模型估计结果与分析

运用 Stata 13.0 进行估计的结果如表 5-4 所示。可知，模型 Pseudo R^2 为 0.3200，LR chi^2 为 91.66，其相应 P 值为 0.0000，可知模型的拟合优度和整体显著性都很好。

表 5-4　模型估计结果

变量名称	系数	Z 值	边际概率
性别	0.828**	2.00	0.091
年龄	−0.089***	−2.89	−0.009
学历	−0.430	−1.36	−0.044
职务	−0.159	−0.25	−0.017
事业编制	0.293	0.49	0.028
工作收入	−0.406	−1.36	−0.042
加班频率	0.745	1.63	0.089
收入满意度	−0.654*	−1.73	−0.068
示范村	0.682	0.94	0.059
村集体收入	−0.0001	−0.27	−0.00001
村务管理支出	0.0002	0.21	0.00002
村集体收支状况	0.698	1.50	0.081
村集体收入来源	1.081**	2.28	0.120
干部胜任能力	−0.594	−1.53	−0.061
工作热情	−0.166	−0.37	−0.017
村庄规划作用	−1.477***	−4.61	−0.153
大棚房整治态度	−0.223	−0.73	−0.023
村民就业情况	0.334	0.44	0.031
社会资本参与情况	−0.015	−0.03	−0.002

（续）

变量名称	系数	Z 值	边际概率
社会资本参与态度	−0.397	−1.39	−0.041
村集体经济必要性	−0.612	−1.04	−0.053
常数项	12.563***	4.16	—
Pseudo R²		0.3200	
LR chi²		91.66	
Prob>chi²		0.0000	

注：*、**、***分别表示 10%、5%、1%的显著性水平。

由模型估计结果可知，性别、年龄、收入满意度、村集体收入来源、村庄规划作用 5 个变量显著影响村干部发展村集体经济动力。

第一，性别变量正向显著影响村干部发展村集体经济动力，即男性村干部表示发展村集体经济"动力较大""动力很大"的可能性更大。这也说明，男性村干部在发展村集体经济方面干劲更足，女性村干部通常在处理农村日常管理事务中具有细心认真等独特优势，但在发展村集体经济问题上往往力不从心。从边际效果看，当其他条件不变的情况下，男性村干部表示发展村集体经济"动力较大""动力很大"的概率比女性村干部平均高 0.09。

第二，年龄变量反向显著影响村干部发展村集体经济动力，即越年轻的村干部表示发展村集体经济"动力较大""动力很大"的可能性越大。年轻村干部虽然在阅历经验等方面不如年纪大的村干部，但年轻村干部通常视野更开阔、时间更充裕、精力更旺盛、学历更高，这正是发展村集体经济所需的，而且在当前乡村振兴战略实施背景下，大力发展村集体经济可以给年轻村干部带来更多的发展机会，因此，年轻村干部发展村集体经济的动力也更足。从边际效果看，当其他条件不变的情况下，村干部年龄增加 10 岁，表示发展村集体经济"动力较大""动力很大"的概率平均降低 0.09。

第三，收入满意度变量反向显著影响村干部发展村集体经济动力，即对目前自己作为村干部的工作报酬水平的满意度越高的村干部表示发展村集体经济"动力较大""动力很大"的可能性越大。上海村干部是一份"朝九晚五"全职工作，而且对不少村干部而言加班是常态，当前地方政府对村委取消了经济考核指标，因此在村务管理工作本身很繁忙的情况下，收入满意度会很大程度上影响村干部发展村集体经济的积极性，对收入满意度高才更有动力发展村集体经济。除此原因，部分村的村干部收入来自于村集体收入，而非政府财政转移支付，在该情况下，如果工作收入满意度高更能激发村干部发展村集体经济的积极性。从边际效果看，当其他条件不变的情况下，对自己作为村干部的工作报酬水平的满意度每提高 1 个等级，村干部表示发展村集体经济"动力较大""动力很大"的概率平均提高 0.07。

第四，村集体收入来源变量正向显著影响村干部发展村集体经济动力，即村集体经济收入主要来源有厂房租赁费、征地费、集体企业收入、分红收入的村干部表示发展村集体经济"动力较大""动力很大"的可能性更大。这一点易于理解，如果一个村的集体经济收入有厂房租赁费、征地费、集体企业收入、分红收入，那么这个村发展集体经济会相对更加顺畅，村集体经济收入通常也会远高于纯农收入村庄，因此，村干部发展村集体经济的动力也会更足。从边际效果看，当其他条件不变的情况下，相比村集体经济收入只靠土地流转费的村干部，主要来源有厂房租赁费、征地费、集体企业收入、分红收入的村干部表示发展村集体经济"动力较大""动力很大"的概率平均提高 0.12。

第五，村庄规划作用变量反向显著影响村干部发展村集体经济动力，即感觉制定村庄规划对村里发展作用越大的村干部表示发展村集体经济"动力较大""动力很大"的可能性越大。村庄规划对于一个村的发展起到至关重要的作用，农村社会经济发展要强调"规划先行""多规合一"，认为制定村庄规划对村里发展作用重大的村干部通常也会具有更高的视野、更广阔的发展思路，发展村集体经济的积极性也会更高。从边际效果看，当其他条件不变的情况下，认为制定村庄规划对村里发展作用的重要性每提高 1 个等级，村干部表示发展村集体经济"动力较大""动力很大"的概率平均提高 0.15。

四、村集体经济发展的典型模式与经验总结

上海村集体经济发展主要可以归结为两种模式。第一种为物业分红模式，其优势是借助靠近城区禀赋发展物业项目，使集体经济组织获得稳定的租金收益；其缺陷是租金收益与房地产市场的形势密切相关，产业的可持续性不强，且不能有效解决农民就业问题，还会催生食利阶层，滋生背靠大树好乘凉的"等靠要"思想。第二种为产业发展模式，其优势是在"农"字上做文章，向上下游产业链延伸拓展，增加涉农地区的知名度和吸引力，带动区域整体发展，既可解决农民就业，又可实现资产增值；其缺陷是起步阶段难，前期投入资金缺乏，容易出现发展层级低、科技含量不高的情况，且易于同质化。江浙地区发展集体经济，更多是依靠产业而非物业。当前，上海集体经济的发展偏重于物业分红模式。接下来重点以宝山为例，具体介绍与分析其集体经济发展模式。宝山南北经济发展差距巨大，南中部镇村城镇化进程很快，北部主要是

纯农地区，集体经济发展相对落后，因此，宝山集体经济发展具有典型代表性。

（一）主要模式

多年来，宝山区有关镇、村积极探索农村集体经济发展之路，以深化农村集体产权制度改革为契机，积极探索发展途径、创新发展机制，农村集体经济发展成效显著。据统计，2009—2018 年间，宝山区农村村均可支配收入总额从 684.14 万元增长到 1 276.74 万元，增长率达 86.62%，年均增长 7.2%；农民人均收入从 15 229 元增长到 32 954 元，增长了 1.16 倍，年均增长 9.0%。村级集体总资产从 2011 年的 371.56 亿元增长到 2018 年的 539.1 亿元，增长 45.10%，年均增长 5.5%；净资产从 137.08 亿增长到 202.8 亿元，增长率达 47.94%，年均增长 5.8%。据了解，当前，宝山农村集体经济的发展模式主要包括资产租赁、产业发展、联合开发三种模式。

一是资产租赁模式。该模式主要集中在区位条件较好南部地区（庙行镇、大场镇），以商务楼、写字楼、科研楼宇、城市综合体等为载体发展楼宇经济，为村级集体提供持续稳定的租金收入，收益稳、风险小。比如，庙行镇围绕"低耗能、高增长、高发展"发展目标，升级改造老旧产业园区，推进镇域内重大项目实施，利用载体壮大集体经济。完成郑明集团总部大厦、场北综合健康产业园、康家村"城中村"改造商业开发地块等新载体的建设，并与专业招商团队合作，招引符合产业发展规划、经济效益高、环境效益好的优质企业进驻。

二是产业发展模式。该模式主要在中部和北部地区，其优势是在"农"字上做文章，向上下游产业链延伸拓展，提升涉农地区的知名度和吸引力，带动区域整体发展，既可解决农民就业，又可实现资产增值；其缺陷是起步阶段难，前期投入资金缺乏，容易出现发展层级低、科技含量不高的情况，且易于同质化。例如，罗店镇成立了"罗村实业公司"，由 20 个村经济合作社出资，集中财力进行优质项目投资。主要做法包括：一是通过不断投资优质项目，提高集体经济组织的可支配收入，逐步提高农民的按股分红。二是利用好现有的集体经营性资产、资源，调整产业结构，不断提高经营收益和租赁收入。

三是联合开发模式。集体经济组织整合利用集体积累资金、政府帮扶资金等，通过入股或者参股农业产业化龙头企业、村企联手共建等形式，以企带村，以村促企，实现互利共赢。例如，杨行镇泗塘村经过村企联动，将原来落后的、高能耗、高污染的企业转型为精细化、高科技的现代高效益的企业，同时成立了吴淞科技园，不但增加了村级集体经济组织的收入，同时也增加了税收，而且减少了企业的废弃物，美化了当地的环境。

（二）经验总结

一是利用区位优势，做强集体经济。上海市闵行区华漕镇充分发挥大虹桥地区的区位优势，由镇级统筹开发建设新投资项目，同时，镇统筹对各村存量厂房等资产进行改造，克服"低、小、散、乱"问题，引入商务贸易小总部、星级酒店、商务办公等新型项目，使得存量资产更好增值。华漕镇秉承"全镇发展一盘棋"的理念，重组、优化集体经济长效增收平台。具体做法是：改变原平台个人入股、少数村入股、银行贷款融资入股的现状，实施农民个人与社会资本退股，转为全部由村集体入股所有。由镇村集体经济组织共同注资，初步形成"1（管理平台）＋5（镇项目）＋X（村项目）"的管理模式，由镇属公司控股，实现各村均衡发展、成果共享。

二是创新农村综合帮扶机制，为集体经济"造血"。奉贤区积极探索农村综合帮扶机制，从2013年起相继成立了三个"百村"公司，为奉贤农村集体经济薄弱村提供了强有力的、可持续的造血机制。具体做法是：2013年9月，奉贤成立了上海百村实业有限公司，由全区100个经济薄弱村共同参股。2018年7月，成立上海百村科技股份有限公司，全区176个村级集体经济组织出资占股88％、奉投集团代表国资占股12％，公司市场化运行，以国有资产带动集体资产混合发展，帮助集体经济发展。2018年11月，成立上海百村富民经济发展有限公司，该公司的经营收入将专门用于补贴经济薄弱村贫困户个体。这三个"百村"公司探索出三种适合上海乡村集体经济发展壮大的模式，采用独立投资模式、"百村＋X"模式为代表的合作开发模式、以百村授权冠名为主的合作模式。

五、本章小结

本章主要依据对上海市9个涉农区17个镇60个村的村干部开展问卷调查，以及对典型村开展座谈调研，重点实证分析了上海村集体经济发展动力不足表现及原因。调查充分揭示了当前上海农村集体经济发展的内生动力还存在不足，核心表现为：村干部普遍认为发展村集体经济非常重要，但村集体经济收入地区差距很大，村干部发展村集体经济的动力仍有不足。村干部是否有动力发展村集体经济，具体是受村集体经济发展中遇到的困难、村干部工作考核激励、村干部基本特征的共同影响。

从市场来看，村集体经济发展地区之间很不均衡，部分村集体经济收入低甚至不能支撑村庄长效管理支出，长期积贫积弱，导致村干部缺乏发展村集体经济的信心与干劲；与农业产业发展相脱节，村集体经济缺少产业基础，尤以纯农地区更为严重，村干部在发展村集体经济方面难有大作为。从政府来看，村集体资产利用不充分，区、镇对村资产具有支配权但还缺少全面合理统筹，村干部也在其利用方面缺少足够话语权和统筹利用能力，尤其是缺少必要的建设用地指标；村干部村务管理工作任务重且经济激励不足，加之取消和弱化村招商引资等经济指标考核。两个方面都极大打击了村干部发展村集体经济的积极性和主动性，使其缺少发展村集体经济的动力。从社会力量视角来看，村集体经济发展需要社会力量，尤其是国有资本的积极参与，但农村地区普遍缺少引入社会资本的资源和渠道，村干部发展村集体经济难以借势借力。从村干部基本特征来看，年轻村干部在发展村集体经济方面通常更有干劲，文化程度相对更高。此外，上海市于 2018 年确立了 9 个乡村振兴示范村，调查发现，首批乡村振兴示范村的村干部发展村集体经济的动力更强，现实中乡村振兴示范村在生态环境治理和维护等方面面临更大的资金压力，亟须大力发展村集体经济以提供财力支撑。

由于村干部作为村集体经济发展的重要利益主体，激发村干部发展村集体经济的动力至关重要，因此，进一步利用二元 Probit 模型对村干部发展村集体经济动力的影响因素展开分析，显示性别、年龄、收入满意度、村集体收入来源、村庄规划作用 5 个变量显著影响村干部发展村集体经济动力。其中，性别变量、村集体收入来源呈正向显著影响，而年龄、收入满意度、村庄规划作用变量则呈反向显著影响。

最后，对上海村集体经济发展的典型模式与经验进行总结，上海村集体经济发展主要可以归结为两种模式：物业分红模式与产业发展模式。江浙地区发展集体经济，更多是依靠产业而非物业。当前，上海集体经济的发展偏重于物业分红模式。以上海宝山为例，其主要包括资产租赁、产业发展、联合开发三种模式。集体经济发展过程中积累了不少可供借鉴的经验：利用区位优势，做强集体经济；创新农村综合帮扶机制，为集体经济"造血"。

第六章　农村社会治理动力分析

　　农村集体经济发展与乡村治理具有内在关联性。在当前上海农村面临空心化、空巢化、老龄化的结构性困境的情况下,村干部等治理主体难以有效组织动员村民,造成基层党组织薄弱涣散的局面,且村民参与治理的主人公意识也不强。本章基于市场、政府、社会力量、村民基本特征等视角,对农村社会治理动力不足的表现及原因进行分析,进而对村民参与农村社会治理积极性的影响因素展开分析,并在归纳上海农村社会治理的典型模式的基础上总结宝贵经验。

一、农村社会治理现状与动力不足表现

(一) 数据来源与样本说明

　　本章主要利用对上海各涉农区不同村的村民开展的大样本问卷调查和典型

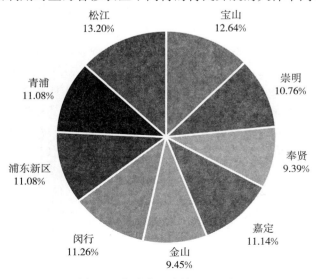

图 6-1　各涉农区有效问卷比例

案例调查展开研究。其中，村民问卷调查数据资料主要源于 2019 年 7—8 月对上海市宝山、崇明、奉贤、嘉定、金山、闵行、浦东、青浦、松江等 9 个涉农区 17 个镇 60 个村进行的调研（图 6-1）。每个区至少选择一个镇，每个区至少选择 5 个村，请每个村的村民开展问卷调查，平均每个村选择 30 位左右村民，最终获得 1 598 份有效问卷。为确保问卷调查质量，在正式调研之前进行了预调研。

表 6-1　受访村民样本基本特征

项目	类别	频数	比例（%）
性别	男	943	59.01
	女	655	40.99
年龄	$18 \leqslant x < 40$ 岁	312	19.52
	$40 \leqslant x < 60$ 岁	806	50.44
	$x \geqslant 60$ 岁	480	30.04
户籍	城镇户口	429	26.85
	农村户口	1 169	73.15
学历	小学及以下	234	14.64
	初中	729	45.62
	中专、高中	309	19.34
	专科	222	13.89
	本科及以上	104	6.51

接下来对样本基本特征做一下说明。从性别看，男性受访者为 943 人，占总样本数的 59.01%；女性受访者为 655 人，占总样本数的 40.99%。从户籍来源上看，城镇户口为 429 人，占比 26.85%，农村户口为 1 169 人，占比 73.15%。从年龄看，$18 \leqslant x < 40$ 岁的有 312 人，占总样本数的 19.52%；$40 \leqslant x < 60$ 岁的有 806 人，占总样本数的 50.44%；$x \geqslant 60$ 岁有 480 人，占总样本数的 30.04%。从学历看，小学及以下学历人群占总样本数的 14.64%；初中学历人群占总样本数的 45.62%；高中及中专学历人群占总样本数的 19.34%；专科学历人群占总样本数的 13.89%；本科及以上学历人群占总样本数的 6.51%。

（二）上海农村社会治理发展现状分析

上海市历来非常重视农村社会治理，为认真贯彻落实习近平总书记在参加全国人大会议上海代表团审议时的重要讲话精神，上海市委将创新社会治理、加强基层建设作为 2014 年一号重点调研课题，全面深入开展调研。2015 年 1 月 5 日，调研课题形成的"1+6"文件正式发布。"1"是《关于进一步创新社会治理加强基层建设的意见》，"6"是涉及街道体制改革、居民区治理体系完善、村级治理体系完善、网格化管理、社会力量参与、社区工作者的 6 个配套文件。近些年，上海市主要从以下几个方面努力提升农村社会治理水平。

一是加快完善农村社会治理体系建设。上海将"乡政村治"治理模式逐步向"社会共治"治理模式推进，取得了明显成效。在社会各界共同努力下，初步形成了党委领导、政府主导、社会协同和公众参与的多元化社会治理体系。始终坚持把加强农村基层党建与促进乡村振兴紧密结合，大力实施"班长工程"，加强农村基层组织体系建设和阵地建设，选优配强村干部，选派优秀干部到经济相对薄弱村担任"驻村指导员"，使农村基层党组织的战斗堡垒作用和党员的先锋模范作用充分彰显。大力实施"阳光工程"，全市 1 281 个村全面实现开放式集中办公，903 个村已完成村务、财务公开信息化平台建设；加大农村集体"三资"监管力度，有效防范了农村的微腐败。开展全国民主法治示范村培育试点，创建评选市级文明镇村活动成效明显。加强农村教育，推进全市义务教育阶段"五项标准"统一，提升郊区学前教育水平。注重农村基层公共文化设施建设，2019 年已实现农村地区标准化居村综合文化活动室（中心）服务功能提升全覆盖，打通了公共文化服务"最后一公里"。加大了农村公共文化需求的精准对接，已累计实现市、区两级配送戏曲、演出和活动 16 160 场。养老服务优先向农村倾斜，2019 年全市新增养老床位 7 000 余张；新建睦邻点 1 744 家，其中 80% 分布在农村地区；完成 80 家农村薄弱养老机构改造。上海已在全国率先建立了统一的城乡居民养老和医疗保险制度、最低生活保障标准以及特困人员供养标准。

二是培育良好的村民自治氛围和村务民主秩序，提高村民的社会治理参与积极性。上海市在深入推进基层自治和社会共治上，各区县积极推进区村委电子台账工作，通过加强综合信息平台和村居规范化建设等，积极推进减负增能。浦东等区积极推广村民自治工作法，探索多种类型的群众性自治组织形式，提升自治水平。各区县普遍建立居、村工作经费制度，落实经费保障。此外，上海将村规民约作为村民自治的行为准则。随着上海创新社会治理加强基层建设工作的深化推进，基层工作重心开始转变，"重心下移，资源下沉，权力下放"在为基层减负赋权的同时，也让村居成为治理违法建筑、违法用地等顽症问题的"第一道防线"。在此背景下，以完善村规民约为抓手，强化村级治理成为各区各村的普遍共识。村规民约很早就有，且每三年修订一次。但之前的村规民约内容滞后、形式不规范，已经不完全适用于当前的农村社区管理。为此各村广泛宣传动员，深入群众征求意见，反复修改并召开村民会议表决，使修订后的村规民约更趋现实、规范、完善，既传承优良传统、维护公序良俗，又符合现代法治精神和时代需要，为规范村民自治行为、加强农村精神文明建设、构建和谐法治乡村发挥重要作用。村规民约内容通常包括遵纪守法、社会治安、村风民俗、婚姻家庭、邻里关系、计划生育、环境卫生、违规处理、附则等。不少农村将一些事项与村民的福利待遇相挂钩。

三是深入开展农村人居环境整治。按照中央部署，在严格落实国家行动方案 7 大类重点任务的基础上，增加 5 大类任务。按照"整镇推进、成片实施"的原则，用更高的标准，在更大的范围推进整治工作，2019 年完成整治村 857 个。建立"大专项＋任务清单"实施机制，通过建立农村人居环境整治资金整合平台，"一口下达"2019 年市级补助资金 107.7 亿元。完成 2018 年度 7 万户村庄改造，推进 2019 年度 7 万户村庄改造。围绕"四清""两美""三有"目标，组织各涉农区持续开展村庄清洁行动季节性战役，实现村庄环境干净、整洁、有序。确保"四好农村路"建设、农村生活垃圾治理、农村生活污水处理、农村厕所革命、农村水环境整治、农业生产废弃物资源化利用等各项重点工作按时保质完成。此外，为解决农村布局分散、房屋陈旧、风貌凌乱的问题，上海将农民相对集中居住作为全市乡村振兴的"牛鼻子"工作加以推进，会同市住房和城乡建设管理委员会核定 2019 年度 1.27 万户农民相对集中居住，以聚焦"三高两区"为主，分散居住户归并为辅；安置方式则以上楼为主，平移为辅。聚焦乡村振兴示范村推进农民集中居住工作，并总结形成了农民相对集中居住可复制的经验和操作路径。

（三）上海农村社会治理发展动力不足的表现分析

上海市于 2014 年开始启动的以村庄改造为载体的美丽乡村建设工作，是贯彻落实市委、市政府统筹城乡发展一体化部署的重大举措，为推进资源节约型和环境友好型城市建设，提高城市可持续发展能力做出积极贡献，取得了阶段性成绩。至 2018 年末，全市 9 个涉农区共计 892 个行政村实施了改造，受益农户达 62 万户，市级财政累计投入奖补资金约 44 亿元，累计评定市级美丽乡村示范村 82 个。此外，还通过加强基层党建、完成村"两委"换届选举、深化完善村级民主监督、加强农村思想道德建设等，切实增加了农民群众的参与感、获得感、安全感和幸福感。然而，当前上海农村社会治理的内生动力仍有不足，核心表现为：村民的参与对提高农村社会治理水平至关重要，但现实中村民参与村务管理的程度还不够，村民参与农村社会治理的积极性有待进一步提高。在村务工作中充分倾听村民意见是完善中国村民自治制度的关键环节，也是充分发扬中国社会主义民主的必然要求，有助于提高村民生活获得感、幸福感和安全感。调查发现，在受访者的 276 位村干部中，分别有 72.83％和 26.45％的人认为在村务工作中倾听村民意见"非常重要"和"比较重要"，所占比例几乎 100％（图 6-2）。可见，在村务工作和进行相关决策时充分倾听村民的意见建议已成为村干部在思想认识上的广泛共识。

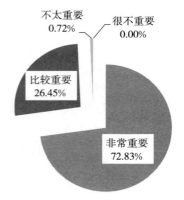

图 6-2　村干部对村务工作中倾听村民意见重要性的认知

但同时也应该看到，在某些地区还不同程度存在着领导干部"一言堂"、民主决策"走过场"、忽视人民群众关切等现象，村民参与村务管理的程度还很不够。如何将倾听村民意见的广泛思想共识落实到平时开展村务工作的实践中，真正做到回应村民的关切和需求，真正为民办实事解难题，是需要进一步解决的问题。此外，调查还发现，在受访的 1 598 位村民中，35.48％的人表示自己参与本村社会治理的积极性"很高"，55.26％的人表示参与积极性"较高"，选择"较低"和"很低"的占比分别为 8.20％和 1.06％（图 6-3）。可见，村民参与农村社会治理的整体积极性较高，这

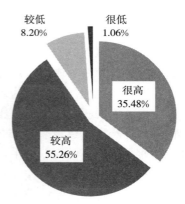

图 6-3　村民参与本村社会治理的积极性自评

为上海市进一步完善农村社会治理多元主体共治格局奠定良好群众基础。同时也应该认识到，村民参与社会治理的主观积极性和现实参与程度还有较大提升空间。

二、农村社会治理动力不足的原因分析

村民是否积极参与农村社会治理，主要是受外部对村民参与社会治理重视程度、村民基本特征的共同影响。接下来分别从市场、政府、社会力量等视角，分析影响村民参与农村社会治理积极性的原因，另外也关注不同村民基本特征条件下村民参与农村社会治理积极性的差异。具体调查分析结果如下。

（一）基于市场视角动力不足的原因分析

城乡居民收入差距仍然很大，村民就业不充分，尤其是在村域内就业未能很好实现，就业增收难以保障的情况下，部分村民缺少以主人翁身份参与社会治理的积极性和主动性。近些年，上海市城乡居民收入虽然不断提高，但城乡居民收入差距却仍然较大，农业农村对青年人缺少吸引力。2018 年全市居民人均可支配收入 64 183 元，其中，城镇常住居民人均可支配收入 68 034 元，农村常住居民人均可支配收入只有 30 375元，城镇常住居民人均可支配收入是农村常住居民的一倍还多。此外，关于村民就业方面，调查发现，在受访的 276 位村干部中，12.32％的人表示所在村的村民"完全实现"充分就业，79.71％的人表示村民"基本实现"充分就业，7.97％的人表示村民"未很好实现"充分就业，可见多数村不同程度地存在村民未实现就业的情况（图 6-4）。尤其是从充

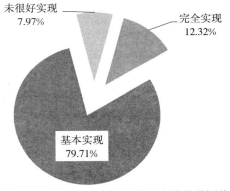

图 6-4　村干部对本村村民就业充分性的评价

分调动村民参与社会治理积极性角度考虑，更理想的状态是村民能实现在本村地域内就业。然而，调查发现，在受访的 1 598 位村民中，41.86％的人表示未在本村地域内工作，进一步分析发现，未在本村地域内工作的这一部分村民参与社会治理的积极性，要明显低于在本村地域内工作的村民。

（二）基于政府视角动力不足的原因分析

一是农村党建工作开展效果显著，干群关系得以有效维护，党员普遍在农村社会治理中发挥了较好的先锋模范作用，村干部村务管理水平得到村民普遍认可，但村干部与村民之间矛盾仍时有发生，影响了村民参与村务管理积极性。完善农村社会治理，就是要坚持党建引领，大力加强基层党组织建设。党的十八届五中全会报告中，将加强和创新社会治理放在加强和改善党的领导内容中。习近平总书记在 2017 年"两会"参加上海代表团审议时指出：推进全面从严治党，必须做好抓基层、打基础的工作，使每一个基层党组织都成为坚强战斗堡垒。基层党组织是党在农村开展各项工作的坚实根基，其功能发挥对农村社会治理有着重要影响。上海市在农村社会治理中发挥党建作用和搞好干群关系方面做了积极和有益的探索，充分发挥党员和村干部在美丽乡村建设中的

先锋模范作用。调查发现，在受访的 1 598 位村民中，38.24％的人表示村里党建工作和搞好干群关系做得很好，56.01％的人表示村里党建工作和搞好干群关系做得较好，认为做得较差、很差、说不清的比例分别为 2.57％、0.13％、3.07％。

调查还发现，村民普遍认为党员在村务工作中发挥了较好的先锋模范作用，34.17％的受访村民表示党员在村务工作中发挥的先锋模范作用很大，49.62％的人表示发挥作用较大，认为发挥作用较小、很小、说不清的比例分别为 10.51％、2.75％、2.94％。此外，37.11％的受访村民表示非常相信村干部在村务工作中会真正为村民利益考虑，57.01％的人表示比较相信，表示不太相信、很不相信、说不清的比例分别为 3.00％、0.38％、2.50％。上述调查结果也意味着村民对党员和村干部践行积极为人民服务持肯定态度，基层党建与干群关系正在一个健康轨道上发展。村民对村干部的村务管理水平也总体持肯定态度，31.98％的人表示对村干部村务管理水平非常满意，63.27％的人表示比较满意，另有 4.26％、0.50％的人表示不太满意、很不满意（图 6-5）。总的来说，当前上海农村基层党建工作和干群关系维护开展效果显著，但应该认识到，党员先锋模范作用发挥以及村干部村务管理水平等方面仍有较大提升空间。

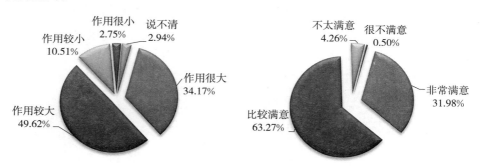

图 6-5　村民对党员先锋模范作用及对村干部村务管理水平的评价

村干部在村务管理中发挥着非常重要的作用，尤其是在解决村务矛盾方面。调查发现，绝大多数村民在遇到村务矛盾时优先找村干部解决，占总样本数的 73.28％（图 6-6）。在对自身工作能力的评估方面，绝大多数村干部都认为自己能胜任目前的岗位，其中选择"完全能胜任"和"基本能胜任"的村干部分别占样本总数的 49.62％和 48.96％。当被问及"是否热爱目前的村干部工作"时，选择"非常热爱"和"比较热爱"的占比分别为 69.93％和 29.34％。尽管能胜任和热爱本职工作，但调查也发现，有超过半数的村干部表示在村务工作中与村民发生过矛盾，占总样本数的 53.99％。在寻求矛盾纠纷的解决方面，有 62.32% 的村干部表示会"私下调解"，有 22.10% 的村干部表示会向政府部门寻求协调，选择"仲裁"和"上访"作为解决矛盾问题手段的占比很少，均为 1.11%。从地方政府角度而言，村干部与村民发生矛盾时，自然不希望通过上访等渠道来解决，较为理想的解决方式是希望村干部与村民私下调解，这也是目前的主要解决方式，益处在于村民与村干部沟通联系更直接，能比较及时地将自己的想法和诉求表达出来，有助于村民反映问题得到及时解决，但这也对村干部素质提出更高要求。如果村干部不能将村民反映的问题诉求及时解决或向相关政府部门反馈，抑或不能准确细致解释相关政策措施，就可能导致不能有效解决村民所需，也会进一步激化干群矛盾。

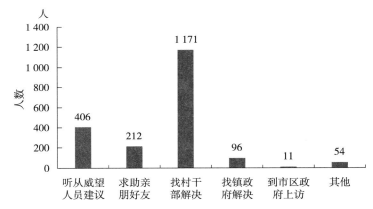

图 6-6　村民遇到村务矛盾时优先选择的解决途径

注：由于是多选题，因此频数和比例的加总不是 1 598 和 100%。

二是村庄规划关系农村社会经济发展大局，然而当前在村庄规划制定和村庄改造等方面听取村民意见的广度和深度还不够，降低了村民参与村务管理的程度。村庄要实现可持续发展需要坚持规划先行，村庄规划在农村社会经济发展中具有非常重要的作用。调查结果显示，在受访的 1 598 位村民中，38.05% 的人表示制定村庄规划对村里发展作用很大，45.68% 的人表示作用较大，分别有 8.51%、1.81%、5.94% 的人表示作用较小、作用很小、说不清。由此可见，大多数村民认可村庄规划对本村社会经济发展的重要作用。当前制定村庄规划已成为实现村庄发展的一种手段和趋势，上海村庄通常会制定规划且加以宣传，但村民对规划内容的了解程度还不够，听取村民意见的力度也有待进一步提升。调查发现，42.55% 的受访村民表示知道本村村庄规划且了解规划内容，44.43% 的人表示知道本村村庄规划但不了解规划内容，还有13.02% 的人表示不知道本村规划（图 6-7）。此外，67.52% 的受访者表示本村村庄规划制定过程中征求过村民意见。

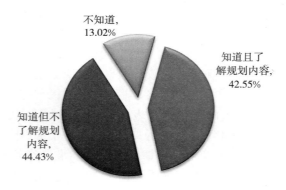

图 6-7　村民对所在村村庄规划的了解程度

　　2014 年开始启动的以村庄改造为载体的美丽乡村建设工作，是贯彻落实市委、市政府统筹城乡发展一体化部署的重大举措，为推进资源节约型和环境友好型城市建设，提高城市可持续发展能力做出积极贡献，取得了阶段性成绩。至 2018 年末，全市 9 个涉农区共计 892 个行政村实施了改造，受益农户达 62 万户，市级财政累计投入奖补资金约 44 亿元，累计评定市级美丽乡村示范村 82 个。乡村振兴战略对美丽乡村建设提出更高要求，村民相对集中居住和基础设施改善成为上海"三园"工程建设的重要任务之一。调查显示，达到八成的受访村民对政府相对集中居住工作是支持的，其中表示"非常支持"和"比较支持"的比例分别为 40.30％、40.80％（图 6-8）。

图 6-8　村民对本村相对集中居住行动的态度

　　然而，对农民集中居住的预期引导和管理有待进一步加强。农民普遍对上楼的补偿预期较高，希望能按动迁标准执行，但按现行政策，安置面积上限不得突破"市政府 71 号令"规定的上限标准，而农民现状住房面积普遍高于"市政府 71 号令"上限标准，农民参与意愿不强。此外，农民改善居住条件的愿望对集中居住提出了迫切要求。调研发现，上海市大部分区的农宅都是 20 世纪八九十年代建造的，现在已经到了集中翻建的时间节点，更是开展农民集中居住的"最佳窗口期"。但有的区集中居住规划还不明确，大部分区不允许农民自行翻建，大量房屋翻建申请积压；有的区则对建房管理较为松散，一些镇近年来仍有相当规模的农宅翻建量，加大了今后集中居住工作推进的难度。同时，美丽乡村建设对旧房屋进行改造，就要对原住户进行搬迁，现实中由于村里缺少建设用地指标，没有足够土地空间将原住户搬迁安置，也就无法对原住宅进行改造，无法将道路拓宽。农村基础设施和公共服务设施长效管理资金需求大，基本靠区、镇、村投入，负担较重。比如，村内道路是农村的重要基础设施，但不属于公路范畴，缺乏行业指导部门的扶持政策，区里多把维护责任下沉到镇村，随着通行率和荷载量逐年增加，基层面临不小的养护压力。还有鼓励社会资本进入等政策还未看到有新进展。

三是村规民约在村务管理中至关重要，然而当前村民对村规民约内容的了解程度以及村规民约对村民的行为约束作用有待进一步加强。村规民约是村民会议基于《村民委员会组织法》授权而制定的，因此，只要其遵循了法定程序且内容合法，就具有法律效力。换句话说，村民都应当受其约束。村规民约，不仅是村民自治的依据，也是村民会议或村民委员会对当地农村进行管理的依据。上海市历来非常重视农村社会文化的保留、传承与发扬，其中主要将村规民约作为村民自治的行为准则。随着上海创新社会治理加强基层建设工作的深化推进，基层工作重心开始转变。"重心下移，资源下沉，权力下放"在为基层减负赋权的同时，也让村居成为治理违法建筑、违法用地等顽症问题的"第一道防线"。

在此背景下，以完善村规民约为抓手，强化村级治理成为各区各村的普遍共识。比如，奉贤区青村镇就积极修订村规民约，与时俱进解决新问题。该镇各村广泛宣传动员，深入群众征求意见，反复修改并召开村民会议表决，使修订后的村规民约更趋现实、规范、完善，既传承优良传统、维护公序良俗，又符合现代法治精神和时代需要，为规范村民自治行为、加强农村精神文明建设、构建和谐法治乡村发挥重要作用。此外，不少农村将一些事项与村民的福利待遇相挂钩。这样就使个别违反村规民约的村民感受到违反的成本，也维护了绝大多数遵守村规民约的村民们的利益，从而最终达到共同遵守的目的。

当前上海几乎所有的村都结合本村村情制定了村规民约，村民对村规民约的认知度也整体较高，但村民对村规民约内容的了解程度以及村规民约对村民的行为约束作用有待进一步加强。调查发现，在受访的 1 598 位村民中，超过九成的人表示知道本村村规民约，59.39％的人表示知道且了解所在村的村规民约相关内容，35.23％的人表示知道但不了解相关内容，只有 5.38％的人不知道（图 6-9）。村民对村规民约不能仅停留在知道的层面上，更应

图 6-9　村民对村规民约的认知情况

该知其内容，才更有助于规范约束村民的行为。进一步调查发现，关于村规民约对自身行为的约束力，32.42%和50.38%的受访村民表示"作用很大""作用较大"，仍有14.58%和2.63%的人表示"作用较小"和"作用很小"。

（三）基于社会力量视角动力不足的原因分析

社会力量在关系村民切身利益的事务方面发挥作用有限，尤其是乡贤参与农村社会治理的程度不够，不利于带动和激发村民参与社会治理的积极性。乡贤作为社会力量的重要组成部分，是指品德才学为乡人推崇敬重的人，他们是民众学习的楷模榜样、行为规范的风向标，是地方官员的良师益友、地方治理方面的参谋长，是社会稳定和谐的稳压器。乡贤基本可以分为三类：一类是从乡村走出去、现已退休的党政干部和教师、劳动模范中，不少人很有热情和担当，他们的经济基础较为稳固、社会关系较为广泛，成为现实或潜在的乡贤；另一类是20世纪六七十年代之后出生的人，有很多在改革开放中进入城市，其中一些人看到乡村发展的机会而回乡创业，他们是具有开拓创新能力的乡贤；还有一类是为人正直公道、有公共服务精神、受人尊重的村民，以及其他具备一定资质的社会志愿者，也可以成为现代乡贤群体中的一部分。如何让乡土社会更好地黏合起来，让社会转型中的村民和家庭得到社会的关注，现代乡贤是起到这种作用的关键人物。他们扎根本土，对中国传统文化、乡土民俗民风和乡村情况比较熟悉，他们可以利用自身优势及声望，以身作则，来影响、感染周边的人，用村民们能够接受的方式来传递现代知识，让农民可以信服。

当前，在乡村振兴战略实施背景下，加强农村社会治理需要坚持党委领导、政府主导、社会协同和公众参与的社会共治格局。但当前包括乡贤、非政府组织、工商资本等在内的社会力量参与农村公共事务的程度还很不够，社会力量完全可以在农村社会治理中大有可为。近些年，乡贤在乡村治理中所发挥的作用引起越来越多的关注和重视，上海就积极探索乡贤在促进村级治理现代化方面的积极作用。比如，奉贤区以党建为引领，着力推行"乡贤＋"新模式，开展乡村"软治理"，解决农村"硬难题"，开辟了一条政府治理与村民自治之间的"善治"之路，做了一些有益探索，并取得了积极成效。然而，全市层面并未形成充分发挥乡贤作用、实现乡村善治的良好局面。比如，调查发现，在遇到村务矛盾时，只有25.41%的受访村民表示会优先选择听从村里长者或有威望人员建议。

（四）基于村民基本特征的动力不足的原因分析

当前上海农村较大程度上呈现空巢社会结构，尤其是纯农地区，在一年中的大部分时间里，乡村社会处于主体成员空缺的状态，村民社会治理参与积极性有待进一步提高。这意味着参与乡村社会常规治理的主要是老年人和低学历人员。由于乡村治理的主要参与群体实际上是弱势群体或文化程度偏低群体，这不仅制约着治理的决策效率，而且也降低了治理的整体效率。在现实经验中，较多的村干部反映，在应对和处理乡村公共事务上，老人通常做不了主，低学历人员的选择则不甚合理，而且很多公共事务也难以找到充足的人力去做。

此外，通过问卷数据统计分析发现，不同工作地域的村民参与农村社会治理的积极性呈现出差异，在本村地域内工作的村民参与农村社会治理的积极性"很高""较高"的比例为 92.36%，比不在本村地域内工作的村民高 3.87 个百分点，这种差异虽然不是很大，但该现象具有普遍性，需要引起足够重视。在应对和处理乡村公共事务上，如果村民不在本村地域内工作，这势必会影响决策效率和治理效果，更应该通过多渠道实现村民在当地就业增收。此外，首批 9 个乡村振兴示范村的村民参与农村社会治理的积极性更高，调查发现，乡村振兴示范村的村民参与农村社会治理的积极性"很高""较高"的比例为 94.05%，比非乡村振兴示范村的村民高 3.93 个百分点，该差异虽然不是很大，但说明了乡村振兴示范村建设一年以来，村民参与农村社会治理的积极性有了一定程度的提高（表 6-2）。

表 6-2　不同基本特征的村民参与农村社会治理的积极性差异情况

项目		很高、较高		其他（较低、很低）	
		频数	比例（%）	频数	比例（%）
工作	在本村	858	92.36	71	7.64
	不在本村	592	88.49	77	11.51
示范村	是	237	94.05	15	5.95
	否	1 213	90.12	133	9.88

三、村民参与农村社会治理的积极性分析

（一）模型构建与变量选择

村民是农村社会治理的主体，是直接参与者和受益者，加强农村社会治理离不开村民的积极参与，其最终目的则是为了切实提高村民的生活幸福感、满意度与安全感。本部分旨在运用计量模型分析村民参与农村社会治理积极性、村民生活幸福感的影响因素。为了便于理解与模型分析，将村民参与农村社会

治理积极性用"您参与本村社会治理的积极性是否很高"来表示,将村民生活幸福感划分为"您生活在目前的村中是否非常幸福"来表示,二者都包括"是""否"两种选择,是典型的二分选择问题。

假设模型概率函数采用标准正态分布函数形式,因此需要估计的模型就可以转变成如下两个二元 Probit 模型:

$$Y_1 = f_1(X_1,\ \mu_1) \tag{6-1}$$

$$Y_2 = f_2(X_2,\ \mu_2) \tag{6-2}$$

其中,被解释变量 Y_1 代表村民参与农村社会治理积极性,1 表示村民参与本村社会治理的积极性很高,0 表示村民参与本村社会治理的积极性不是很高。被解释变量 Y_2 代表村民生活幸福感,1 表示村民生活在目前的村中非常幸福,0 表示村民生活在目前的村中并没有非常幸福。X_1 是影响村民参与农村社会治理积极性的因素,X_2 是影响村民生活幸福感的因素。μ_1、μ_2 是残差项。

需要说明的是,村民参与农村社会治理积极性与村民生活幸福感之间的关系,理论上并未有明确的研究和清晰的界定,现实中二者可能互为因果。先尝试将二者分别互为被解释变量与解释变量进行二元 Probit 模型估计发现,村民生活幸福感显著影响村民参与农村社会治理积极性,而村民参与农村社会治理积极性并未显著影响村民生活幸福感,限于篇幅此处就不列出具体模型估计结果。因此,将村民生活幸福感纳入村民参与农村社会治理积极性的模型分析。后面更深入的模型估计结果也印证了这一点。

模型自变量的定义见表 6-3。

表 6-3　自变量定义

变量名称	含义与赋值	均值	标准差
示范村	是否为首批乡村振兴示范村:是=1,否=0	0.16	0.36
性别	男=1,女=0	0.59	0.49
户籍	城镇户口=1,农村户口=0	0.27	0.44
年龄—中年人	40~59 岁=1,其他=0	0.50	0.50
年龄—老年人	60 岁及以上=1,其他=0	0.30	0.46
学历	小学=1,初中=2,中专高中=3,大专=4,本科及以上=5	2.52	1.10
职业	务农=1,其他=0	0.32	0.47
工作地域	是否在本村域内工作:是=1,否=0	0.58	0.49
家庭人口数	实际数值,单位:人	3.38	1.37
家庭收入	2018 年家庭年纯收入:实际数值,单位:万元	10.14	27.34

（续）

变量名称	含义与赋值	均值	标准差
法规政策认知	对农业农村相关法律法规和政策的了解程度如何：非常了解＝1……很不了解＝4	2.16	0.69
法规政策满意度	对当前政府的农业农村相关法律法规和政策的满意度如何：非常满意＝1……很不满意＝4	1.87	0.60
从事农业意愿	是否愿意从事农业生产经营：是＝1，否＝0	0.47	0.50
子女从事农业态度	是否支持子女从事农业：是＝1，否＝0	0.27	0.44
村务信息关心程度	对村务信息的关心程度如何：非常关心＝1……很不关心＝4	1.99	0.65
村务矛盾解决—乡贤	遇到村务矛盾时优先选择的解决途径：听从村里长者或有威望人员建议＝1，其他＝0	0.25	0.44
村务矛盾解决—村干部	遇到村务矛盾时优先选择的解决途径：找村干部解决＝1，其他＝0	0.73	0.44
村务管理评价	对村干部村务管理水平的总体评价如何：非常满意＝1……很不满意＝4	1.73	0.56
村干部信任	是否相信村干部在村务工作中会真正为村民利益考虑：非常相信＝1……很不相信＝4	1.73	0.69
党建干群评价	感觉村里党建工作和搞好干群关系做得如何：很好＝1……很差＝5	1.70	0.66
党员模范作用	感觉村里党员在村务工作中是否真正发挥党员模范带头作用：作用很大＝1……作用很小＝5	1.98	1.02
村庄规划认知	是否知道所在村的村庄规划：知道且了解规划内容＝1，否则＝0	0.43	0.49
规划征求民意	村庄规划是否征求过村民意见：征求过＝1，否则＝0	0.68	0.47
村庄规划作用	感觉制定村庄规划对村里发展是否有作用：作用很大＝1……作用很小＝5	1.90	0.97
相对集中居住态度	对村民相对集中居住行动的态度如何：非常支持＝1……很不支持＝5	1.83	0.85
生活居住环境评价	感觉所在村的生活居住环境如何：非常好＝1……非常差＝4	1.72	0.64
村规民约认知	是否知道所在村的村规民约：知道且了解相关内容＝1，否则＝0	0.59	0.49
村规民约作用	认为村规民约对您的行为是否具有约束力：作用很大＝1……作用很小＝4	1.87	0.75

（二）模型估计结果与分析

在进一步模型估计之前，本研究首先对式（6-1）和式（6-2）残差项之间相关性进行 Hausman 检验。检验结果发现，Rho＝0 的似然比检验的卡方值为 6.895，相应 P 值为 0.008 6，在 1% 的显著性水平下拒绝原假设，说明式（6-1）和式（6-2）的残差项显著相关，此时对两个方程进行联立估计是必要的。本研究运用 Stata13.0 选择有限信息极大似然法（LIML）对式（6-1）和式（6-2）组成的双变量 Probit 模型进行估计（格林，2011），结果见表 6-4。

表 6-4　模型估计结果

变量名称	参与积极性		生活幸福感	
	系数	Z 值	系数	Z 值
生活幸福感	1.235***	5.19	—	—
示范村	−0.072	−0.66	0.315***	2.88
性别	−0.044	−0.55	−0.104	−1.27
户籍	0.005	0.05	0.027	0.28
年龄—中年人	0.158	1.27	−0.091	−0.69
年龄—老年人	0.160	1.04	−0.050	−0.31
学历	0.087*	1.77	−0.004	−0.07
职业	0.076	0.79	0.202**	2.07
工作地域	0.191**	2.33	−0.079	−0.94
家庭人口数	0.020	0.68	−0.054*	−1.77
家庭收入	−0.001	−0.39	−0.001	−0.42
法规政策认知	−0.164**	−2.34	0.089	1.25
法规政策满意度	−0.011	−0.12	−0.463***	−5.24
从事农业意愿	−0.063	−0.67	0.039	0.39
子女从事农业态度	−0.256**	−2.42	0.213**	2.01
村务信息关心程度	−0.303***	−4.01	−0.065	−0.87
村务矛盾解决—乡贤	−0.122	−1.18	0.238**	2.24
村务矛盾解决—村干部	−0.111	−1.10	0.165	1.56
村务管理评价	0.180*	1.90	−0.271***	−3.01
村干部信任	−0.195**	−2.44	−0.040	−0.50
党建干群评价	−0.176*	−1.92	−0.419***	−4.67
党员模范作用	−0.066	−1.27	−0.030	−0.56
村庄规划认知	−0.177*	−1.92	0.072	0.77
规划征求民意	−0.093	−0.95	−0.090	−0.88
村庄规划作用	−0.033	−0.61	−0.042	−0.75
相对集中居住态度	−0.119**	−2.21	0.041	0.74

（续）

变量名称	参与积极性		生活幸福感	
	系数	Z 值	系数	Z 值
生活居住环境评价	−0.044	−0.48	−0.767***	−10.31
村规民约认知	0.050	0.53	0.261***	2.70
村规民约作用	−0.602***	−6.78	−0.383***	−5.29
常数项	1.765***	3.04	3.432***	8.81
Wald chi^2			1 257.97	
Prob>chi^2			0.000 0	

注：*、**、***分别表示 10%、5%、1%的显著性水平。

1. 村民参与农村社会治理积极性的影响因素

由模型估计结果可知，生活幸福感、学历、工作地域、法规政策认知、子女从事农业态度、村务信息关心程度、村务管理评价、村干部信任、党建干群评价、村庄规划认知、相对集中居住态度、村规民约作用 12 个变量显著影响村民参与农村社会治理积极性。

第一，生活幸福感变量正向显著影响村民参与农村社会治理积极性，即表示生活在所在村里非常幸福的村民参与农村社会治理积极性很高的可能性更大，简言之，生活幸福感高的村民参与农村社会治理积极性也高。由此也可以看出，加强农村社会治理是为了提高村民生活幸福感，而生活幸福感的提高会激发村民参与农村社会治理的积极性，这是一个良性循环的关系。第二，学历变量正向显著影响村民参与农村社会治理积极性，即学历程度越高，村民参与农村社会治理积极性很高的可能性也越大。第三，工作地域变量正向显著影响村民参与农村社会治理积极性，即在本村地域内工作的村民参与农村社会治理积极性很高的可能性更大。第四，法规政策认知变量反向显著影响村民参与农村社会治理积极性，即对农业农村相关法律法规和政策的了解程度越高，村民参与农村社会治理积极性很高的可能性也越大。第五，子女从事农业态度变量反向显著影响村民参与农村社会治理积极性，即支持子女从事农业的村民参与农村社会治理积极性很高的可能性更小。第六，村务信息关心程度变量反向显著影响村民参与农村社会治理积极性，即对村务信息的关心程度越高，村民参与农村社会治理积极性很高的可能性越大。第七，村务管理评价变量正向显著影响村民参与农村社会治理积极性，即对村干部村务管理水平的总体评价越高，村民参与农村社会治理积极性很高的可能性越小。第八，村干部信任变量反向显著影响村民参与农村社会治理积极性，即对村干部在村务工作中会真正为村民利益考虑的信任程度越高，村民参与农村社会治理积极性很高的可能性越大。第九，党建干群评价变量反向显著影响村民参与农村社会治理积极性，即对村里党建工作和搞好干群关系评价越高，村民参与农村社会治理积极性很高的可能性越大。第十，村庄规划认知变量反向显著影响村民参与农村社会治理积极性，即知道且了解本村村庄规划内容的村民参与农村社会治理积极性很高的可能性反而更小。第十一，相对集中居住态度变量反向显著影响村民参与农村社会治理积极性，即对村民相对集中居住支持程度越高，村民参与农村社会治理积极性很高的可能性越大。最后，村规民约作用变量反向显著影响村民参与农村社会治理积极性，即认为村规民约对自身行为具有约束作用越大，村民参与农村社会治理积极性很高的可能性也越大。

2. 村民生活幸福感的影响因素

由模型估计结果可知，示范村、职业、家庭人口数、法规政策认知、子女从事农业态度、村务矛盾解决—乡贤、村务管理评价、党建干群评价、生活居住环境评价、村规民约认知、村规民约作用 11 个变量显著影响村民参与农村社会治理积极性。

第一，示范村变量正向显著影响村民生活幸福感，即首批乡村振兴示范村的村民表示生活在所在村里非常幸福的可能性更大。上海于 2018 年开始首批九个乡村振兴示范村建设，2019 年 6 月完成初步建设验收，乡村振兴示范村建设的最终目的就是为了提高村民的生活幸福感，因此从估计结果看，乡村振兴示范村建设成效是较为显著的。第二，职业变量正向显著影响村民生活幸福感，即务农人员比非务农人员表示生活在所在村里非常幸福的可能性更大。第三，家庭人口数变量正向显著影响村民生活幸福感，家庭人口数越多的村民表示生活在所在村里非常幸福的可能性越大。第四，法规政策认知变量反向显著影响村民生活幸福感，即对农业农村相关法律法规和政策的了解程度越高，村民表示生活在所在村里非常幸福的可能性越大。第五，子女从事农业态度变量正向显著影响村民生活幸福感，即支持子女从事农业的村民表示生活在所在村里非常幸福的可能性更大。第六，村务矛盾解决—乡贤变量正向显著影响村民生活幸福感，即遇到村务矛盾时优先寻求乡贤解决的村民表示生活在所在村里非常幸福的可能性更大。乡贤在村中具有较高威望，处理村务矛盾时村民通常也较为信服，不易激化矛盾，因此遇到村务矛盾时优先寻求乡贤解决的村民比寻求其他解决渠道的村民往往更幸福。第七，村务管理评价变量反向显著影响村民生活幸福感，即对村干部村务管理水平的总体评价越高，村民表示生活在所在村里非常幸福的可能性越大。第八，党建干群评价变量反向显著影响村民生活幸福感，即对村里党建工作和搞好干群关系评价越高，村民表示生活在所在村里非常幸福的可能性越大。第九，生活居住环境变量反向显著影响村民生活幸福感，即感觉所在村的生活居住环境越好，村民表示生活在所在村里非常幸福的可能性越大。第十，村规民约认知变量正向显著影响村民生活幸福感，即知道所在村的村规民约且了解相关内容的村民表示生活在所在村里非常幸福的可能性更大。最后，村规民约作用变量反向显著影响村民生活幸福感，即认为村规民约对自身行为具有约束作用越大，村民表示生活在所在村里非常幸福的可能性越大。

3. 研究结果的重要启示

上述研究结果显示，乡村振兴示范村建设显著提高了村民生活幸福感，生活幸福感高的村民参与农村社会治理积极性更高，而村民参与农村社会治理积极性并不影响其生活幸福感。其政策启示在于，努力提高村民生活幸福感的举措和投入是必要的和有价值的，一个现实例子是首批乡村振兴示范村的村民生活幸福感更高，其主动维护村庄生态居住环境的意愿也更强烈。但同时需要认识到，不能忽视生活幸福感不高的那部分村民群体，他们中不少是弱势群体，生活存在不同程度的困难，如果长期不管不顾，其参与农村社会治理的积极性会进一步降低，而加强对这部分群体的关心帮扶，会大大增强他们的生活幸福感和参与农村社会治理积极性，将使中国农村社会治理进入快车道实现良性发展。

四、农村社会治理的典型模式与经验总结

上海农村社会治理面临诸多难题，其中一个亟待破解的关键难题就是农村房屋破旧老化、基础设施配套不完善，相对集中居住是乡村振兴战略背景下破解上述难题的重要途径。近些年，上海大力推进乡村振兴示范村建设，主要就是以相对集中居住为突破口和着力点，这也是上海市加强农村社会治理的关键。

作为上海首批 9 个乡村振兴示范村之一，革新村坐落于闵行区浦江镇东部，西邻本镇的胜利、联胜、镇北三村，北依沈庄塘，南及东比邻浦东新区，村域面积 2.29 平方千米。革新村曾经荣获"全国生态文化村""中国历史文化名村"等众多荣誉称号。户籍人口约 1 700 人、672 户。村集体经济收入 300 多万元，村民人均纯收入约为 23 000 元。现有宅基地面积约 17.933 万平方米。现有耕地 62.5 公顷，基本农田 60.3 公顷。村集体农业土地面积 89.1 公顷，土地流转面积 73.88 公顷，村土地规模流转比例达到 82.92%。主要流转给方圆、阅乡、逸灵、盛誉田、龙耕、三兄菌菇、海帝谷物等 7 家合作社生

产经营，主要以水果种植为主，目前主要有方圆、阅乡、逸灵、盛誉田在正常运转。

（一）主要模式

本次革新村农民相对集中居住涉及 7 个村民小组、232 户、2 个集中居住点，分别位于沈杜公路南北两侧。其中 65 户为留，19 户为改，148 户为拆（其中 24 户集中上楼）。严格遵照《浦江镇革新村村庄规划修编（2018—2035）》，充分尊重村民的自主意愿，划分为"留、改、拆"三种模式："留"是指村庄规划中保留，近期无建房意向的村宅；"改"是指原地翻建，村庄规划中保留，近期有建房意向的村宅；"拆"是指易地迁建，村庄规划中需要归并的村宅。

对村庄规划中"保留"且无建房意愿的村民，由政府视实际状况对其建筑风貌进行统一整修，整修内容包括"围墙、外墙面、门头"等符合风貌色系的项目，风貌整修由相关部门出设计方案（一户一方案），经评审确认后实施，资金由政府承担，对涉及风貌整修的村民完工后再予以奖励 5 000 元/户，作为村民自我建筑风貌维护补贴。

对村庄规划中"保留"且有建房意愿的村民，可参照政府统一设计的房型，进行原地建房。在 2019 年 12 月底之前通过风貌验收的，按权证建筑面积给予 100 元/平方米的风貌奖励。原地建房户的围墙、门头等风貌色系项目，由政府出资建造。

对村庄规划中需"平移"且有建房意愿的村民，可参照政府统一设计的房型风貌，风貌色系包括房屋主体结构、外墙面、围墙、门头等项目，由村委会统一安排在规划建房点位中选择迁建地址。在 2019 年 12 月底之前完成建房，并通过风貌验收且按时拆除旧房的，按权证建筑面积给予 800 元/平方米的风貌奖励。

截至 2019 年 5 月，124 户易地迁建农民已累计签订协议 110 户，签约率达 88.7%。1 号归并点（黄家宅位于沈杜公路北侧村委会旁）规划 100 户，其中原址保留 11 户，计划新建宅基地 89 户，71 户已开工。2 号归并点（徐家宅位于沈杜公路南侧林海公路东侧）规划共 132 户，原址保留 73 户，计划新建宅基地 59 户，54 户已开工。结构封顶的有 31 户，5 月底共 125 户（包括 23 幢村级集体资产样板房）全面完成封顶。据测算，每套宅院的建造成本在 30 万～40 万元，装修成本则根据各家的实际情况而定。村民们获得了风貌奖励补贴和房屋残值评估补贴，虽然每家每户的数额不一样，但基本都能够抵上造房费用和装修费之类，自己不用另外再掏现金。为了缓解农民建房的资金压力，浦江镇还探索了银行房贷、政府贴息的方式，预计每户贴息约 6 万多元。

搬到集中居住点后，各项生活配套设施将大为改善，比如建设生活污水集中处理、天然气入户、文化客堂间、红白喜事操办场所、互助式养老等项目。而且，集中居住点离召稼楼古镇更近，村民们平时散步、游玩、购物都有了更热闹的去处。更重要的是，革新村村宅归并还将释放一系列的土地红利——农居点用地减少 1.19 公顷；同时，农用地增加 0.41 公顷，建设用地减少 7.04 公顷，水域和其他用地增加 6.63 公顷，腾出 1.93 公顷商服用地。此外，从 2019 年下半年开始，召稼楼古镇二期启动建设，今后将把古镇版图从原来的 7.7 公顷拓展到 77 公顷，扩容 10 倍。而此前，浦江镇已开始积极打造以革新村为核心的"文旅走廊"，今后将开通免费旅游专线，打通"革新村—合作社—古镇—上戏—郊野公园—长寿禅寺"旅游线路，月人流量预计达到 3 万人次。

（二）经验总结

一是充分尊重村民意见，做到有理有据、有法可依。根据"合理利用土地、尊重村民意愿、秉持乡村肌理、传承农耕文化"的总体要求，遵循"政府统一规划，村民自愿建房"的原则进行管理。严格遵照《浦江镇革新村村庄规划修编（2018—2035）》，充分尊重村民的自主意愿，划分为"留、改、拆"三种类型。

二是坚持土地集约原则。严格按照"市政府第 71 号令"，根据平移户内符合建房用地申请人口情况进行核准，建筑面积仍按原权证及原批准文件的建筑面积予以审批。革新村农民相对集中居住项目完成后可减少农居点用地 1.19 公顷，增加农用地 0.41 公顷，减少建设用地 7.04 公顷，增加水域和其他用地 6.63 公顷，腾出商服用地指标 1.93 公顷。

三是坚持统规自建原则。遵循"政府统一规划，村民自主翻建"的基本原则，通过政府搭建平台提供民房委托建设服务，委托设计公司"统一规划、统一设计、自主联合建设"，同时考虑农民生活喜好和居住偏好，设计了 5 套标准房型，并根据村民个性化需求形成一户一方案。

四是坚持城市化配套原则。开展污水处理、天然气入户、垃圾厢房改造、架空线梳理、巷道改造、河道整治等工程，设置农耕文化展示馆、文化客堂间、互助式养老等公共服务设施，提高村民对于生活质量的认同感和满意度。

五是党建引领群众助振兴。面对群众居住分散、土地分布零散的情况，鼓励群众迁建、翻建房屋。在工作初期，群众对此不理解、不配合。为此，镇党委调动全镇居村、部门力量，成立了以党员为中坚的 3 支队伍。其中，抽调全镇骨干干部（包括所有革新村党员群众）组成的群众工作组负责政策告知、上门动员、洽谈签约；革新党员群众组成的党群工作组，垂范在先、带头签约；由职能部门党员组成的推进工作组负责专业指导，监督施工进度。

五、本章小结

本章主要依据对上海市 9 个涉农区 17 个镇 60 个村的村民开展问卷调查，并结合对部分典型村开展座谈调研，重点实证分析了上海农村社会治理动力不足表现及原因。调查显示，上海市较早启动的以村庄改造为载体的美丽乡村建设工作，取得了阶段性成绩，但当前上海农村社会治理的内生动力还存在不足，核心表现为：村民的参与对提高农村社会治理水平至关重要，但现实中村民参与村务管理的程度还不够，参与农村社会治理的积极性有待进一步提高。在村务工作和进行相关决策时充分倾听村民的意见建议已成为村干部在思想认识上的广泛共识，但真正做到还需要一定努力。村民是否积极参与农村社会治理，主要是受外部对村民参与社会治理重视程度、村民基本特征的共同影响。

从市场来看，城乡居民收入差距仍然很大，村民就业不充分，尤其是村域内就业未能很好实现，就业增收难以保障的情况下，部分村民缺少主人翁意识。从政府来看，农村党建工作开展效果显著，党员普遍发挥了较好的先锋模范作用，村干部村务管理水平也得到村民普遍认可，但发现超过半数的村干部表示与村民发生过矛盾，影响了村民参与村务管理积极性；并且在村庄规划制定和村庄改造等方面听取村民意见的程度不够，降低了村民参与村务管理的程度，需加大对农民集中居住的预期引导和管理；当前村民对村规民约内容的了解程度以及村规民约对村民的行为约束作用有待进一步加强。从社会力量视角来看，社会力量在关系村民切身利益的事务方面发挥作用有限，尤其是乡贤参与农村社会治理的程度不够，但上海奉贤进行了探索，其"乡贤＋"模式值得学习。从村民基本特征来看，当前上海农村较大程度上呈现空巢社会结构，尤其是纯农地区，在大多时间内乡村社会处于主体成员空缺的状态。

村民是农村社会治理的主体，是直接参与者和受益者，因此，进一步利用双变量 Probit 模型对村民参与农村社会治理积极性、村民生活幸福感的影响因素进行分析。首先关于村民参与农村社会治理积极性的影响因素，显示生活幸福感、学历、工作地域、村务管理评价呈正向显著影响，而法规政策认知、子女从事农业态度、村务信息关心程度、村干部信任、党建干群评价、村庄规划认知、相对集中居住态度以及村规民约作用变量则呈反向显著影响。其次关于村民生活幸福感的影响因素，显示示范村变量、职业、家庭人口数、子女从事农业态度、村务矛盾解决—乡贤、村规民约认知呈正向显著影响，而法规政策认知、村务管理评价、党建干群评价、生活居住环境、村规民约作变量则呈反向显著影响。上述研究结果显示，乡村振兴示范村建设显著提高了村民生活幸福感，生活幸福感高的村民参与农村社会治理积极性更高，而村民参与农村社会治理积极性并不影响其生活幸福感。

最后，总结上海农村社会治理的典型模式与经验，作为具有代表性的革新村，主要以水果种植为主，其乡村振兴示范村建设主要以相对集中居住为主，主要划分为"留、改、拆"三种模式，得到的宝贵经验是：充分尊重村民意见，党建引领群众助振兴。

外生动力篇

WAISHENG DONGLI PIAN

第七章 基于市场拉动的地产 农产品消费需求分析

　　上海市农产品"三品一标"的快速发展提升了地产农产品的竞争力，而消费者对上海地产农产品的购买行为直接决定了上海农业高质量发展的实现。本章针对基于市场拉动的上海地产农产品消费需求这一重要问题，选取上海市城乡居民为研究对象，通过构建 Logit 模型，在对上海居民农产品消费特点与购买习惯进行分析的基础上，围绕消费者对地产农产品的购买行为选择进行实证分析，最后利用地产绿叶菜的典型案例，测度消费者对地产农产品的支付意愿。

一、城乡居民农产品消费特点与购买习惯

（一）数据来源与样本说明

　　本章除了部分宏观数据是通过查询相关统计年鉴获得外，主要利用对上海不同城区的消费者开展的大样本问卷调查展开研究。数据资料主要源于 2019 年 12 月对上海市 15 个城区（除崇明）消费者进行的问卷调查。最终获得 939 份有效问卷。在所有有效问卷中，金山 65 份，奉贤 82 份，闵行 125 份，普陀 43 份，徐汇 88 份，静安 53 份，虹口 48 份，浦东 153 份，松江 48 份，青浦 53 份，黄浦 25 份，嘉定 65 份，宝山 34 份，长宁 22 份，杨浦 35 份，相应占比如图 7-1。调查对象的选取采用随机抽样，按照面对面访问的形式进行调查。为确保问卷调查质量，在正式调研之前进行了预调研。

　　接下来对样本基本特征做以下说明（表 7-1）。从性别看，男性受访者为 394 人，占总样本数的 41.96%；女性受访者为 545 人，占总样本数的 58.04%。从户籍看，本地受访者为 382 人，占总样本数的 40.68%；外地受访者为 557 人，占总样本数的 59.32%。从年龄看，$16 \leqslant x < 40$ 岁的有 519 人，占总样本数的 55.27%；$40 \leqslant x < 60$ 岁的有 312 人，占总样本数的 33.23%；$x \geqslant 60$ 岁的有 108 人，占总样本数的 11.50%。从学历看，受访者学历为小学及以下的有 60 人，占总样本数的 6.39%；学历为初中的有 219

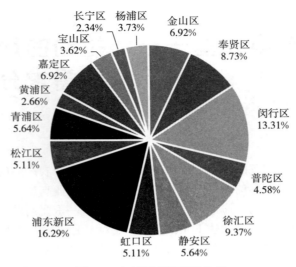

图 7-1　各城区有效问卷比例

人，占总样本数的 23.32%；学历为中专、高中的有 201 人，占总样本数的 21.41%；学历为大专的有 163 人，占总样本数的 17.36%；学历为本科及以上的有 296 人，占总样本数的 31.52%。从职业来看，受访者职业为企业员工的有 256 人，占总样本数的 27.26%；职业为公务员或事业单位员工的有 154 人，占总样本数的 16.40%；职业为个体经营户的占总样本数的 10.22%；职业为农村进城务工人员的占总样本数的 10.33%；职业为无业、失业或半失业人员的占总样本数的 7.88%；职业为学生的占总样本数的 7.14%；退休的受访者有 133 人，占总样本数的 14.16%；还有 6.60% 的职业为其他。从收入看，家庭月平均收入 $x < 5\,000$ 元的有 62 人，占总样本数的 6.60%；收入为 $5\,000 \leqslant x < 10\,000$ 元的占总样本数的 22.79%；收入为 $10\,000 \leqslant x < 20\,000$ 元的占 33.76%；收入为 $20\,000 \leqslant x < 50\,000$ 元的占 26.41%；收入为 $x \geqslant 50\,000$ 元的占 10.44%。

表 7-1　样本基本特征

项目	类别	频数	比例（%）
性别	男	394	41.96
	女	545	58.04
户籍	本地	382	40.68
	外地	557	59.32

（续）

项目	类别	频数	比例（%）
年龄	$16 \leqslant x < 40$ 岁	519	55.27
	$40 \leqslant x < 60$ 岁	312	33.23
	$x \geqslant 60$ 岁	108	11.50
学历	小学及以下	60	6.39
	初中	219	23.32
	中专、高中	201	21.41
	大专	163	17.36
	本科及以上	296	31.52
职业	企业员工	256	27.26
	公务员或者事业单位员工	154	16.40
	个体经营户	96	10.22
	农村进城务工人员	97	10.33
	无业、失业或半失业人员	74	7.88
	学生	67	7.14
	退休	133	14.16
	其他	62	6.60
收入	$x < 5\,000$ 元	62	6.60
	$5\,000 \leqslant x < 10\,000$ 元	214	22.79
	$10\,000 \leqslant x < 20\,000$ 元	317	33.76
	$20\,000 \leqslant x < 50\,000$ 元	248	26.41
	$x \geqslant 50\,000$ 元	98	10.44

（二）上海居民农产品消费特点

近年来，上海市民的膳食结构不断调整，居民的食物消费也不断调整。如图 7-2 所示，上海城镇居民粮食人均消费量呈缓慢增长态势，2015—2018 年间从 99.4 千克/人增加到 106.2 千克/人，增加了 19.56%；鲜菜人均消费量从 2015 年的 104.4 千克/人减少到 2018 年的 104 千克/人；水果人均消费量变动幅度颇大，从 2015 年的 53 千克/人增加到 2018 年的 64.2 千克/人，增长了 21.13%（图 7-2）。

2015—2018 年间上海市城镇居民猪肉、牛羊肉、家禽、禽蛋、鲜乳品和酸奶、水产品的人均消费量变动趋势都不大，猪肉消费量由 2015 年的 20.3 千

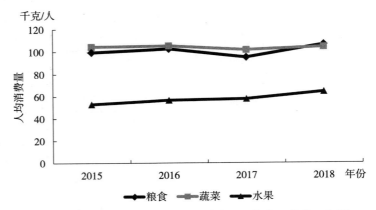

图 7-2 上海市城镇居民食物人均消费量（粮食、蔬菜、水果）

数据来源：《上海统计年鉴》。

克/人增长到 2018 年的 21.4 千克/人。牛羊肉人均消费量从 2015 年的 3.17 千克/人增长到 2018 年的 4.2 千克/人。家禽人均消费量从 2015 年的 12 千克/人增长到 2018 年的 12.1 千克/人。蛋类人均消费量从 2015 年的 10.5 千克/人增长到 2018 年的 11.9 千克/人。水产品的人均消费量呈下降趋势，从 2015 年的 25.7 千克/人下降到 2018 年的 24.5 千克/人。奶类的人均消费量呈下降趋势，从 2015 年的 22.7 千克/人下降到 2018 年的 21.5 千克/人。食用油的人均消费量呈下降趋势，从 2015 年的 9.5 千克/人下降到 2018 年的 7.8 千克/人，下降了 17.89%（图 7-3）。

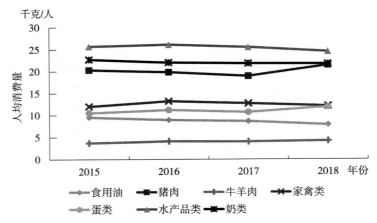

图 7-3 上海市城镇居民人均食物消费量（猪肉、牛羊肉、家禽等）

数据来源：《上海统计年鉴》。

从图 7-4 可知,2015—2018 年上海农村居民粮食人均消费量增长较为平稳,从 131.3 千克/人增加到 148.5 千克/人,增长了 13.10%;蔬菜人均消费量也在较为稳步增长,从 89 千克/人增长到 99.9 千克/人,增长了 12.25%;水果人均消费增长显著,从 34.4 千克/人增长到 57.5 千克/人,增长率等 67.15%。

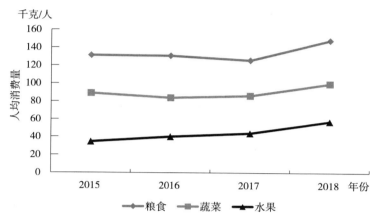

图 7-4 上海市农村居民食物人均消费量(粮食、蔬菜、水果)

数据来源:《上海统计年鉴》。

2015—2018 年间上海市农村居民人均消费量除了猪肉和水产品增长较为明显外,其他产品变动幅度不大。猪肉人均消费量从 2015 年的 23.3 千克/人增长到 2018 年的 30.8 千克/人,增长了 32.19%;水产品的人均消费量从 2015 年的 20.4 千克/人增长到 2018 年的 24.8 千克/人,增幅为 21.57%;牛

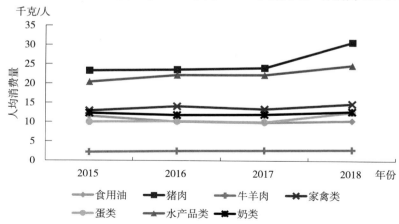

图 7-5 上海市农村居民人均食物消费量(猪肉、牛羊肉、家禽等)

数据来源:《上海统计年鉴》。

羊肉人均消费量从 2015 年的 2.2 千克/人增长到 2018 年的 2.9 千克/人；家禽人均消费量从 2015 年的 12.9 千克/人增长到 2018 年的 14.8 千克/人；蛋类人均消费量从 2015 年的 10 千克/人增长到 2018 年的 12.6 千克/人；奶类的人均消费量增幅不大，从 2015 年的 12.3 千克/人增加到 2018 年的 12.8 千克/人。只有食用油的人均消费量呈下降趋势，从 2015 年的 11.5 千克/人下降到 2018 年的 10.4 千克/人，下降了 9.57%（图 7-5）。

（三）城乡居民地产农产品购买习惯

调查发现，上海居民农产品购买习惯主要呈现以下几个特点。

一是超市、大卖场、农贸市场等传统销售业态仍是消费者购买农产品的主要场所，三分之二的消费者每周农产品购买支出不超过 500 元，每周购买农产品的次数不超过 4 次。在受访消费者中，表示平时主要在超市、大卖场购买农产品的人数最多，占比为 73.80%；50.59% 的受访者平时在农贸市场购买农产品；在电商平台购买农产品的受访者有 25.35%；在路边摊位购买农产品的受访者较少，仅有 16.93%。此外，关于购买支出金额，41.96% 的人表示每周用于购买农产品的花费在 200～500 元，24.71% 的人在 200 元以下，23.54% 的人在 500～1 000 元，9.80% 的人在 1 000 元以上。关于购买频次，42.28% 的人表示每周购买 3～4 次农产品，25.56% 的人购买 1～2 次，19.38% 的人购买 4～6 次，12.78% 的人购买 6 次以上（图 7-6）。

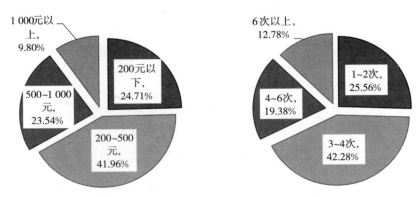

图 7-6　每周购买农产品的支出金额与频次

二是当前消费者在购买农产品时最主要考虑的是新鲜程度和安全性，消费者对农产品质量安全状况的放心程度不高，多数消费者认为农产品在种植养殖环节和生产加工环节最容易发生危害食品安全的行为，尤对农药兽药残留问题最为担忧。调查发现，64.86% 的受访消费者表示购买农产品时主要考虑新鲜

度，39.72％表示主要考虑安全，27.58％选择价格，18.96％选择营养，还有
16.61％选择口感（图7-7）。农产品质量安全关系人民切身利益，作为消费者
购买农产品考虑的重要因素，当前消费者对农产品质量安全状况的放心程度却
不高，只有26.10％的受访者对市场上农产品质量安全表示"非常放心""比
较放心"（图7-8）。

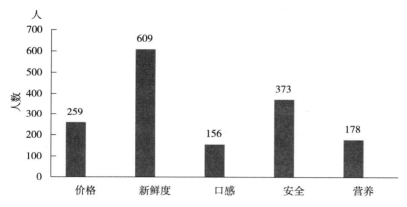

图 7-7　购买农产品时考虑的因素

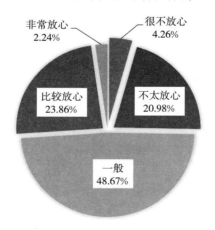

图 7-8　对农产品质量安全问题的放心程度

　　另外，41.32％和42.92％的受访消费者认为种植养殖环节与生产加工环
节最容易发生危害食品安全的行为，还有10.12％的消费者认为包装环节最容
易发生发生危害食品安全的行为，5.64％的消费者认为销售环节最容易发生危
害食品安全的行为。关于当前农产品的安全问题的主要表现，71.35％的消费
者表示目前农产品存在农药兽药残留问题；58.79％的消费者表示存在保鲜剂
违规使用的情况；48.35％的消费者表示存在加工包装环境不卫生的问题；

47.82%的消费者认为目前还存在重金属超标的问题（图7-9）。

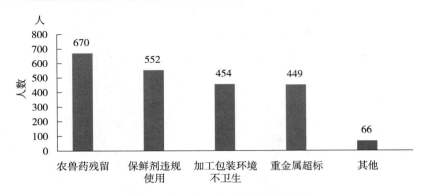

图 7-9　农产品安全问题的主要表现

　　三是当前消费者对优质农产品的需求未得到很好满足，消费者对农产品产地的看重程度还远不够，多数消费者购买过上海地产农产品，但行为不可持续，消费者购买地产农产品的渠道不够便利，对地产农产品质量的信任程度有待进一步提升。随着上海市居民收入水平和生活水平的提高，人们对优质农产品的需求日益强烈。然而，调查发现，消费者对优质农产品的需求未得到很好满足，仅有9.81%的受访消费者表示对优质农产品的需求"完全能满足"，53.23%的消费者表示"基本能满足"，另有28.23%、7.12%、1.61%的消费者表示"一般""不太能满足""根本不能满足"（图7-10）。原产地已成为欧美、日本等发达国家和地区越来越看重的选购农产品的依据，尤其是对于大都市地区更是如此。当前，上海市居民对农产品产地的重视程度不高，或者说原

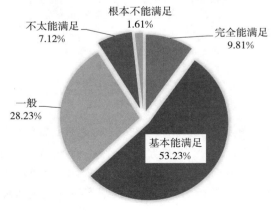

图 7-10　对优质农产品需求是否得到满足的评价

注：因问卷设计原因，该题目有效样本数为744。

产地意识不强，只有 4.62％的消费者表示"非常看重"农产品的产地，22.68％的消费者表示"比较看重"，另有 36.21％、31.20％、5.64％的消费者表示"一般看重""不太看重""根本不看重"。

另外，75.29％的受访消费者表示购买过上海地产农产品，27.26％的消费者是经常购买，48.03％的消费者是偶尔购买，另有9.69％的消费者明确表示没有购买过，还有 15.02％的消费者表示分不清是否为上海地产农产品（图 7-11）。关于购买上海地产农产品的原因，近六成消费者选择购买上海地产农产品是因为新鲜，四成消费者认为上海地产农产品安全有保证且价格也比较合理，还有三成消费者认为地产农产品口感好，近两成消费者表示地产农产品营养成分好（图 7-12）。深入调查发现，缺少地产农产品购买渠道以及对地产农产品质量信

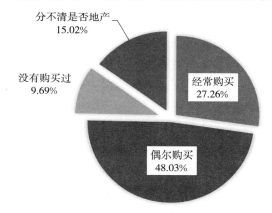

图 7-11　是否购买过上海地产农产品

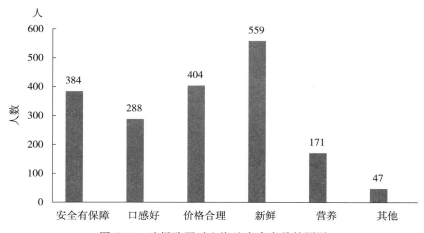

图 7-12　选择购买过上海地产农产品的原因

任程度不高是影响消费者地产农产品购买行为的重要原因。17.47％的受访者表示购买上海地产农产品的渠道很少，25.81％的消费者表示渠道较少，另分别有 31.45％、15.46％、9.81％的消费者表示一般、渠道较多、渠道很多。6.60％的受访者表示对上海地产农产品的质量非常信任，47.50％的消费者表示比较信任，另有 40.68％、4.90％、0.32％的消费者表示一般信任、不太信任、很不信任。

二、消费者对地产农产品的购买行为选择分析

（一）模型构建与变量选择

消费者对上海地产农产品的购买行为直接决定了上海农业高质量发展的实现。依据消费者行为理论和效用理论等相关理论，并结合已有研究综述，消费者地产农产品购买行为的影响因素包括收入水平、购买习惯、认知态度、个体特征、家庭特征等。根据研究需要，将消费者地产农产品购买行为分为 3 个被解释变量，即：是否分得清地产农产品、是否购买过地产农产品、是否经常购买地产农产品。这也反映了消费者地产农产品的购买决策过程，首先需要能分得清地产农产品，其次愿意购买地产农产品并发生实际购买行为，最后是地产农产品购买行为成为常态。上述 3 个变量都是只有"是""否"两种选择，是典型的二分选择问题。追求效用最大化是消费者做出购买决策的准则。在市场上同时存在外地产农产品和上海地产农产品的情况下，若消费者选择购买地产农产品，则意味着相比外地产农产品，地产农产品能给消费者带来更大效用。据此，构建如下 3 个二元 Logit 模型。

$$\ln\left[\frac{P(Y=1)}{1-P(Y=1)}\right]=a+bX+\varepsilon$$

式中：Y 是被解释变量，"是"赋值为 1，"否"赋值为 0；a 为常数项，b 为自变量前系数，ε 为残差项；X 表示影响消费者效用的因素，也即影响消费者购买决策的因素（详见表 7-2）。

模型自变量定义与描述性统计如表 7-2 所示。

表 7-2　自变量定义与描述性统计

变量	定义	均值	标准差
性别	男＝1，女＝0	0.45	0.50
户籍	本地＝1，外地＝0	0.40	0.49

（续）

变量	定义	均值	标准差
年龄	周岁，实际数值	38.61	14.29
学历	小学及以下＝1，初中＝2，中专/高中＝3，专科＝4，本科＝5，研究生＝6	3.59	1.45
职业	公务员、事业单位员工＝1，其他＝0	0.18	0.38
家庭人口数	人，实际数值	3.48	1.39
小孩	家庭中小孩(15周岁以下)(常住在一起)：有＝1,没有＝0	0.47	0.50
老人	家庭中老人（60周岁及以上，指长辈）（常住在一起）：有＝1，没有＝0	0.47	0.50
家庭月收入	万元，实际数值	2.79	5.50
购买场所—农贸市场	您平常主要在哪里购买农产品：农贸市场＝1，其他＝0	0.56	0.50
购买场所—超市	您平常主要在哪里购买农产品：超市、大卖场、购物中心＝1，其他＝0	0.74	0.44
购买场所—电商平台	您平常主要在哪里购买农产品：电商平台＝1，其他＝0	0.25	0.43
购买目的—价格	您购买农产品时最主要考虑什么：价格＝1，其他＝0	0.29	0.45
购买目的—新鲜度	您购买农产品时最主要考虑什么：新鲜度＝1，其他＝0	0.65	0.48
购买目的—口感	您购买农产品时最主要考虑什么：口感＝1，其他＝0	0.17	0.37
购买目的—安全	您购买农产品时最主要考虑什么：安全＝1，其他＝0	0.40	0.49
购买目的—营养	您购买农产品时最主要考虑什么：营养＝1，其他＝0	0.18	0.38
购买支出	您每周用于购买农产品的花费：500元以上＝1，其他＝0	0.32	0.47
购买频次	您每周购买农产品的频率：4次以上＝1，其他＝0	0.31	0.46
购买需求满足	您自认为对优质农产品的需求能否得到满足：完全能满足＝1……根本不能满足＝5	2.38	0.82
质量安全放心程度	您对当前农产品质量安全问题的放心程度如何：很不放心＝1……非常放心＝5	3.01	0.84
原产地重视程度	您对所购买农产品的产地看重吗:很不看重＝1……非常看重＝5	2.84	0.93
购买渠道便捷性	您是否有便捷的渠道购买到上海地产农产品：渠道很少，很难买到＝1……很容易买到＝5	2.74	1.20
质量信任程度	您对地产农产品质量安全和品质的信任度如何：非常信任＝1……很不信任＝5	2.46	0.69

（二）模型估计结果与分析

本研究利用软件 Stata13.0 进行模型估计。需要说明的是，是否分得清地产农产品、是否购买过地产农产品、是否经常购买地产农产品3个被解释变量的影响因素分别通过模型1、模型2、模型3来进行计量分析。为了便于理解分析，是否分得清地产农产品定义为地产农产品认知变量，是否购买过地产农产品定义为地产农产品购买行为变量，是否经常购买地产农产品定义为地产农产品常态购买行为变量。模型估计结果如表7-3所示。可知，模型拟合优度和整体显著性都很好。

表 7-3 模型估计结果

变量	模型 1		模型 2		模型 3	
	系数	Z 值	系数	Z 值	系数	Z 值
性别	0.036	0.16	0.208	1.13	0.243	1.24
户籍	0.153	0.61	0.580***	2.77	0.920***	4.44
年龄	−0.006	−0.63	0.000	0.01	0.019**	2.29
学历	−0.202**	−2.16	−0.154**	−2.02	−0.124	−1.46
职业	−0.372	−1.34	−0.051	−0.21	−0.264	−1.00
家庭人口数	0.122	1.19	−0.071	−0.88	0.046	0.55
小孩	0.247	0.99	0.432**	2.09	0.303	1.37
老人	−0.020	−0.08	−0.106	−0.51	0.096	0.44
家庭月收入	0.014	0.63	0.019	1.03	0.026	1.63
购买场所—农贸市场	−0.510**	−2.12	−0.299	−1.50	−0.273	−1.29
购买场所—超市	−0.168	−0.63	−0.024	−0.11	−0.366	−1.53
购买场所—电商平台	−0.003	−0.01	0.055	0.24	−0.262	−1.09
购买目的—价格	0.110	0.43	0.367*	1.73	0.525**	2.41
购买目的—新鲜度	−0.586**	−2.18	0.088	0.42	0.276	1.26
购买目的—口感	0.695	2.00	0.249	0.97	0.439*	1.69
购买目的—安全	−0.289	−1.19	0.007	0.04	−0.004	−0.02
购买目的—营养	0.028	0.09	0.162	0.63	0.319	1.23
购买支出	0.036	0.14	0.206	0.98	0.230	1.10
购买频次	−0.541**	−2.22	−0.452**	−2.20	0.089	0.43
购买需求满足	−0.352***	−2.58	−0.261**	−2.26	−0.078	−0.61
质量安全放心程度	−0.248*	−1.82	−0.266**	−2.32	−0.159	−1.32
原产地重视程度	0.301**	2.34	0.203*	1.95	0.119	1.11
购买渠道便捷性	0.138	1.39	0.269***	3.26	0.463***	5.49
质量信任程度	−0.526***	−3.04	−0.426***	−3.02	−0.758***	−4.92
常数	4.908***	4.44	2.661***	3.03	−1.702*	−1.81

（续）

变量	模型 1		模型 2		模型 3	
	系数	Z 值	系数	Z 值	系数	Z 值
Pseudo R²	0.0965		0.0882		0.1762	
LR chi²	60.81		74.18		147.05	
Prob	0.0000		0.0000		0.0000	

注：*、**、*** 分别表示 10%、5%、1% 的显著性水平。需要说明的是，由于问卷题目设计原因，模型样本量为 744。

由模型 1 估计结果可知，学历、购买场所—农贸市场、购买目的—新鲜度、购买频次、购买需求满足、质量安全放心程度、原产地重视程度、质量信任程度 8 个变量显著影响消费者地产农产品认知这一被解释变量。学历变量反向显著影响消费者地产农产品认知，即学历越高的消费者分得清地产农产品的可能性越小。购买场所—农贸市场变量反向显著影响消费者地产农产品认知，即平常主要在农贸市场购买农产品的消费者分得清地产农产品的可能性更小，这是易于理解的，农贸市场销售的农产品通常是没有品牌的且没有包装，难以区分是否为地产农产品。购买目的—新鲜度变量反向显著影响消费者地产农产品认知，即平常购买农产品主要考虑新鲜度的消费者分得清地产农产品的可能性更小，可能的原因在于平常购买农产品主要考虑新鲜度的消费者更倾向于去农贸市场等场所购买农产品，且较少关注品牌等可以识别地产农产品的标识。购买频次变量反向显著影响消费者地产农产品认知，即每周购买农产品频率在 4 次以上的消费者分得清地产农产品的可能性更小，这点较难理解，其原因在消费者地产农产品购买行为影响因素分析部分统一解释。购买需求满足变量反向显著影响消费者地产农产品认知，即对优质农产品需求得到满足程度越高的消费者分得清地产农产品的可能性越大。质量安全放心程度变量反向显著影响消费者地产农产品认知，即对当前农产品质量安全问题的放心程度越低的消费者分得清地产农产品的可能性越大，这也反映出对农产品质量安全不放心的消费者更倾向于多了解和购买地产农产品。原产地重视程度变量正向显著影响消费者地产农产品认知，即对农产品原产地重视程度越高的消费者分得清地产农产品的可能性越大。质量信任程度变量反向显著影响消费者地产农产品认知，即对地产农产品质量信任程度越高的消费者分得清地产农产品的可能性越大。

由模型 2 估计结果可知，户籍、学历、小孩、购买目的—价格、购买频次、购买需求满足、质量安全放心程度、原产地重视程度、购买渠道便捷性、质量信任程度 10 个变量显著影响消费者地产农产品购买行为这一被解释变量。户籍变量正向显著影响消费者地产农产品购买行为，即上海本地户籍的消费者购买过地产农产品的可能性更大，这也反映出上海本地户籍居民对地产农产品的独特喜爱，尤其是对地产绿叶菜的偏好程度。学历反向显著影响消费者地产农产品购买行为，即学历程度越高的消费者购买过地产农产品的可能性越大，可能的原因在于，高学历消费者更倾向于依据品牌、认证等标识来购买农产品，而不太在意和区分是否为地产农产品。小孩变量正向显著影响消费者地产农产品购买行为，即家庭中有小孩的消费者购买过地产农产品的可能性更大，有研究表明家庭中有小孩的消费者在选购农产品时对农产品的质量尤其是质量安全更为重视，相比外地产农产品，上海地产农产品质量安全监管更加严格，因此家庭中有小孩的消费者更倾向于购买地产农产品。购买目的—价格正向显著影响消费者地产农产品购买行为，即购买农产品时最主要考虑价格的消费者购买过地产农产品的可能性更大。购买频次变量反向显著影响消费者地产农产品购买行为，即每周购买农产品频率在4次以上的消费者购买过地产农产品的可能性更小，或者可理解为购买农产品频率低的消费者更倾向于购买地产农产品，可能的原因在于：一方面，购买频率低的消费者更加偏好类似社区支持农业模式等直接与上海本地合作社联系的选购方式，且每次购买农产品的量会相对较大；另一方面，购买频率低的消费者也可能更加习惯于在某一特定场所、或依据某一产品标识来选购农产品，如更习惯于购买某一特定品牌的地产农产品以节省时间成本，因此更易分得清和购买过地产农产品。购买需求满足变量反向显著影响消费者地产农产品购买行为，即对优质农产品需求得到满足程度越高的消费者购买过地产农产品的可能性越大。质量安全放心程度变量反向显著影响消费者地产农产品购买行为，即对当前农产品质量安全问题的放心程度越低的消费者购买过地产农产品的可能性越大。原产地重视程度变量正向显著影响消费者地产农产品购买行为，即对农产品原产地重视程度越高的消费者购买过地产农产品的可能性越大。购买渠道便捷性变量正向显著影响消费者地产农产品购买行为，即认为地产农产品购买渠道便捷性越高的消费者购买过地产农产品的可能性越大。质量信任程度变量反向显著影响消费者地产农产品购买行为，即对地产农产品质量信任程度越高的消费者购买过地产农产品的可能性越大。

除了能分清和购买上海地产农产品，从促进上海农业高质量发展的角度，更希望消费者能可持续地购买地产农产品。由模型3估计结果可知，户籍、年龄、购买目的—价格、购买目的—口感、购买渠道便捷性、质量信任程度6个变量显著影响消费者地产农产品常态购买行为这一被解释变量。首先，户籍变量和年龄变量都正向显著影响消费者地产农产品常态购买行为，即上海本地户籍的消费者经常购买地产农产品的可能性更大，年龄越大的消费者经常购买地产农产品的可能性越大，可见，上海上了年纪的本地居民对地产农产品更加喜爱。其次，购买目的—价格和购买目的—口感都正向显著影响消费者地产农产品常态购买行为，即购买农产品时最主要考虑价格或者新鲜度的消费者经常购买地产农产品的可能性更大，据此也可以看出，经常购买地产农产品的消费者更加看重的是地产农产品的价格合理与新鲜度。第三，购买渠道便捷性变量正向显著影响消费者地产农产品购买行为，即认为地产农产品购买渠道便捷性越高的消费者购买过地产农产品的可能性越大。质量信任程度变量反向显著影响消费者地产农产品购买行为，即对地产农产品质量信任程度越高的消费者购买过地产农产品的可能性越大。在影响消费者地产农产品常态购买行为的因素中，购买渠道便捷性和质量信任程度变量的影响显著性是最高的，反映出这两个因素对消费者选购地产农产品的重要性，这对农业生产经营主体和政府具有非常重要的启示意义，亟须加强产销对接与质量监管。

三、消费者对地产农产品的支付意愿分析：绿叶菜的案例

上海市作为国际化大都市，拥有 2 400 多万常住人口，常年蔬菜消费量约 620 万吨，日均消费 1.7 万吨。上海的农业产业比重微乎其微，却仍有近 20 万菜农在约 3 400 公顷的菜田里耕作，年均上市量达 329 万吨。其中，绿叶菜常年消费量为 158 万吨，占蔬菜总消费量的 25.48%，在上海蔬菜生产和消费中拥有重要且不可动摇的地位。"三天不吃青，两眼冒金星"，生动体现了上海市民对绿叶菜的喜爱，而其中本地蔬菜尤为受到追捧。在地产蔬菜如此大产销的背景下，了解消费者的支付意愿是保证地产蔬菜持续有序发展的重要手段，而影响支付意愿的因素也是当前亟须讨论的现实问题。

研究表明，消费者对食品安全的关注度较过去几年有明显提高，其中，家庭责任和对家人健康的关注是消费者关注食品安全的重要动力（王丽珍，2011）；并且消费者对必需农产品愿意进行额外支付的比例明显高于其他农产品（靳明等，2008）。前人的研究成果中，从研究方法到购买意愿的主要影响因素，从关注程度到购买行为一致性等方面都提出了诸多讨论。钟甫宁等（2010）从关注程度与购买行为的不一致性出发，认为两者不一致的主要原因在于被访的部分消费者认为"各安全等级的食品的安全性其实都差不多"，该类消费者不相信行业以及政府对食品质量安全的现有监管措施。周应恒等（2006）通过研究发现，价格、家庭总人口数、对蔬菜残留农药的风险感知、城市规模对消费者安全食品购买意愿产生负向影响，家中未成年人数量、家庭月总收入等因素正向影响消费者的安全食品购买意愿。对可追溯蔬菜的研究显

示，文化程度、家庭月收入、对产品了解程度、对产品的安全质量感知、产品的质量安全信息获取便捷性和权威可靠性、产品外观包装和产品零售促销等因素显著影响消费者购买行为（周维林，2016）。在影响消费者对无公害蔬菜的购买行为的因素中，关注程度、认知水平以及支付意愿三者在模型中的显著性较高；而在有机蔬菜的研究中，价格认同程度、文化程度和家庭收入、对蔬菜安全的忧患和对有机蔬菜的了解等因素显著正向影响购买意愿，对有机蔬菜技术及环境的信心显著反向影响购买意愿（黄季伸等，2007）。目前的相关研究大多是关于消费者对可追溯蔬菜、无公害蔬菜、有机蔬菜等的支付意愿及其影响因素。研究结果显示，消费者愿意为可追溯蔬菜多支付费用，但支付意愿受性别、年龄、家庭人口数、对可追溯标签信任度以及支付强度等因素影响（林勇等，2014；王一舟等，2013）。在对有机蔬菜的研究中发现，年龄、教育程度、对有机蔬菜的认知度以及对目前蔬菜安全的担心度等因素影响购买行为，而影响有机蔬菜支付意愿的因素包括消费者的家庭规模、价格、蔬菜属性、重要程度以及对环境污染的担心程度（戴迎春等，2006；常向阳等，2005），且购买意愿对购买行为有显著的正向影响（张蓓等，2014）。对无公害蔬菜的研究中，消费者对无公害蔬菜的支付意愿受性别、年龄和家庭收入水平的影响（杨金深等，2004），其购买行为受到消费者的受教育程度、蔬菜价格、关注程度、认知程度、支付意愿等因素影响（黄季伸等，2007；何德华等，2007）。

综上所述，尽管学者对蔬菜支付意愿及影响因素展开了大量研究，但以往研究大多以无公害、可追溯、有机蔬菜等为研究对象，而针对地产蔬菜的特定实证研究尚不多见。在已有研究的基础上，本部分以绿叶菜为例，分析利用上海市 12 个区 532 份消费者调查数据，研究上海市居民对地产绿叶菜支付意愿及影响因素。试图更全面地考察消费者对地产蔬菜的支付意愿及影响因素，在借鉴已有研究成果的同时，将投标价格、收入水平、个体特征、家庭情况、蔬菜放心程度、地产蔬菜信任程度、蔬菜消费比重、绿叶菜消费比重等因素纳入模型进行分析，尽可能合理、全面地对地产蔬菜支付意愿及影响因素进行解读。

（一）研究方案设计与理论模型构建

1. 研究方案设计

在众多研究消费者支付意愿的方法中，假想价值评估法（CVM）被认为是比较合适的研究方法（Chang 等 2009；Buzby 等，1995），因此采用 CVM 研究消费者对地产绿叶菜的支付意愿，围绕 CVM 研究过程中可能存在的有效性、可靠性问题设计研究方案。在 CVM 的发展过程中，逐步形成 4 种引导消费者支付意愿的方法，包括开放式法、卡片式法、投标博弈法和二分选择法。由于被调查者对"是"或"不是"的回答比他们直接说出最大支付意愿更能模拟市场定价行为,使得二分选择法得到广泛应用(Boccaletti 等,2000;迈里克·弗里曼,2002)。本研究选用二分选择法来引导消费者明确对地产绿叶菜的支付意愿。二分选择法只需受访者对不同价格下的商品做出"愿意"或者"不愿意"的回答,即询问受访者"相比外地产绿叶菜,您是否愿意为地产绿叶菜额外支付 X 元/千克的价格?"针对不同的子样本给予不同的投标价格(0.5、1、2、4、6 元/千克 5 个价格水平),以便验证随着标的物价格提高,回答愿意的比例不断下降。在 532份有效问卷中,投标价格为 0.5 元/千克的问卷 105 份、1 元/千克的 105 份、2元/千克的 105 份、4 元/千克的 105 份、6 元/千克的 112 份。

本研究的数据资料来源于对上海市 12 个城区的消费者进行的调研。总共发放 550 份问卷,最终获得 532 份有效问卷。有效问卷中,宝山 10 份,奉贤 34份,虹口 19 份,黄浦 27 份,嘉定 20 份,静安 68 份,闵行 42 份,浦东 91 份,普陀 58 份,徐汇 67 份,杨浦 63 份,长宁 33 份。调查对象的选取采用随机抽样,按照面对面访问的形式进行调查。调查人员是上海海洋大学经济管理学院的研究生,为确保问卷调查质量,在正式调研之前进行了人员培训和预调研。

2. 理论模型构建

消费者对地产绿叶菜的支付意愿有"愿意"和"不愿意"2 种选择,是典型的二分选择问题。追求效用最大化是消费者做出购买决策的准则。在市场上同时存在外地产绿叶菜和地产绿叶菜的情况下,若消费者选择购买地产绿叶菜,则意味着相比外地产绿叶菜,地产绿叶菜能给消费者带来更大效用。据此,构建二元 Logit 模型并运用软件 Stata 13.0 进行估计。

$$\ln\left[\frac{P(Y=1)}{1-P(Y=1)}\right]=a+bZ+cTP+\varepsilon$$

式中,a 为常数项,b 为自变量前系数,ε 为残差项,TP 表示地产绿叶菜投标价格;Z 表示影响消费者效用的因素,即影响消费者购买决策的因素。通过模型估计结果可以求出消费者对地产绿叶菜的平均支付意愿。

$$E(WTP)=-\frac{a+bZ}{c}$$

本研究模型中自变量的定义如表 7-4 所示。

表 7-4　自变量定义

名称	定义及赋值
投标价格	投标价格 0.5、1、2、4、6 元
收入水平	个人月平均收入（税后）

（续）

名称	定义及赋值
蔬菜放心程度	您对所购买蔬菜的质量安全是否放心？非常放心＝1……很不放心＝5
地产蔬菜信任程度	您是否相信上海地产蔬菜的质量安全优于外地产蔬菜？非常相信＝1……很不相信＝5
蔬菜消费比重	蔬菜消费额在您家庭食品支出中所占比重：1＝50%及以上，0＝其他
绿叶菜消费比重	绿叶菜消费额在您家庭所有蔬菜支出中所占比重：1＝50%及以上，0＝其他
性别	1＝男，0＝女
年龄	周岁数
学历	1＝小学及以下，2＝初中，3＝中专/高中，4＝大专，5＝本科，6＝研究生
籍贯	1＝上海本地，0＝外地
家庭人口数	家庭人口总数（一同居住）
小孩情况	家中是否有小孩（15周岁及以下）：1＝是，0＝否
老人情况	家中是否有老人（60周岁及以上）：1＝是，0＝否
购买成员	您是否家庭中购买蔬菜的主要人员：1＝是，0＝否

（二）样本说明与描述统计分析

1. 样本基本特征

样本基本特征如表 7-5 所示。样本在性别方面基本持平；在年龄方面，$30 < x \leqslant 40$ 岁的中青年人群所占比重最大，其次是 $x \leqslant 30$ 岁的青年人群，$50 < x \leqslant 60$ 岁的中老年人群排在第三位且显著高于其他年龄段，表明家庭中的主要购买者基本集中在这 3 个年龄段内。在籍贯方面，外省市人数接近沪籍人数的一半。在学历方面，本科占比较大，研究生以及小学占比最小，基本符合预期判断。在收入方面，月收入在 $3\,000 \leqslant x < 10\,000$ 元占 76.31%，基本符合正态分布。在家庭人口总数、未成年人数以及老人人数方面，家庭人口总数 3～5 人占 72.94%，基本反映目前上海的一般家庭结构。但未成年人数 1 人或 0 人的比例基本持平，总占比超过 80%，且在老人人数上，0 人占比超过 50%，这 2 项与预期判断有些差距。

表 7-5　样本基本特征

项目	类别	频数	比例（%）
性别	男	256	48.12
	女	276	51.88

（续）

项目	类别	频数	比例（%）
年龄	$x \leqslant 30$ 岁	119	22.37
	$30 < x \leqslant 40$ 岁	160	30.08
	$40 < x \leqslant 50$ 岁	69	12.97
	$50 < x \leqslant 60$ 岁	109	20.49
	$60 < x \leqslant 70$ 岁	52	9.77
	$x > 70$ 岁	23	4.32
籍贯	上海	340	63.91
	外省	192	36.09
学历	小学及以下	39	7.33
	初中	96	18.05
	中专/高中	112	21.05
	大专	95	17.86
	本科	143	26.88
	研究生	47	8.83
职业	企业员工	152	28.57
	公务员	40	7.52
	事业单位员工	104	19.55
	个体私营户	41	7.71
	农村进城务工人员	31	5.83
	无业、失业或半失业人员	11	2.07
	退休	116	21.80
	其他	37	6.95
收入	$x < 3\,000$ 元	54	10.15
	$3\,000 \leqslant x < 5\,000$ 元	195	36.65
	$5\,000 \leqslant x < 10\,000$ 元	211	39.66
	$10\,000 \leqslant x < 20\,000$ 元	55	10.34
	$x \geqslant 20\,000$ 元	17	3.20
家庭人口总数	1 人	17	3.20
	2 人	73	13.72
	3 人	160	30.08
	4 人	100	18.80

（续）

项目	类别	频数	比例（%）
家庭人口总数	5 人	128	24.06
	6 人及以上	54	10.15
未成年人数	0 人	236	44.36
	1 人	232	43.61
	2 人及以上	64	12.03
老人人数	0 人	341	64.10
	1 人	72	13.53
	2 人及以上	119	22.37

2. 消费者对地产蔬菜认知与购买行为的描述统计分析

调查发现，关于消费者对购买蔬菜的质量安全放心程度，41 人表示"非常放心"，占总样本数的 7.71%；195 人表示"比较放心"，占 36.65%；194 人表示"一般放心"，占 36.47%；89 人"不太放心"，占 16.73%；13 人"很不放心"，占 2.44%。可见，消费者对于蔬菜质量安全总体来说是较为放心的。关于消费者对上海地产蔬菜质量安全的信任情况，调查发现，53 人"非常相信"上海地产蔬菜的质量安全优于外地产蔬菜，占比 9.96%；182 人持"比较相信"的态度，占比 34.21%；190 人"一般相信"，占比 35.71%；96 人"不太相信"，占比 18.05%；11 人"很不相信"，占比 2.07%。

关于消费者是否会刻意购买上海地产蔬菜，受访消费者中，196 人认为会刻意购买上海地产蔬菜，占总样本数的 36.84%；164 人认为不会刻意购买，占比 30.83%；172 人认为无所谓，占比 32.33%。很多消费者表示，去购买蔬菜的时候一般不会注意蔬菜生产地，而一部分刻意购买上海地产蔬菜的消费者则主要以绿叶菜的类别为主。另外，25% 的消费者购买地产蔬菜的数量占所有蔬菜购买量的 0～19%，24% 的消费者的地产蔬菜购买量所占比例在 20%～39%，27% 的消费者的地产蔬菜购买量所占比例在 40%～59%，13% 的消费者的地产蔬菜购买量所占比例在 60%～79%，11% 的消费者的地产蔬菜购买量所占比例在 80%～100%。

（三）消费者对地产绿叶菜支付意愿影响因素的计量模型分析

利用 Stata13.0 软件对模型进行估计，估计结果如表 7-6 所示。由模型的伪 R^2、LR 似然值及其 P 值可知，模型的拟合优度和变量整体显著性都很好。

表 7-6　模型估计结果

变量	系数	Z 值	P 值	边际概率
投标价格	−0.8137***	−10.12	0.000	−0.1909
收入水平	−0.000001	−0.16	0.874	−0.000001
蔬菜放心程度	0.4303***	3.31	0.001	0.1009
地产蔬菜信任程度	−0.2565**	−2.03	0.043	−0.0602
蔬菜消费比重	−0.0613	−0.23	0.818	−0.0143
绿叶菜消费比重	0.1522	0.66	0.508	0.0356
性别	0.5152**	2.19	0.029	0.1206
年龄	−0.0133	−1.29	0.196	−0.0031
学历	0.0407	0.47	0.636	0.0096
籍贯	0.1301	0.54	0.587	0.0304
家庭人口数	−0.0919	−0.87	0.383	−0.0216
小孩情况	0.3206	1.16	0.245	0.0747
老人情况	−0.1088	−0.39	0.700	−0.0254
购买成员	0.5072*	1.83	0.067	0.1146
常数项	1.1278	1.29	0.197	
伪拟合优度		0.3055		
LR 似然值		223.27		
LR 似然值的相应 P 值		0.0000		

注：*、**、***分别表示 10%、5%、1%的显著性水平。

由模型估计结果可知，投标价格、蔬菜放心程度、地产蔬菜信任程度、性别、购买成员等 5 个变量显著影响消费者对地产绿叶菜的支付意愿。首先，投标价格反向显著影响消费者对地产绿叶菜的支付意愿，随着投标价格的不断提高，消费者愿意购买地产绿叶菜的可能性不断降低，从边际效果看，投标价格每增加一个等级，消费者愿意购买地产绿叶菜的可能性平均降低 0.19。其次，对所购买蔬菜的质量安全放心程度越低的消费者，愿意为地产绿叶菜支付额外价格的可能性更大，这在一定程度上也反映了消费者对地产绿叶菜的质量安全放心程度比较高，从边际效果看，消费者对蔬菜质量安全放心程度每降低一个等级，消费者愿意为地产绿叶菜支付额外价格的可能性平均提高 0.10。再次，越是相信上海地产蔬菜的质量安全优于外地产蔬菜的消费者，其愿意为地产绿叶菜支付额外价格的可能性越高，说明消费者愿意为地产绿叶菜支付额外价格的重要原因之一就是认为地产绿叶菜质量安全更有保障，从边际效果看，消费者对地产蔬菜质量安全信任程度每增加一个等级，消费者愿意为地产绿叶菜支付额外价格的可能性平均提高 0.06；另外，相较于女性，男性消费者愿意为地产绿叶菜支付额外价格的可能性更大；相较于家庭中非主要购买成员，作为家庭中蔬菜主要购买成员的消费者愿意为地产绿叶菜支付额外价格的可能性更大。

结合模型估计结果，并根据支付意愿计算公式，本研究计算出消费者对地产绿叶菜的平均支付意愿。可知，相比外地产绿叶菜，消费者愿意为地产绿叶菜额外支付 2.12 元/千克。由此可以看出，整体而言，消费者主要出于质量安全考虑愿意为地产绿叶菜支付额外价格。现实中，上海市绿叶菜质量安全监管相对严格，地产绿叶菜质量安全更有保证，但调查研究发现地产农产品却并未很好地实现优质优价，尤其是地产蔬菜和地产粮食，这极大阻碍了上海农业的高质量发展，尤其是不利于上海绿色农业的健康发展。

四、本章小结

本章主要利用对上海 15 个城区消费者开展的大样本问卷调查数据，基于市场拉动视角，实证分析上海地产农产品消费需求如何这一重大问题，主要得出以下结论。

首先研究发现，上海居民农产品消费特点与购买习惯：城乡居民粮食人均消费量均呈缓慢增长态势，牛羊肉、家禽、禽蛋、鲜乳品和酸奶的人均消费量变动趋势都不大；城乡居民农产品消费的区别在，城镇居民鲜菜人均消费量轻微减少，水果人均消费量变动幅度颇大，而农村居民蔬菜人均消费量在缓慢增长，水果人均消费增长显著，猪肉和水产品增长较为明显。从购买习惯来看，超市、大卖场、农贸市场等传统销售业态仍是消费者购买农产品的主要场所，三分之二的人每周农产品购买支出不超过 500 元，每周购买农产品的次数不超过 4 次；当前消费者在购买农产品时最主要考虑的是新鲜程度和安全性，消费者对农产品质量安全状况的放心程度不高，多数消费者认为农产品在种植养殖环节和生产加工环节最容易发生危害食品安全的行为，尤对农药兽药残留问题最为担忧；消费者对优质农产品的需求未得到很好满足，消费者对农产品产地的看重程度还远不够，多数消费者购买过上海地产农产品，但行为不可持续，其购买地产农产品的渠道不够便利，对地产农产品质量的信任程度有待进一步提升。

其次对消费者对地产农产品的购买行为选择进行实证分析，得到以下结论：平常主要在农贸市场购买农产品的消费者分得清地产农产品的可能性更小，由于农贸市场销售的农产品通常是没有品牌的且没有包装，难以区分是否为地产农产品；平常购买农产品主要考虑新鲜度的消费者分得清地产农产品的可能性更小，可能的原因在于其更倾向于去农贸市场等场所购买农产品，且较少关注品牌等可以识别地产农产品的标识；对当前农产品质量安全问题的放心程度越低的消费者分得清地产农产品的可能性越大，这也反映出对农产品质量安全不放心的消费者更倾向于多了解和购买地产农产品。其他如学历、购买频次、购买需求满足、质量安全放心程度、原产地重视程度也显著影响消费者地产农产品认知。

此外，上海本地户籍的消费者购买过地产农产品的可能性更大，这也反映出其对地产农产品的独特喜爱，尤其是对地产绿叶菜的偏好程度；学历程度越高的消费者购买过地产农产品的可能性越大，可能的原因在于，其更倾向于依据品牌、认证等标识来购买农产品，而不太在意和区分是否为地产农产品；家庭中有小孩的消费者购买过地产农产品的可能性更大，出于对农产品的质量尤其是质量安全更为重视，相比外地产农产品，上海地产农产品质量安全监管更加严格，因此家庭中有小孩的消费者更倾向于购买地产农产品；购买农产品频率低的消费者更倾向于购买地产农产品，可能的原因在于：一方面，购买频率低的消费者更加偏好类似社区支持农业模式等直接与上海本地合作社联系的选购方式，且每次购买农产品的量会相对较大；另一方面，购买频率低的消费者也可能更加习惯于在某一特定场所、或依据某一产品标识来选购农产品，如更习惯于购买某一特定品牌的地产农产品以节省时间成本，因此更易分得清和购买过地产农产品。其他购买目的—价格、购买需求满足、质量安全放心程度、原产地重视程度、购买渠道便捷性、质量信任程度等也显著影响消费者地产农产品购买行为。除了能分清和购买上海地产农产品，从促进上海农业高质量发展的角度，更希望消费者能可持续地购买地产农产品。户籍、年龄、购买目的—价格、购买目的—口感、购买渠道便捷性、质量信任程度6个变量显著影响消费者地产农产品常态购买行为。

最后，通过地产绿叶菜的典型案例分析得出，投标价格、蔬菜放心程度、地产蔬菜信任程度、性别、购买成员等5个变量显著影响消费者对地产绿叶菜的支付意愿。整体而言，消费者主要出于质量安全考虑，愿意为地产绿叶菜支付额外价格，相比外地产绿叶菜，消费者愿意为地产绿叶菜额外支付2.12元/千克。

第八章　基于政府推动的农业科技研发推广体系分析

随着工业化和城镇化进程的加快，上海农用土地与农业劳动力资源的稀缺阻碍了农业经济的发展，上海市不断加大农业科技投入力度，农业科技创新在农业经济增长中发挥着越来越重要的作用。本章内容首先围绕农业科技研发推广体系现状与存在问题，基于政府推动视角分析上海农业技术推广激励机制的不足，其次对农业技术推广人员从事农技推广工作积极性的影响因素进行分析，同时利用花卉的案例对农业经营主体对技术推广的满意度展开分析。

一、农业科技研发推广体系现状与存在问题

（一）数据来源与样本说明

本章主要利用对上海各涉农区的农业科技研发与推广人员开展的大样本问卷调查与典型案例调查展开研究。其中，农业技术推广人员问卷调查数据资料主要源于 2019 年 4—5 月对上海市 9 个涉农区农技人员进行的问卷调查。总共发放 612 份问卷，最终获得 602 份有效问卷。在所有有效问卷中，宝山 57 份，奉贤 101 份，嘉定 78 份，闵行 33 份，浦东 50 份，崇明 65 份，青浦 78 份，松江 81 份，相应占比如图 8-1。为确保问卷调查质量，在正式调研之前进行了预调研。

接下来对样本基本特征做以下说明。本次问卷调查的样本基本特征如表 8-1 所示。从性别看，男性受访者为 316 人，占总样本数的 52.50%；女性受访者为 286 人，占总样本数的 47.50%。从年龄看，$x \leqslant 30$ 岁有 89 人，占总样本数的 14.78%；$30 < x \leqslant 40$ 岁的有 198 人，占总样本数的 32.89%；$40 < x \leqslant 50$ 岁的有 153 人，占总样本数的 25.42%；$x > 50$ 岁的有 162 人，占总样本数的 26.91%。从单位看，区级单位的有 314 人，占样本数的 52.16%；镇级单位的有 288 人，占样本总数的 47.84%。从学历看，受访者学历大多集中在专科、本科水平，小学及以下学历人群占总样本数的 1.50%；初中学历人群占总样本数的 3.65%；高中及中专学历人群占总样本数的 6.15%；专科

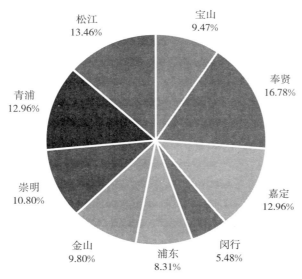

图 8-1　各涉农区有效问卷比例

学历人群占总样本数的 20.43%；本科学历人群占总样本数的 57.97%；研究生学历人群占总样本数的 10.30%。从职称看，受访者中以初级及以下为多，占总样本数的 41.36%；受访者为中级职称的有 237 人，占样本数的 39.37%；副高职称和正高职称的人数分别占总样本数的 17.77% 和 1.50%。从职位看，基层技术推广人员的人数最多，占比为 86.88%，主要领导和部门领导的占比较少，分别为 1.66% 和 11.46%。另外，从收入看，21.26% 的受访者月平均收入（税后）在 5 000 元以下；47.18% 的受访者月平均收入 $5\ 000 \leqslant x < 8\ 000$ 元；23.26% 的受访者月平均收入在 $8\ 000 \leqslant x < 10\ 000$ 元；7.81% 的受访者月平均收入在 $10\ 000 \leqslant x < 15\ 000$ 元；0.50% 的受访者月平均收入在 15 000 元以上。

表 8-1　样本基本特征

项目	类别	频数	比例（%）
性别	男	316	52.50
	女	286	47.50
年龄	$x \leqslant 30$ 岁	89	14.78
	$30 < x \leqslant 40$ 岁	198	32.89
	$40 < x \leqslant 50$ 岁	153	25.42
	$x > 50$ 岁	162	26.91

（续）

项目	类别	频数	比例（%）
单位	区级	314	52.16
	镇级	288	47.84
学历	小学及以下	9	1.50
	初中	22	3.65
	中专、高中	37	6.15
	专科	123	20.43
	本科	349	57.97
	研究生	62	10.30
职称	初级及以下	249	41.36
	中级	237	39.37
	副高	107	17.77
	正高	9	1.50
职位	主要领导	10	1.66
	部门领导	69	11.46
	基层技术推广人员	523	86.88
收入	$x<5\,000$ 元	128	21.26
	$5\,000\leqslant x<8\,000$ 元	284	47.18
	$8\,000\leqslant x<10\,000$ 元	140	23.26
	$10\,000\leqslant x<15\,000$ 元	47	7.81
	$x\geqslant15\,000$ 元	3	0.50

（二）上海农业科技研发推广体系发展现状与存在的问题

随着工业化和城镇化进程的加快，上海农用土地资源不断减少、农业劳动力资源供给不足等问题日益突出，土地和劳动力价格不断上升，为了保持农业生产的稳定增长，上海市政府不断加大农业科技投入力度，农业科技创新在农业经济增长中发挥了重要作用。总体来说，科技要素渗入上海都市现代绿色农业的发展路径可以概括为：围绕保障地产农产品有效供给、促进农民增收和农业可持续发展战略目标，上海都市现代农业发展的相关政策以加大农业科技创新与成果转化为立足点，以农业科技园区为主要空间载体，在农业生物化学技术、农业机械技术、农产品安全体系建设等领域加快推进农业机械化生产和农业技术创新，以规模化、机械化等现代农业的生产方式来降低生产成本。

上海实现乡村振兴的技术创新目标与发展思路应该是，围绕解决制约乡村振兴的重大技术瓶颈问题，着力创新一批关键核心技术，集成应用一批先进实用科技成果，示范推广一批农业可持续发展模式，打造一批科技引领示范村（镇），培育壮大一批新型农业生产经营主体，建立健全科技支撑乡村振兴的制度政策，基本满足乡村振兴和农业农村现代化对新品种、新装备、新产品、新技术和新模式等科技成果有效供给的需求。力争通过一段时间努力，农业全要素生产率显著提高，农业农村科技创新整体实力进入世界前列，科技支撑引领产业发展的现代化水平显著提高，农村生活环境显著改善，农业农村人力资源充分开发，专业化社会化科技服务水平明显提升。农业科技在乡村振兴战略中起到支撑引领作用。实施乡村振兴战略要充分依靠科技力量加快推进农业农村现代化，实现乡村振兴发展，必须依靠科技创新引领，强化农业科技创新转化。具体而言：一是要完善农业技术创新体系；二是要完善农业技术推广体系；三是要完善新型农业经营主体培训体系。

然而，当前中国现行的区域性农业科技支撑体系，基本上是计划经济时期确立的，农业技术供给、推广和教育培训均是政府主导的，体现了政府集中力量办大事的优越性，对中国农业和农村经济发展曾起到了巨大支撑作用。但是，随着社会主义市场经济体制的建立，现行区域性农业科技支撑体系及运行机制出现了许多问题，已不适应新时期农业及农村经济社会发展的要求，迫切需要进行重大调整和改革。突出的表现为：农业科研机构布局不合理，内部结构重叠，资源分散，加剧了地方农业科研活动的低水平重复和科研资源浪费；体制不顺，机制不活，缺乏动力，农业科技创新人才难以脱颖而出；旧的农业科技推广体系已经被打破，新的适合市场经济的农业科技推广服务体系尚未形成，农业科技推广工作处于不稳定的被动状态；农业科研、教育、推广割裂现象明显，科研目标与市场需求相脱节，农业科技服务于"三农"发展的流程不能相互衔接；农业科技管理缺乏顶层设计，政出多门，宏观调控乏力，微观管理不活，特别是联合攻关不够、重大科研突破少，不适应新形势下农业和农村经济发展的需要。从上海市层面来看，目前上海农业技术创新支撑体系总体上存在以下几个主要问题。

一是农业产学研一体化发展的体制机制有待完善。从目前来看，农业产学研的体制相对割裂，各自为政，农业科技的持续创新能力与发展现代农业的要求不相适应，知识创新能力还远未达到技术创新的要求。在科研项目方面，多数的项目以政府计划指导为主，缺少市场的调控和农民需求的调研，一些技术部门为了拿到科技项目，往往注重对科研项目的外包装，忽视了科研项目的真正落实。在农技推广方面，农业技术推广工作主要运用行政手段来完成，农业技术推广从本质上看还是一种政府行为。农户作为农业生产的微观主体，缺少自主选择生产技术的权利，推广什么、推广范围多大都由政府集中决策，而农民只能被动地接受推广技术。

二是农业科技成果转化能力不强。首先，农业科技成果转化渠道不畅。随着农业产业结构调整的加快，科研体系、成果转化体系和市场体系三者脱节的问题日益明显，尤其是成果转化体系已成为制约农业科技成果推广应用的"瓶颈"。由于产学研脱节、科研成果与农业生产的实际需求不相适应等原因，一些成果在实践中没有得到开发应用，无法转化为现实生产力；有的虽然进行了转化，但开发应用程度较低。农业科研院所存在强调研究开发、忽视市场需求，农技推广部门只管成果推广的传统体制弊端，造成了科研与市场接轨难，没有建立与农业产业链相适应的农业科技链。另外，当前科研部门尚未真正建立起较为完备的科技成果转化体系和较为完善的科研与生产一体化的利益共享、风险共担机制。其次，农业科技成果转化配套资金不足。上海农业科技投入增长缓慢，甚至有下降的趋势，与经济发展形势不适应。农业科研院所科研经费普遍不足，真正投入科技成果转化推广的经费更是捉襟见肘，致使农业科研机构普遍存在仅注重科研立项和成果申报，而无力开展成果开发与推广。同时，在科技成果转化过程中缺少对科研人员的激励措施，科技成果转化后科研人员不能真正得到实惠，导致科技创新的动力不足。

三是农业科技人才流失严重。当前上海农业科研单位在人才竞争中受到的压力越来越大，导致人才流失严重。一是高层次人才流失较为严重。在许多农业科研单位，人才非正常流动的形势越来越严峻。部分农业科研单位出现高层次人才离职的现象，包括单位出资委托培养的博士硕士，一定程度上降低了本单位的科技创新竞争力。二是中高级农业科技人才相对数量偏少，具有较高专业知识和素质的高层次人才比例偏低，数量较少。从人才结构来看，能够促进农业收入增加的养殖业、小作物、经济作物的科技人才较少，农产品深加工人才、农业经济人才、农业法律人才、农业贸易人才等复合型人才更是微乎其微，制约了上海都市现代农业的发展。同时，上海农业技术推广队伍年龄结构和知识结构配比也不尽理想（张莉侠等，2013）。

四是基层农业技术推广体系有待进一步完善。目前，基层农业技术推广机构尤其是乡、镇级农业技术推广机构，普遍存在职能定位不明确、工作经费得不到保障等问题。此外，科研院所、高等院校等在农业技术推广中的作用还没有充分发挥，一定程度上存在重科研、轻推广的现象。农业科技人员深入农村开展农业技术推广服务的积极性还不高，需要进一步激励和引导。

（三）上海农业技术推广激励机制的不足分析

激励问题是实现农业技术创新活动有效运行的核心。如何建立科学合理、行之有效的激励机制，满足不同级别科研院所的科研人员不同层次的需求，最大限度地激发科研人员的潜能，调动其工作积极性和创造性，已成为农业科研激励机制改革的主导方向。农业技术创新支撑体系激励机制，是农业技术创新支撑体系的动力来源，起着为农业科技投入与创新、农业科技成果转化、农业科技推广、服务与合作提供物质或精神激励的作用。其激励主体是各级政府；激励客体是既包括农业科技研发组织与个人，也包括农业科技推广、服务组织与个人，还包括直接从事农业科技生产与经营的组织与个人；激励方式既包括物质奖励，也包括非物质奖励，还包括政策扶持与配套措施支持等；激励目的在于推动各类主体加大农业科技投入，积极从事农业科技研发与创新，积极参与农业科技推广与服务，加强农业科技合作与成果应用，从而最终实现促进农业科技进步与农村产业发展的目标。下面主要从农业技术推广激励方面剖析当前上海农业技术创新支撑体系激励机制存在的问题。

一是对所获收入满意度不高和收入分配机制不完善影响农业技术人员推广积极性。从调查结果来看，农技人员对所获得的收入满意度不是很高，近三分之一的受访者表示对所获得的收入"不太满意"，占样本总数的 27.57%，表示"一般满意"的人数占比为 40.20%，表示"比较满意"的人数占比为 21.43%，对所获得的收入表示"非常满意"和"非常不满意"的人数都比较少，分别占比为 4.15% 和 6.64%。由此可以看

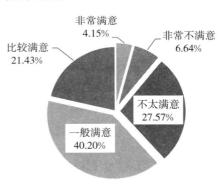

图 8-2　农技人员的收入满意度

出，上海农技人员对所获得收入的整体满意度并不高（图 8-2）。

另外，在关于农技人员工资、福利、津贴与哪些项目有直接的关系的调查中，71.59% 的受访者表示与职位和职称的高低有关，33.06% 的受访者表示自己是固定工资，与其他无关，6.81% 的受访者表示与给农民带来的经济效益有关，6.31% 的受访者表示与推广面积、推广次数有关，3.82% 的受访者表示与推广的品种数量有关，另外，有 1.16% 的受访者表示与其他有关（图 8-3）。由此可见，当前的收入分配机制更看重的是农技人员的职位职称，固定工资也占了不少比重，而和农技人员推广的农业技术给农户带来的经济效益以及用推

广面积、推广次数和推广品种数量等衡量的农技人员的推广努力的挂钩程度不够。因此，亟待完善收入分配机制以更好地调动农技人员的推广积极性。

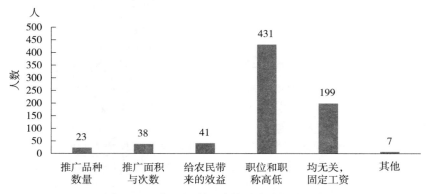

图8-3　工资、福利、津贴的直接影响因素

二是推广经费的充裕程度和来源渠道影响农技员农业技术推广的积极性。根据调查结果显示，45.02%的受访者表示单位的推广经费"一般充足"，表示"非常充足"的占比为5.81%，"比较充足"的占比为31.56%，"比较欠缺""非常欠缺"的占比分别为13.46%和4.15%（图8-4）。虽然从总体上看，农技推广单位的经费较为充足，但也有近18%的农技人员表示单位的农技推广经费处于欠缺的状态。

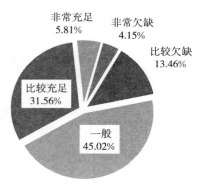

图8-4　单位农技推广经费充足程度

另外，根据调查结果显示，93.02%的经费来源于财政拨款，来自乡镇财政自筹的占比为15.78%，企业赞助的占比为1.16%，专业协会提供的占比为3.32%，此外，1.33%的经费来源于其他方面。因此可以看出，当前农技推广部门绝大多数的经费来源于财政拨款，来自乡镇财政自筹、企业赞助和专业协会提供的比例还较少，这从侧面反映了农技推广经费来源渠道的多元化不足。然而，政府可用于农技推广的财政资金毕竟有限，因此，未来应积极拓展农技推广经费的来源渠道，引导社会化资金积极参与农业技术推广工作，从而在更大程度上充裕农业技术推广资金，调动农技人员推广积极性。

三是推广工作不断提升对农技员推广知识和能力的要求，一定程度上制约着农技人员的推广积极性。通过调查发现，受访者中，54.98%的人表示自己

"非常愿意"通过学习或培训来更新自己的知识、提升自己的农技推广能力，37.71%的人表示"比较愿意"通过学习或培训来更新自己的知识、提升自己农技推广能力，表示"一般""不太愿意""非常不愿意"的人数不多，只占样本总数的6.13%、0.50%和0.50%（图8-5）。由此可见，农技人员想通过学习或培训来更新自己的知识、提升自己的农技推广能力的愿望普遍比较强烈，但从侧面也可以看出，随着农业技术的不断进步和农业现代化程度的不

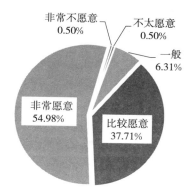

图8-5　提升农技推广能力意愿程度

断提高，大多数农技推广人员都面临着更新自己已有的农业技术推广知识和提升自身推广能力以适应农户不断增长的对现代农业技术需求的挑战。

四是农技推广激励机制不健全和农户接受技术的积极性和能力一定程度上影响农技员的推广积极性。在关于农技推广过程中遇到的困难的调查中，56.98%的受访者认为是农技推广激励机制不健全，认为农户接受技术的积极性不高的占比为45.35%，缺乏推广经费的占比42.36%，认为农户接受能力差和缺乏学习交流的机会或途径的占比分别为36.05%和36.88%。此外26.58%的受访者认为在农技推广过程中存在的困难是工资待遇不好，积极性不高；认为农技推广制度不合理占比为22.26%；认为自身推广能力缺乏的占样本总数的16.61%。由此可见，农技推广激励机制不健全和农户接受技术的积极性和能力一定程度上影响农技员的推广积极性。

二、农业技术推广人员从事农技推广工作积极性分析

新技术的供给是农业增长的首要条件。只有实现新技术的发明和传播，才能将新技术应用到农业生产中去。但目前中国的农业技术成果转化率仍然在中下水平，农业技术进步对农业经济增长的贡献水平依然不高（何竹明，2007），农业技术推广率低显著影响了中国农业产业兴旺步伐。舒尔茨（1987）把在农业实验站做研究工作的研究人员和在农业推广站工作的人员统称为农业技术的供给者。为增强农业科技推广人员的工作驱动力，2016年9月，财政部会同科技部、国家知识产权总局印发了《关于开展深化中央级事业单位科技成果使用、处置和收益管理改革试点的通知》，将科技成果的使用权、处置权和收益权从国家下放到科研院所和高校等事业单位，放宽财政权力以激励科研人员工

作热情。然而，一般来说，农业科研人员的技术研发和创新活动是一个知识积累的过程，其科研周期长、成果见效慢，因此，调动农业技术推广人员工作的积极性对缓解当前农业生产技术断层、技术研发与技术应用不匹配的矛盾有重要意义。

农技人员农业技术推广的积极性受多种因素的影响，如经费短缺、工资收入低、任务分配不合理、农技推广人员和农户科学素质有待提高等问题（王力，2009；胡瑞法等，2004；陈喜洲，2002）。丰军辉（2017）等研究表明，工作认可度及自我成就感与基层农技推广人员工作积极性正相关，单位同事示范作用以及农户信任对工作积极性具有显著正影响，而地方政府重视不足和技术设施条件落后则会显著抑制其工作积极性。另有学者针对西南贫困地区农户做了分析，发现初级农产品品种更换比例不高、农技推广途径单一，加大了农技推广工作的难度（庄天慧等，2013）。李学婷（2013）等采用因子分析法研究了76个农技推广机构数据，得出基础设施是影响农技推广工作积极性的最大原因。邓泰安（2018）等研究认为农业技术推广制度和推广机构的管理机制对农技推广人员的工作积极性也有显著影响。针对这些问题，专家学者们寻求多种途径调整推广结构，包括改革农技推广方式、促使农技推广方式多元化、增加资金来源、提高农民文化素质等（王力刚，2014；李东等，2012；张童阳等，2011）。有学者认为应取消政府主导的行政强推方式，建立农业技术成果和农户生产需求相结合的农技推广模式（杜祯玲，2019），还有学者建议将公益农技推广转化为市场运营（李艳军，2004）。为防止片面短期的激励无法准确衡量农技推广人员的付出，挫伤农技推广人员的积极性和创造性，有学者建议建立农技推广考评责任制（范亦新，2017），以推广工作的实际价值为基础而不是论文影响因子大小，来衡量农技推广人员的工作绩效（郭建静，2016）。还有学者认为应按照农技人员专业化、专家化的要求，解决好工资待遇、职务职称问题，为农技人员减负，调动农技人员积极性（陈俊红等，2018）。已有研究针对农技推广工作积极性限制因素做了较多分析，但还有部分因素未考虑在内。本研究在行为科学理论基础上，将未研究的环境激励因素及其他因素纳入模型分析并得出结论，为构建完善高效的农业技术推广体系，走出一条适合中国国情与上海市情的农业技术推广之路提供改进思路。

（一）理论分析

根据管理科学理论，人的行为是由动机决定的，寻求管理对象的激励效率必须识别员工的需要并且实现需要。美国管理学家罗宾斯把工作驱动力定义为员工通过高水平的努力而实现组织的目标愿望，而刺激员工积极性可从个人认知和外部环境两方面进行。农业研究机构和推广组织的使命是解决农业资源相对稀缺下的要素替代难题，促进农业技术革新和农业制度革新。激励农技组织成员首先要了解人的特点，本节将研究对象性别、年龄、学位等因素作为考察因素，并且把农业技术推广重要性、农业推广现状评价视作人的内在动机，利用职业选择体现农业技术人员对农业技术推广工作的价值观和使命感。早在泰勒的科学管理理论中就提出了经济刺激，农技人员收入高低、经费充足程度也明显地影响农业技术供给效率（曾欣龙，2011；盛岚，2010；刘怀，2005）。根据预调查结果，农技人员对收入及经费的满意程度存在分层，因此将经济影响分为收入水平、收入满意度、单位经费和收入关联因素纳入模型。美国心理学家亚当斯认为员工们总是在比较他们所获报酬的公平性，这种心理会改变员工对工作绩效的贡献率，而农技人员的实际工作绩效与报酬之间的转换标准会影响员工的心理平衡。目标实现难易程度会影响员工的工作积极性，农技推广人员的工作时间越长、强度越大则其承受的工作压力越大，农技推广目标实现的难度也就越大。农技推广时间受到技术复杂程度、农户接受能力高低的影响，分析农技推广时长增长变化与收入增长变化还可看出农技推广人员公平心理是否满足。

人不是孤立存在的，外界环境对农业技术人员的影响一直客观存在。赫兹伯格双因素激励理论中将员工与监督者的关系、公司政策、工作条件、与下属关系等工作内在的因素称为保健因素，实现这些因素可明显提高人们对工作的满意情绪。人际条件和结构条件体现农技人员所处环境的智能程度，农技人员既要接受聘用单位的监督和支持，又要传授农民先进技术并应用到农业生产中，环境阻力主要来自单位和经营主体。和普通企业员工相同，农技人员的工作热情主要来自于个人的成就感、自我实现的需要，经营主体认可度、单位认可度、农民接受能力和单位管理，这些因素的实现程度和水平的高低都会影响农业技术人员的工作动力和效率。另外，农业技术创新离不开农技人员的终身学习和知识积累，对知识逻辑组织来说，技能培训次数越高，组织应对行业变化的能力越强，对农业新变革的推广能力也越强。衡量工作成果和努力程度的标准的客观性和公平性，确定农技推广人员工作报酬、提拔或降级的单位考核办法的公正性，单位绩效评估考核的科学合理性，都有利于提高农业技术推广工作人员的努力程度，加快农业技术进步的步伐。

（二）农技推广人员从事农技推广工作积极性的描述分析

上海要高质量推进乡村振兴，离不开农业技术创新支撑体系的建立与完善，尤其是农业技术推广工作，其关键则是农业技术推广人员从事农业技术推广工作的积极性。要实现上海乡村振兴技术创新支撑体系激励机制的优化，必然首先要厘清农业技术推广人员从事农业技术推广工作的积极性如何，其次要全面深入剖析影响农业技术推广人员工作积极性的因素有哪些。接下来，本研究立足上海实际，依托问卷调查数据，对农业技术推广人员工作的积极性及其影响因素展开描述统计分析和计量模型分析。

调查发现，602位受访农技推广人员中，33.72％的人表示自己对农业技术推广工作非常积极，56.64％的受访者表示对农业技术推广工作比较积极，表示一般积极的人数不多，只占样本总数的8.64％。此外，只有个别受访者认为自己很不积极和不太积极，占比分别为0.66％和0.33％（图8-6）。可见，农业技术推广人员对农技推广工作的积极性总体较高，上海实现产业兴旺、高质量推进乡村振兴离不开农技推广人员对农技推广工作的积极参与。

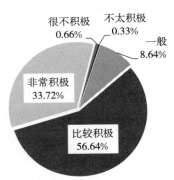

图8-6　农技推广人员从事农技推广工作的积极性

此外，当问及对农业技术推广工作重要性的评价时，61.13％的受访者认为农业技术推广工作非常重要，认为比较重要的人数次之，占比为32.89％，认为"一般""不太重要"以及"很不重要"的受访者占比较少，分别是2.99％、2.66％和0.33％。也就是说，从农技推广人员自身专业和实践角度来说，农技推广工作是非常重要的，但当前上海基层农业发展普遍存在农技人员短缺的难题。

关于农业经营主体和农技推广单位对农技推广人员工作的认可度，农业经营主体对农技推广人员的工作认可度和农技推广单位对农技推广人员工作的认可度和评价整体较高，但还有提升空间。具体而言，64.95％的农技推广人员认为农业经营主体对推广工作表示"比较认可"，表示"很认可"的人数有83位，占样本总数的13.79％，"一般认可"的受访者占比为20.27％，表示"很不认可"和"不太认可"的受访者很少，分别占样本总数的0.17％和0.83％（图8-7）。66.61％的受访者表示"比较满意"单位对自己工作的认可度，19.72％的受访者表示"非常满意"，表示"一般满意"受访者占比为13.12％，"不太

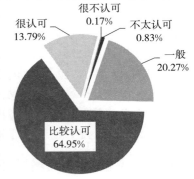

图8-7　农业经营主体对农技推广工作的认可度

满意"和"非常不满意"的受访者分别为 0.33％和 0.66％。

（三）农技推广人员从事农技推广工作积极性影响因素的计量分析

农业技术推广人员对农业技术推广工作的积极性是存在明显序次关系的名义变量,适合选用有序 Logistic 模型,因此,将农技推广人员从事农技推广工作的积极性从"很不积极"到"非常积极"分别赋值从 1～5,并构建如下模型:

$$\ln\left(\frac{P(y \leqslant j \mid x)}{1 - P(y \leqslant j \mid x)}\right) = \mu_j - \left(\alpha + \sum_{K}^{k} \beta_k X_k\right)$$

其中,α 为常数项,X_k 表示第 k 个解释变量,β_k 为第 k 个解释变量前相应的系数,μ_j 为残差项,考虑到实际观测变量有 5 种类别（即 5 个意愿等级）,因此共有 4 个 Logit 模型方程。

模型自变量定义与描述性统计如表 8-2 所示。

表 8-2　自变量定义与描述性统计

变量	定义	均值	标准差
单位性质	区级单位＝1,镇级单位＝0	0.52	0.50
性别	男＝1,女＝0	0.52	0.50
年龄	30 岁以下＝1,31～40 岁＝2,41～50 岁＝3,50 岁以上＝4	2.64	1.03
学历	小学及以下＝1,初中＝2,中专/高中＝3,专科＝4,本科＝5,研究生＝6	4.61	0.98
职称	初级及以下＝1,中级＝2,副高＝3,正高＝4	1.79	0.78
职位	领导＝1,基层技术推广人员＝0	0.13	0.34
个人月平均收入	5 000 元以下＝1,5 001～8 000 元＝2,8 001～10 000 元＝3,10 001～15 000 元＝4,15 000 元以上＝5	2.19	0.88
从事农技推广时间	从事农技推广工作的时间:5 年以下＝1,5～10 年＝2,11～15 年＝3,16～20 年＝4,20 年以上＝5	3.26	1.57
农技推广时间比重	农业技术推广时间占您总的工作时间的比例:20％以下＝1,21％～40％＝2,41％～60％＝3,61％～80％＝4,80％以上＝5	3.53	1.20
收入满意度	对目前所获得的收入满意度:非常不满意＝1……非常满意＝5	2.89	0.95
收入关联因素	工资收入等是否固定:是＝1,否＝0	0.25	0.43
技术推广类别	主要推广的技术类别:粮食蔬菜＝1,畜牧水产＝0	0.87	0.34
技术推广重要性	认为农业技术推广工作重要吗:很不重要＝1……非常重要＝5	4.50	0.81
农技推广现状评价	对目前国家的农业技术推广工作现状的评价:非常差＝1……非常好＝5	3.66	0.75

（续）

变量	定义	均值	标准差
职业选择	假如有其他工作机会，是否会放弃农技推广工作：会＝1，不会＝0	1.79	0.40
经营主体认可度	农业经营主体对您技术推广的认可度：很不认可＝1……很认可＝5	3.91	0.62
单位认可度	单位对您工作的认可程度：很不满意＝1……非常满意＝5	4.03	0.63
农民接受能力	农民对您技术推广培训工作的接受能力：很差＝1……很强＝5	3.68	0.67
技能培训次数	单位每年对您有几次技能培训：0 次＝1，1～3 次＝2，4～6 次＝3，7～12 次＝4，12 次以上＝5	2.26	0.70
单位推广经费	所在单位的推广经费是否充足：非常欠缺＝1……非常充足＝5	3.21	0.90
单位管理水平	所在单位在技术推广方面的管理水平：很差＝1……很好＝5	3.94	0.71
单位考核办法	所在单位的绩效考核办法：很不合理＝1……非常合理＝5	3.44	0.85

　　本研究利用软件 Stata13.0 进行模型估计。模型估计结果如表 8-3 所示。可知，模型伪 R^2 值为 0.2503，极大似然值为 287.03，其相应 P 值为 0.0000，可见模型拟合优度和整体显著性都很好。

表 8-3　模型估计结果

变量	系数	Z 值
单位性质	−0.3471*	−1.65
性别	−0.0107	−0.06
年龄	−0.0276	−0.16
学历	0.0083	0.07
职称	0.1707	1.03
职位	0.1182	0.39
个人月平均收入	0.1665	1.22
从事农技推广时间	0.0670	0.64
农技推广时间比重	0.3636***	4.12
收入满意度	−0.1230	−1.08
收入关联因素	0.4373*	1.86
技术推广类别	−0.1441	−0.54
技术推广重要性	0.8502***	6.59
农技推广现状评价	0.5571***	3.36
职业选择	0.2749	1.12
经营主体认可度	0.5604***	2.78
单位认可度	0.5841***	3.22

（续）

变量	系数	Z 值
农民接受能力	0.3829**	2.22
技能培训次数	−0.0159	−0.12
单位推广经费	−0.1276	−1.16
单位管理水平	0.5077***	2.82
单位考核办法	−0.0063	−0.05
截距项 1	8.8126	
截距项 2	9.2478	
截距项 3	12.2231	
截距项 4	16.4681	
Pseudo R^2	0.2503	
LR chi^2	287.03	
Prob	0.0000	

注：*、**、***分别表示 10%、5%、1% 的显著性水平。

从表 8-3 中可以看出，农业技术推广人员工作的积极性主要受到单位性质、农技推广时间比重、收入关联因素、技术推广重要性的认知、农技推广现状评价、经营主体认可度、单位认可度、农民接受能力、单位管理水平等因素的影响。

第一，单位性质对农业技术推广人员工作的积极性具有显著的负向影响。即区级单位的农业技术推广人员相对于镇级农业技术推广人员来说，其对农业技术推广工作的积极性更低。这是因为相对于镇级农技推广人员来说，区级农技推广人员面临着更为繁重的农业技术推广任务，待遇却没有大幅的提升。另外，区级农技推广人员由于处于较高的农技推广平台上，其对自己的职业发展规划或薪资待遇的要求往往也较高，如果实际情况没有达到其预期，可能就会降低其从事农业技术推广工作的积极性。

第二，农技推广时间比重对农技推广人员工作的积极性存在显著的正向影响。这说明农技推广时间的延长并没有锉削推广人员的热情和恒心，反而在工作积累的过程中农技推广人员掌握了要领和经验，激励农技人员通过传播农业新技术、新举措来实现自身社会价值。中国农业市场规模庞大，包括种植、畜牧、水产、农产品加工、运输、销售等多环节，农业技术的巨大缺口会促使农业部门通过"高薪优待"等人才计划来获得农技人员在本单位的长期任职，促进农业技术与农业产业融合和相互激励。

第三，技术推广重要性对农技推广人员工作的积极性存在显著的正向影响。

技术推广重要性来源于被调查者对推广工作的性质描述，体现被调查者对从事农业推广工作的自我激励和正强化意识，目前市场上的农产品大多数是劳动密集型的初级农产品，生产效率的提高将推动农产品销售种类由劳动密集型向资本密集型过渡，社会分工更加专业化，因此可通过加强职业文化输出增强农技推广人员对农业技术推广工作的认同感、依赖感，从而提高其工作积极性。

第四，农技推广现状评价对农技推广人员工作积极性具有正向影响。农技推广现状评价体现农技推广人员对农技推广工作的整体态度，结果显示，农技推广现状评价越高，农技推广人员工作积极性越高，越促进农业技术的广泛普及。说明农技推广人员对行业的主观预期和判断态度对工作效率具有显著影响。农业天然的弱质性、工农业的"剪刀差"使得基础农业难以分得较大的利益份额，但农业技术的创新将带来优势农产品的市场扩大，加上科学技术的先导功能可带动农业产业加快发展，提高当下的农业技术推广水平。

第五，经营主体认可度、单位认可度对农技推广人员工作积极性具有显著正向影响。经营主体主要指农户和接受新技术的农业企业，经营主体认可度直接反映了农技推广人员的工作绩效。中国农业科学技术对农业效益贡献水平不高，农技推广人员应当结合农户或农业企业的自身需求完成指导，在宣传普及科技新方法时以用户实际农业生产模式为基础，始终代表最基层农户的利益。农技推广人员的工作能力越受到单位的认可和信赖，农技推广人员的工作积极性越高。根据马斯洛需求层次理论，农技推广人员有着被人尊重的需要，鼓励农技人员时应结合上级赞扬和委以重任等情感激励方式。

第六，农民接受能力和单位管理水平对农技推广人员工作积极性具有显著正向影响。农民对新技术的领悟能力和文化素质高低直接影响农业技术的规范开展。目前国内已经建立起科技示范园区，将复杂的科技原理转化为农民可接受的内容体系。开办技术培训班，增加科普知识宣传，以减少信息传递过程中的摩擦和损失。单位管理水平包括基础设施建设和人事关系维持，其中基础研究水平的高低直接影响科技成果的形成，对解决农业生产过程中的疑难问题至关重要。另一方面，单位的行为规范制度也制约着农技推广人员的工作态度，标准化的监管体系可以促进单位公正合理的内控能力，培养农技推广部门积极热情、高效有序的工作风气。

三、农业经营主体对技术推广的满意度分析：花卉的案例

近年来，得益于国际化大都市的区位优势，上海花卉产业取得了长足发

展，积累了一定的技术成果，逐步形成了良好的产业格局。花卉产业的发展为上海城市发展增添了亮色与活力，美化了环境，陶冶了情操，提高了人们生活的幸福感、获得感和满意度，有助于促进人与自然的和谐。上海花卉产业的快速发展为中国国际花卉园艺博览会、中国花博会等在上海的举办打下坚实基础，这有助于上海加快推进"五大中心"建设以及"四大品牌"打造，实现上海高质量发展，更有助于提升上海在国内乃至世界上的知名度和影响力。

随着生活质量的不断提高，人们对花卉产品的消费不断攀升，这突出反映了人们对高品质生活的向往。花卉产品丰富，产业链很长，不仅有鲜切花、盆花、种苗种球、观赏植物等，还有花茶、花药、花卉食品等，具有广阔市场前景。上海发展花卉产业具有良好的技术、交通和市场优势。上海拥有实力雄厚的花卉研发的科研机构、拥有便利的陆海空交通条件以及广阔的市场需求空间，大力发展花卉产业是上海农业未来发展方向之一。然而不可否认的是，上海花卉产业发展在技术创新等方面还存在不足，技术创新支撑体系有待进一步完善。相对于国外成熟的花卉市场，上海花卉业在技术创新、品种结构、组织建设、市场培育等方面还存在诸多问题。

（一）数据来源与样本说明

本研究数据资料主要源于 2020 年 4 月对上海市 7 个花卉产区的经营主体进行的问卷调查。最终获得 70 份花卉经营主体的有效问卷。在所有的有效问卷中，宝山 6 份、崇明 21 份、奉贤 3 份、金山 14 份、闵行 4 份、浦东 20 份、松江 2 份。调查对象的选取采用随机抽样，按照一对一访谈的形式进行调查。为确保问卷调查质量，在正式调研之前进行了预调研。需要说明的是，鉴于上海花卉种植主体数量少，总计只有一百多家，因此本研究问卷调查了 70 家花卉经营主体，相对而言，已属于较大样本，足以支撑本研究。

接下来对样本基本特征做以下说明。本次问卷调查的样本基本特征如表 8-4 所示。从性别看，男性受访者为 47 人，占总样本数的 67%；女性受访者为 23 人，占总样本数的 33%。从年龄看，$x \leqslant 30$ 岁的有 6 人，占总样本数的 8.57%；$30 < x \leqslant 40$ 岁的有 22 人，占总样本数的 31.43%；$40 < x \leqslant 50$ 岁的有 24 人，占总样本数的 34.29%；$50 < x \leqslant 60$ 岁的有 12 人，占总样本数的 17.14%；$x > 60$ 岁的有 6 人，占总样本数的 8.57%。从学历看，受访者学历大多集中在高中、大专、大学以上，初中学历人群占总样本数的 10%；高中学历人群占总样本数的 32.86%；大专学历人群占总样本数的 31.43%；大学及以上人群占总样本数的 25.71%。从农用地或水域面积来看，$x \leqslant 10$ 亩的占比 25.71%，$10 < x \leqslant 100$ 亩的占比 37.14%，$100 < x \leqslant 900$ 亩的为 27.14%，

$x>900$ 亩的占 10％。其中种植花卉的面积，$x\leqslant10$ 亩的占 25.71％，$10<x\leqslant$ 100 亩的占比为 52.86％，$x>100$ 亩的占比为 21.43％。

表 8-4　样本基本信息

项目	类别	频数	比例（％）
性别	男	47	67
	女	23	33
年龄	$x\leqslant30$ 岁	6	8.57
	$30<x\leqslant40$ 岁	22	31.43
	$40<x\leqslant50$ 岁	24	34.29
	$50<x\leqslant60$ 岁	12	17.14
	$x>60$ 岁	6	8.57
学历	小学	0	0.00
	初中	7	10.00
	高中	23	32.86
	大专	22	31.43
	大学及以上	18	25.71
农用地或水域面积	$x\leqslant10$ 亩	18	25.71
	$10<x\leqslant100$ 亩	26	37.14
	$100<x\leqslant900$ 亩	19	27.14
	$x>900$ 亩	7	10.00
花卉面积	$x\leqslant10$ 亩	18	25.71
	$10<x\leqslant100$ 亩	37	52.86
	$x>100$ 亩	15	21.43

（二）花卉生产经营主体的生产与销售情况的描述分析

第一，花卉生产经营以合作社为主，产品以盆栽类为主，生产经营的花卉种子、种苗来源地多数为上海本地和国内其他地区，经济效益普遍较好，绝大多数生产经营者愿意继续从事花卉生产经营。调查发现，受访经营主体中，合作社占比为 44.29％，普通农户和其他占比分别为 22.86％ 和 20％，农业龙头企业和家庭农场分别占比 8.57％ 和 4.29％。此外，经营盆栽类的占总样本数量的 64.29％，球根类、种苗类、多肉植物分别占比 32.86％、31.43％、28.57％，鲜切花和其他的品种占比分别为 20％ 和 18.75％。关于种子、种苗来源地，分别有 64.29% 和 61.43% 的受访者表示生产经营的花卉种子、种苗来源地为上海本地和国内其他地区，来自国外的占比 37.14%。

关于花卉生产经营的经济效益，从 2019 年花卉生产经营纯收入来看，30万元及以下的占 44.29%，30 万～100 万元的占比 28.57%，100 万元以上的占比 27.14%。94.29% 的受访者表示愿意继续从事花卉生产经营，说明花卉生产经营的经济效益还是较高的，尤其是对于从事设施花卉生产的经营主体，更是属于高投入、高收益行业。这一点从花卉每亩净收益可以明显看出，从2019 年每亩净收益上来看，18.57% 的经营主体每亩净收益达到 10 万元以上，37.14% 的经营主体每亩净收益在 1 万～10 万元，35.71% 的经营主体每亩净收益不足 1 万元，8.57% 的经营主体表示亏损，这很大程度上说明了花卉的生产经营效益要远高于水稻、蔬菜，尤其是设施花卉的生产经营效益更高，甚至高达每亩上百万元，但同时也需要重视和规避花卉生产经营的市场风险。

第二，超过半数的花卉生产经营者没有自己的产品品牌，产品的宣传推广渠道仍以传统的客户口碑相传为主，缺少媒体广告宣传和政府推介，花卉销售渠道较为多样化，多数生产经营者都不同程度存在销售难问题。调查发现，拥有自己的品牌的占总样本的比例为 47.14%，没有自己的品牌的生产经营主体占比 52.86%。关于产品宣传推广渠道，受访者中，选择客户相传的占比91.43%，网络宣传占比 42.86，媒体广告、促销活动、政府推介分别占总样本比例为 15.71%、25.71% 和 21.43%，没有任何宣传推广渠道的占比为10%。可见，多数花卉生产经营者缺少媒体广告宣传和政府推介。关于产品定价，按照市场价的占比 55.71%，根据产品等级标准定价和按照合同约定固定价格的占比均为 18.57%，按照保底价、市场价若高于保底价则按市场价的占比为 1.43%。

关于产品销售渠道，以花卉市场摊位最多，不少花卉生产经营主体直接在花卉市场有自己的销售摊位，其次为门店销售和订单生产。受访者中，产品的销售渠道中花卉市场摊位占比 47.14%，门店零售和订单生产占比均为42.86%，电商占比为 34.29%，出口占比 10%。此外，产品销售难也是花卉生产经营较为常见的问题。调查发现，受访者中，认为产品偶尔存在销售难问题的占比为 50.00%，经常存在和一直存在的占比分别为 14.29%、22.86%，不存在的占比为 12.86%。也就是说，近九成花卉生产经营者不同程度存在花卉产品销售难问题，这与花卉产品缺少媒体广告宣传和政府推介有一定关系。此外，六成多受访者表示产品经常可以实现优质优价，但也有三成多受访者表示不能实现优质优价。由于消费者对花卉质量信息更难掌握，因此对于这种

"劣币驱逐良币"的现象同样需要引起重视，应加强政府对花卉产品的质量监管。

（三）花卉生产经营的技术创新支撑体系存在问题的描述分析

总体上讲，上海花卉产业技术创新存在的主要问题体现在以下几方面，主要商品花卉品种、栽培技术和资材等基本依赖进口，花卉种质资源开发利用不足，科研生产脱节，科技创新能力不强，成果转化率低，具有自主知识产权的花卉新品种和新技术较少。通过调查进一步发现，上海花卉生产经营的政策扶持与技术推广存在的具体问题如下。

第一，花卉生产经营的政策扶持力度仍有不足，设施建设和农业保险是花卉生产经营主体最迫切需要的政府帮助，而政府的支持主要聚焦于设施建设和补贴政策。调查发现，在花卉生产经营遇到的最大困难中，选择政策扶持力度不够的比重最高，其次为生产成本高，占一半以上。缺劳力、缺土地指标、产品销售难、生产成本高、配套设施不完善等比重较高，缺品种技术和自然灾害的占比相近，其他的比重最小。具体而言，受访经营主体中，认为遇到的最大困难是政策扶持力度不够占比 61.43%，其次为生产成本高占比 51.43%，缺劳力、缺土地指标、产品销售难、生产成本高、配套设施不完善占比分别为 40%、44.29%、35.71% 和 41.43%。缺品种技术和自然灾害的占比分别为 21.43% 和 18.57%，其他的占比为 8.57%。

关于花卉生产经营主体最需要政府部门提供的帮助，选择设施建设的比重最高，产销对接、产品宣传推广、市场信息、补贴政策支持占比相近，品牌技术和职业技能培训占比较少。具体而言，受访者中，认为设施建设是最需要政府部门提供的帮助，占比为 65.71%，农业保险占比为 51.43%，产销对接、产品宣传推广、市场信息、补贴政策支持占比分别为 40%、44.29%、35.71% 和 41.43%。品牌技术和职业技能培训占比分别为 27.14% 和 18.57%。此外，关于花卉生产经营获得政府的相关支持，选择设施建设和补贴政策支持的最多且比重相等，选择产品宣传推广、职业技能培训和农业保险的占比相近，选择品牌技术服务、产销对接和市场信息的占比较少。具体而言，设施建设和补贴政策支持的比重均为 34.29%，产品宣传推广、职业技能培训和农业保险的占比分别为 15.71%、18.57% 及 17.14%，产销对接和市场信息的占比分别为 7.14% 和 10%，品牌技术服务占比最少为 4.29%（图 8-8）。

第二，花卉生产经营主体对职业技能培训的需求较高，但实际接受职业技能培训的比例较低，花卉生产经营主体最需要的生产技术服务主要为农业机械服务、市场销售信息、新品种和政策解读。调查发现，受访经营主体中，非常

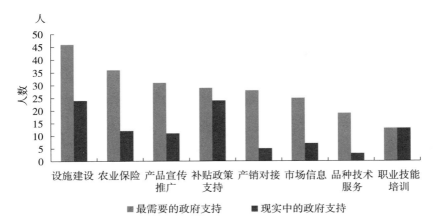

图 8-8 花卉生产经营最需要的政府支持与现实中的政府支持

需要花卉生产经营相关职业技能培训的占比 22.86%，比较需要花卉生产经营相关的职业技能培训的占比 32.86%，不太需要的占比为 21.43%，一般的占比 17.14%，根本不需要的占比 5.71%。关于花卉生产经营者职业技能培训，受访者中，表示政府没有提供过花卉生产经营相关的技能培训占比 51.43%，偶尔提供的占比 41.43%，经常提供的占比 7.14%（图 8-9）。

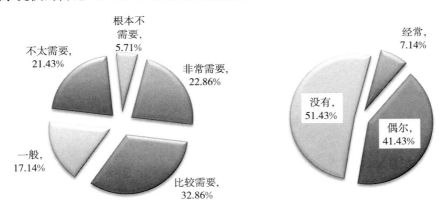

图 8-9 花卉生产经营职业技能培训需求与实际培训情况

关于目前最需要的花卉生产技术服务，农业机械服务和市场销售信息占比相同，新品种、政策解读、栽培管理的占比相近，保鲜包装、农药化肥施用技术及病虫害防治占比均为三成左右，其他的比重最低。具体而言，受访者中，认为目前最需要的花卉生产技术服务是农业机械服务和市场销售信息的比重均为 50.00%，新品种、政策解读和栽培管理的占比分别为 48.57%、45.71% 和 41.43%，保鲜包装、农药化肥施用技术及病虫害防治所占比重分别为

32.86％、30％和25.71％，其他的比重为14.29％。

第三，技术咨询服务要及时畅通，技术指导要有针对性是当前花卉技术推广服务中最需要改进的方面，花卉生产经营主体对政府的花卉生产技术指导服务的作用评价以及满意度都有待提升。调查发现，认为目前的花卉技术推广服务最需要改进的方面为技术咨询服务要及时畅通的比重最高，技术指导要有针对性的比重次之，新技术要容易被掌握、新技术要稳定有效、技术服务次数要增加占比相近，其他占比较少。具体而言，认为目前的花卉技术推广服务最需要改进的方面为技术咨询服务要及时畅通的比重最高为55.71％，技术指导要有针对性的比重为51.43％，新技术要容易被掌握、新技术要稳定有效、技术服务次数要增加占比分别为25.71％、22.86％和28.57％，其他为17.14％（图8-10）。

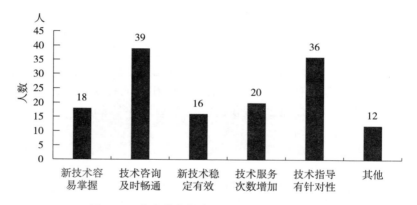

图8-10　花卉技术推广服务最需要改进的方面

关于对政府花卉生产技术指导服务作用或效果的评价，认为政府的花卉生产技术指导服务作用或效果作用一般的占比30.00％，作用很大和较大的占比分别为25.71％和24.29％，作用很小和作用不大的分别占7.14％和12.86％。此外，对农业主管部门的花卉生产技术推广工作情况评价表示一般满意的占比37.14％，比较满意的占比30.00％，非常满意的占比22.86％，不太满意和很不满意分别占8.57％和1.43％（图8-11）。

图8-11　对政府的花卉生产技术
指导服务作用的满意度

（四）花卉生产经营者对生产技术推广满意度影响因素的计量分析

农业技术推广对花卉生产经营具有重要作用，农技推广工作是否使花卉生产经营主体满意会直接影响花卉产业的健康有序发展，因此，研究花卉生产经营者对生产技术推广工作满意度影响因素具有重要现实意义。花卉生产经营主体对农业技术推广工作的满意度（从非常满意到很不满意）是存在明显序次关系的名义变量，适合选用有序 Logistic 模型，因此，将农业经营主体的满意度从"非常满意"到"很不满意"分别赋值从 1~5，并构建如下模型：

$$\ln\left(\frac{P(y \leqslant j \mid x)}{1 - P(y \leqslant j \mid x)}\right) = \mu_j - \left(\alpha + \sum_K^k \beta_k X_k\right)$$

其中，α 为常数项，X_k 表示第 k 个解释变量，β_k 为第 k 个解释变量前相应的系数，μ_j 为残差项，考虑到实际观测变量有 5 种类别（即 5 个意愿等级），因此共有 4 个 Logit 模型方程。

模型自变量定义与描述性统计如表 8-5 所示。

表 8-5　自变量定义与描述性统计

变量	定义	均值	标准差
性别	男＝1，女＝0	0.67	0.47
年龄	30 岁以下＝1，31~40 岁＝2，41~50 岁＝3，51~60 岁＝4，60 岁以上＝5	43.97	9.66
学历	小学及以下＝1，初中＝2，高中（含职高）＝3，大专＝4，大学及以上＝5	3.73	0.96
花卉面积	实际数值，单位：亩	382.24	2 384.05
经营收益	单位面积净收益，单位：万元	15.05	62.68
经营主体类型	合作社、企业＝1，其他＝0	0.57	0.50
产品类别—鲜切花	鲜切花类＝1，其他＝0	0.27	0.45
产品类别—盆栽	盆栽类＝1，其他＝0	0.64	0.48
种子种苗来源—上海本地	种子种苗来源地为上海本地＝1，其他＝0	0.61	0.49
种子种苗来源—国外	种子种苗来源地为国外＝1，其他＝0	0.37	0.49
品牌	有自己的品牌＝1，其他＝0	0.47	0.50
宣传渠道	有媒体广告、网络宣传、政府推介的宣传＝1，其他＝0	0.57	0.50
产品定价	市场自由定价＝1，其他＝0	0.56	0.50
产品销售渠道—门店零售	门店零售＝1，其他＝0	0.43	0.50

（续）

变量	定义	均值	标准差
产品销售渠道—花卉市场	花卉市场摊位＝1，其他＝0	0.47	0.50
产品销售渠道—电商	电商＝1，其他＝0	0.34	0.48
产品销售渠道—订单	订单＝1，其他＝0	0.43	0.50
产品销售渠道—出口	出口＝1，其他＝0	0.10	0.30
销售难问题	产品是否存在销售难问题：一直存在＝1……不存在＝4	2.53	0.99
优质优价	产品是否实现优质优价：总能实现＝1……根本不能实现＝4	2.14	0.77
疫情对种植影响	影响很大＝1……没有影响＝5	2.11	1.10
疫情对销售影响	影响很大＝1……没有影响＝5	1.73	0.95
技能培训需求	非常需要＝1……根本不需要＝5	2.54	1.22
政府技能培训	经常＝1，偶尔＝2，没有＝3	2.44	0.63
技术指导作用评价	认为农技推广部门技术指导的效果：作用很大＝1……作用很小＝5	2.51	1.21

本研究利用软件 Stata13.0 进行模型估计。模型估计结果如表 8-6 所示。可知，模型伪 R^2 值为 0.404，极大似然值为 75.67，其相应 P 值为 0.0000，可见模型拟合优度和整体显著性都很好。需要说明的是，虽然样本量不算很大，但从模型估计结果来看已足够说明解释相关问题。

表 8-6　模型估计结果

变量	系数	Z 值
性别	1.101	1.41
年龄	0.090**	2.09
学历	1.335***	2.85
花卉面积	−0.002	−0.83
经营收益	−0.017	−1.07
经营主体类型	0.779	0.90
产品类别—鲜切花	0.997	1.04
产品类别—盆栽	1.510*	1.83
种子种苗来源—上海本地	−0.027	−0.04
种子种苗来源—国外	−1.365*	−1.69
品牌	0.552	0.78

（续）

变量	系数	Z值
宣传渠道	−1.168*	−1.69
产品定价	−0.356	−0.52
产品销售渠道—门店零售	−1.511**	−2.09
产品销售渠道—花卉市场	1.009	1.41
产品销售渠道—电商	0.261	0.38
产品销售渠道—订单	−0.123	−0.17
产品销售渠道—出口	1.350	0.92
销售难问题	0.293	0.87
优质优价	−0.258	−0.51
疫情对种植影响	−0.233	−0.52
疫情对销售影响	0.251	0.49
技能培训需求	−0.481	−1.47
政府技能培训	−0.213	−0.34
技术指导作用评价	2.352***	5.10
截距项1	11.636	
截距项2	14.512	
截距项3	18.729	
截距项4	22.452	
Pseudo R^2	0.404	
LR chi^2	75.67	
Prob	0.000	

注：*、**、***分别表示10%、5%、1%的显著性水平。

由模型估计结果可知，年龄、学历、产品类别—盆栽、种子种苗来源—国外、宣传渠道、产品销售渠道—门店零售、技术指导作用评价等7个变量显著影响花卉生产经营者对生产技术推广工作满意度。具体而言：第一，年龄变量正向显著影响花卉经营主体技术推广工作满意度，即年龄越大的花卉生产经营主体对生产技术推广工作满意度低的可能性越大，或者可理解为年龄大的花卉生产经营主体对生产技术推广工作的满意度更低，这可能是因为，年龄大的生产经营主体对技术推广的接受程度相对较慢，部分技能培训更难理解，导致对技术推广工作的满意度不高。第二，学历变量正向显著影响花卉经营主体技术推广工作满意度，即学历越高的花卉生产经营主体对生产技术推广工作满意度低的可能性越大，或者可理解为学历高的花卉生产经营主体对生产技术推广工作的满意度更低，这可能是因为，高学历生产经营主体对技术推广的要求更高，希望获得更全面深入的技术服务等，现有技术推广工作难以很好满足其技术需求。第三，产品类别—盆栽变量正向显著影响花卉经营主体技术推广工作满意度，即产品为盆栽类的花卉生产经营主体对生产技术推广工作满意度低的可能性更大，这可能是因为，盆栽类花卉生产周期更长、品种更多，对技术要求也相对更高，现有技术推广工作难以很好满足其技术需求。第四，种子种苗来源—国外变量反向显著影响花卉经营主体技术推广工作满意度，即花卉种子种苗来自国外的花卉生产经营主体对生产技术推广工作满意度低的可能性更小，这也反映出国内种子种苗技术推广工作的不足，以及花卉生产经营主体对国内种子种苗技术推广工作的高要求。第五，宣传渠道变量反向显著影响花卉经营主体技术推广工作满意度，即有媒体广告、网络宣传、政府推介等宣传渠道的花卉生产经营主体对生产技术推广工作满意度低的可能性更小。第六，产品销售渠道—门店零售变量反向显著影响花卉经营主体技术推广工作满意度，即花卉产品通过门店零售的花卉生产经营主体对生产技术推广工作满意度低的可能性更小。第七，技术指导作用评价正向显著影响花卉经营主体技术推广工作满意度，即认为农技推广部门技术指导作用越小的花卉生产经营主体对生产技术推广工作满意度低的可能性越大，或者可理解为认为农技推广部门技术指导作用大的花卉生产经营主体对生产技术推广工作的满意度更高，这是易于理解的。

四、本章小结

本章主要利用对上海市 9 个涉农区农业技术推广人员进行的问卷调查数据，基于政府推动视角，实证分析了上海农业科技研发推广体系存在问题及原因，得出以下结论。

首先，上海实现乡村振兴的技术创新目标与发展思路应该是：一是要完善农业技术创新体系；二是要完善农业技术推广体系；三是要完善新型农业经营主体培训体系。目前上海市农业技术创新支撑体系总体上存在以下几个主要问题：农业产学研一体化发展的体制机制有待完善；农业科技成果转化能力不强；农业科技人才流失严重；基层农业技术推广体系有待进一步完善。上海农业技术创新支撑体系激励机制存在的问题在于：对所获收入满意度不高和收入分配机制不完善、推广经费的充裕程度和来源渠道、推广工作不断提升的对农技员推广知识和能力的要求、农技推广激励机制不健全和农户接受技术的积极性和能力四个方面影响农技员农业技术推广的积极性。

关于农业技术推广人员从事农技推广工作的积极性，其积极性总体较高，上海实现产业兴旺、高质量推进乡村振兴离不开农技推广人员的积极参与；从农技推广人员就自身专业和实践角度来说，认为农技推广工作是非常重要的，但当前上海基层农业发展普遍存在农技人员短缺的难题；关于农业经营主体和农技推广单位对农技推广人员工作的认可度，评价整体较高，但还有提升空间。通过计量模型分析也发现，农业技术推广人员的积极性主要受到单位性质、农技推广时间比重、收入关联因素、技术推广重要性的认知、农技推广现状评价、经营主体认可度、单位认可度、农民接受能力、单位管理水平等因素的影响。

进一步通过花卉产业的案例研究得出，上海花卉生产经营的技术创新支撑体系存在的问题表现在：对花卉生产经营的政策扶持力度仍有不足，设施建设和农业保险是花卉生产经营主体最迫切需要的政府帮助，而政府的支持主要聚焦于设施建设和补贴政策；花卉生产经营主体对职业技能培训的需求较高，但实际接受职业技能培训的比例较低，花卉生产经营主体最需要的生产技术服务主要为农业机械服务、市场销售信息、新品种和政策解读；技术咨询服务要及时畅通，技术指导要有针对性是当前花卉技术推广服务中最需要改进的方面，花卉生产经营主体对政府的花卉生产技术指导服务的作用评价以及满意度都有待提升。最后花卉生产经营者对生产技术推广满意度影响因素的计量分析得到：年龄、学历、产品类别—盆栽、种子种苗来源—国外、宣传渠道、产品销售渠道—门店零售、技术指导作用评价等7个变量显著影响花卉生产经营者对生产技术推广工作满意度。

第九章 基于要素驱动的农业土地确权制度分析

作为"三农"问题焦点的中国农村土地制度随着城镇化进程的加快出现了很多问题,影响了农村经济发展的进程。第七章、第八章分别从市场和政府的角度对上海地产农产品消费需求和农业科技研发推广体系进行了分析,考察不同要素对于农业发展动力的作用机理与作用效果。本章基于要素驱动的角度考虑,在对上海农业土地确权制度的内容分析的基础上,利用上海4个镇15个行政村759个农户的调查数据,对农业土地确权制度效应的理论与实证进行分析讨论,并重点解读上海崇明绿华镇农业土地确权的典型案例。

一、农业土地确权制度实施的现状分析

党的十八届三中全会对农村土地承包经营权确权登记工作提出了明确要求,2013年中央1号文件提出用五年时间基本完成农村土地承包经营权确权登记工作的要求。上海市顺应国家开展土地确权工作的号召,市农委、市财政局、市规划国土资源局、市政府法制办、市档案局发布了《关于全面开展本市农村土地承包经营权确权登记工作的实施意见》(沪农委〔2013〕145号),在九个涉农区开展试点工作,取得了成效,在产权明确、权益保障、纠纷化解、稳定社会方面取得了一定的进展。农村土地确权登记是基础。土地确权登记工作可以增加农户收入,并在维护土地流转秩序的情况下推进农业现代化、保护农户权益。

上海市农业委员会在其所发布的《上海市农村土地承包经营权确权登记工作规范》中明确指出,上海市农村土地确权工作应当严格执行《物权法》《农村土地承包法》《土地管理法》等有关土地承包经营权登记的规定,并参照《农村土地承包经营权证管理办法》规定的登记内容和程序开展登记工作。土地确权的核心是明确土地产权,这也是上海市土地确权工作的关键。土地产权是指有关土地财产的一切权利的总和,一般用"权利束"加以描述,土地产权包括一系列各具特色的权利,它们可以分散拥有,当聚合在一起时代表一个

"权利束"，包括土地所有权及与其相联系的和相对独立的各种权利。中国土地产权总体上可以分为：土地所有权、土地用益物权和土地他项权利三大类，其中土地他项权利包括土地抵押权、土地承租权、土地租赁权、土地继承权、地役权等多项权利。确立土地产权制度，明晰土地产权权利内容，在调整土地法律关系上有其重要作用。解决中国"三农"问题的核心是农村土地制度的完善，中国应完善农村土地权利体系和保障机制，并对农村产权组织予以重构。

家庭承包责任制就是中国农村土地制度的一个重大变革。家庭承包责任制是将集体所有、统一经营使用的土地制度变革为集体所有、家庭承包经营使用的土地制度，确立了多元产权格局，所有权和承包权分离。农民事实上成为生产经营权主体。土地确权实际上是要实现土地所有权归属集体，土地用益物权和土地他项权利归农民家庭所有这样一种格局，从而实现土地的最大化利用，有助于农民增收和就业。在这种新的产权制度格局下，农民在分配中是作为拥有部分产权的一方权利主体而存在的，农户通过"交够国家的，留足集体的"利益承诺，换取了土地的使用权和剩余索取权。

但随着农村市场化进程的加快，家庭承包责任制的局限性也逐渐显露出来。由于它对传统体制下形成的土地集体所有制的固有缺陷采取了回避态度，试图通过经营形式的改善来克服根源于所有制的产权缺陷，不仅没从根本上解决土地产权制度对农业持续增长的激励问题和对各经济主体的约束问题，还引发诸如集体所有权对经营权的侵蚀、农民土地承包权不稳定等新的矛盾。中国已存在土地承包经营权有偿退出的微观需求，并且部分农户的补偿诉求在合理的范围之内（王常伟等，2019）。随着家庭承包责任制对农业激励作用由潜能释放进入消散阶段，农地制度的又一次变革——土地流转应运而生。土地流转的实质是让农民不仅拥有土地使用权而且拥有在承包期内的转让权。应该说，土地确权是土地流转的前提和基础，只有明确土地产权，才能充分发挥土地的生产效能和提高土地的生产效率，让不愿意种地的人另谋职业，让愿意种地的人通过土地流转实现规模生产和规模效益；只有明确土地产权，才能避免土地流转的权属纠纷，尽可能消除土地流转纠纷引起的社会矛盾。

上海市土地确权很重要的一项工作就是土地确权登记颁证。农村土地承包经营权确权登记颁证作为一种物权登记，是对农民土地承包经营权权益的法律认可。经过确权登记颁证的农村土地，其用益物权性质体现更为明显，权能更加充分和完善。若该项工作扎实有效推进，在切实解决历史遗留问题、做到起点公平的基础之上确权颁证，则可将确权登记颁证作为"长久不变"的逻辑起点，明确宣布农村土地承包关系长久不变，亦即农村土地承包经营制度长久不变，农村土地承包所形成的全部权利义务关系长久不变，承包地块也不再调整。由于到二轮承包期满还有十多年的时间，经济社会仍将发生显著变化，二轮延包到期后应允许对土地承包关系做适当调整。根据城镇化进程较快的实际情况，对一些明显不公平的情况，比如早期由家庭多人户口迁出或迁入引起的承包权利不匹配的情况等，可做适当形式的调整，这样既与"长久不变"的内涵相一致，也与农村实际情况相吻合。

需要强调的是，调整应以保障农民基本利益为底线，调整方式一般采取确权确利的形式，并与农村集体产权制度改革有机结合起来。具体来看，本轮承包期满后，由于各地农村土地承包的基础和起点并不一致，应区别对待。一是对于长期实行"生不增、死不减"模式且自实行家庭承包经营制度以来土地承包关系就非常稳定的地方，农户对现有土地承包关系充分认可，二轮承包期满后可以不做调整。二是对于长期实行"大稳定、小调整"模式的地方，可在现有土地承包关系基本不变的情况下，针对历史遗留问题和个别特殊案例做最后一次小调整。三是对于极个别土地承包关系频繁大范围调整或者土地数量长期不清、分配不均的地方，要下大力气摸清底数，在本轮承包期满后，在群众充分认可的基础上重新调整分配。形式上可采取保障利益的做法（例如确权确利不确地、入股等），并结合正在推进的农村集体产权制度改革一并执行。

自 2011 年起，土地确权登记颁证工作在上海开始逐渐展开，2012 年底，基本完成有关农村宅基地使用权、农用地使用权、农村集体土地所有权的登记。上海市在 2017 年底全面完成农村土地确权工作，上海市的奉贤、金山等九个涉农区域的确权登记颁证均通过市级检查验收，有力促进了农村社会的和谐稳定。上海市的这一确权工作涉及 87 个乡镇、1 099 个村。参加确权颁证登记的农户有 55.76 万户，达到上海市应开展这项工作农户总数的 99.6%；有167.5 万亩土地参与了土地确权工作，占应确权登记颁证总面积的 99.6%（表 9-1）。

表 9-1　上海市 9 个涉农区确权情况

区域	村（个）	市级验收时间	农户（万户）	确权面积（万亩）	确权登记率（%）	权证到户率（%）
奉贤	131	2017.01	6.84	21.26	99.70	100
金山	107	2017.01	6.57	26.59	99.60	100
宝山	35	2017.09	0.82	2.08	99.50	100
闵行	62	2017.11	2.05	4.82	99.87	100
松江	73	2017.09	3.40	11.56	99.73	100
浦东	242	2017.10	11.39	23.03	99.73	100

（续）

区域	村（个）	市级验收时间	农户（万户）	确权面积（万亩）	确权登记率（%）	权证到户率（%）
崇明	270	2017.10	16.70	55.67	99.39	100
青浦	119	2017.11	5.60	16.73	99.50	100
嘉定	60	2017.12	2.39	5.76	99.80	100
总计	1 099	2017.12	55.76	167.5	99.60	100

注：青浦、嘉定开展土地确权的村数量是估计值；浦东、嘉定确权面积根据比例计算所得；青浦、嘉定确权登记率根据村级确权登记率抽样所得。

　　上海市的金山区及奉贤区在 2011 年被列为上海市土地确权工作的试点。金山区率先在 2012 年 5 月完成农村土地确权工作试点工作验收，金山区的土地确权工作取得了一定的成效，2 个镇 4 个村 88 个村民小组拥有了彩版承包地块位置图，有 3 181 户农户建立了确权登记簿，承包经营权证上附有承包地块位置图。2017 年 1 月，奉贤区及金山区均开展市级验收工作，奉贤区完成土地确权登记颁证有 131 个村，村民小组 1 942 个，农户 6.84 万户，土地确权面积 21.26 万亩，确权登记率达到 99.70%，权证到户率为 100%。金山区完成土地确权颁证工作的有 107 个村，涉及农户 6.57 万户，涉及土地确权面积 26.59 万亩，其中土地确权登记率达到 99.60%，权证到户率 100%。其他区也相继开展了市级验收工作，2017 年底基本完成。

二、农业土地确权制度效应的理论与实证分析

（一）农业土地确权效应的理论分析

　　土地确权中，产权是最核心的一个概念，一切工作都围绕产权展开。因此对土地确权进行分析的理论基础主要是产权理论。1991 年诺贝尔经济学奖得主科斯是现代产权理论的奠基者和主要代表，被西方经济学家认为是产权理论的创始人，他一生所致力考察的不是经济运行过程本身（这是正统微观经济学所研究的核心问题），而是经济运行背后的财产权利结构，即运行的制度基础。他的产权理论发端于对制度含义的界定，通过对产权的定义，对由此产生的成本及收益的论述，从法律和经济的双重角度阐明了产权理论的基本内涵。没有产权的社会是一个效率绝对低下、资源配置绝对无效的社会。能够保证经济高效率的产权应该具有以下的特征：明确性，即它是一个包括财产所有者的各种权利及对限制和破坏这些权利时的处罚的完整体系；专有性，它使因一种行为而产生的所有报酬和损失都可以直接与有权采取这一行动的人相联系；可转让

性，这些权利可以被引到最有价值的用途上去；可操作性。

清晰的产权同样可以很好地解决外部不经济（指某项活动使得社会成本高于个体成本的情形，即某项事务或活动对周围环境造成不良影响，而行为人并未因此而付出任何补偿）。美国芝加哥大学教授科斯提出的"确定产权法"认为在协议成本较小的情况下，无论最初的权利如何界定，都可以通过市场交易达到资源的最佳配置，因而在解决外部侵害问题时可以采用市场交易形式。科斯产权理论的核心是：一切经济交往活动的前提是制度安排，这种制度实质上是一种人们之间行使一定行为的权力。因此，经济分析的首要任务是界定产权，明确规定当事人可以做什么，然后通过权利的交易达到社会总产品的最大化。

国外学者对于土地确权效应的研究主要包括以下几个方面。第一类是以产权界定清晰所产生效应方面的角度进行研究。Feder 等（1988）认为，明确土地产权有利于提升农业绩效和市场收益。Ronail（1992）在假设交易成本为零和产权初始界定清晰的前提下，得出市场机制会形成"帕累托最优"的结论。第二类是从产权清晰对农户投资效应的角度来进行分析。Besley（1995）通过对农村土地产权制度与投资激励之间关系的研究，发现农村土地产权越完整，农民对土地投资就越大。相反一些产权不明确的地区，这一系列的投资较少。第三类是从土地确权对农业发展、土地流转、劳动力转移的角度来进行研究。Deininger（2003）认为稳定的土地使用权是农业发展的重要因素。Katrina 等（2011）认为中国存在经济效率低下的原因是农村土地产权的残缺。也有的学者认为确权产生的效应并不大，例如 Joshua 等（2004）通过研究发现政府对土地交易具有很强的干预作用，土地流转没有因为土地的私有化而快速发展。

国内学者对于土地确权效应的研究主要可归纳为，第一类是从农户投入角度来分析土地确权产生的效应，叶剑平（2010）、黄季焜（2012）等学者分别通过对不同时期、不同地域的横向纵向研究得出，有土地权利证明的农户会增加对土地的投资。第二类是从土地流转角度，刘玥汐等（2016）基于农民分化视角，得出土地确权对于土地流转有正向作用。康芳（2015）基于过去农村土地没有确权、土地在市场上不能流通的现状来分析中国农业规模化发展的障碍，得出土地确权是土地流转基础的结论。与此研究相呼应的有王玲、李胜利（2015）认为稳定的产权对于农地承包经营权流转具有促进作用，不稳定的产权则反之。第三类是从劳动力市场角度，牛丽涛（2016）通过研究农村土地确权对个人财产性收入、工资水平、健康状况和受教育时间长短四个方面的影响来分析土地确权对整个劳动力市场的影响，并且认为农村土地确权后产生的剩余劳动力，短期内会增加就业压力，长期来看会有助于创造更多工作岗位。第四类是从保护农户权益角度，赵阳等（2017）认为土地确权后，形成明晰的土地承包经营权，将有效排除其他主体对农民土地的非法侵占，维护农民合法的土地权益。金永杰（2017）认为农村土地确权工作的重要意义是保护了农民合法权益，并且提高了土地的利用价值。张雷等（2015）认为农地确权是保障农户农地权益的有效途径，而具体的确权方式对农户农地产权的保障程度有差异性。

　　总的来说，土地确权是深化农村土地制度改革的基础，本次土地确权工作有力地提高了土地管理和利用水平，维护了农民和土地权利人的合法权益，并在一定程度上促进了农业规模化经营。具体而言，一是维护了农民土地承包合法权益。过去农村土地存在着面积不准、四至不清等问题，通过土地确权工作健全了土地承包经营权制度，实现了土地承包经营权的登记管理，保障了农户收益的权利。二是推进了农业适度规模经营。通过本次土地确权登记颁证，农民的土地财产得到了保障，使得土地流转工作得以更加顺利地展开，有效促进农业适度规模经营的发展。三是推进土地"三权分置"。农村土地确权登记颁证在一定程度上明晰了农户土地承包经营权，从而为推进"三权分置"打下基础。

（二）农业土地确权效应的实证验证

1. 理论模型与变量选择

　　根据上文理论分析，本部分主要探索土地确权工作对农户土地流转、就业增收是否有积极作用及其影响因素，而这两个指标主要是通过"土地确权登记颁证对促进土地流转是否有积极作用""土地确权颁证对促进就业增收是否有积极作用"这两个问题农户的相关回答进行界定，农户回答"是"或者"否"，所以这两个因变量都是二分类离散变量，适合选用二元 Logit 模型。构建二元模型如下：

$$\ln \frac{P(Y=1)}{1-P(Y=1)}=\alpha+\beta X+\varepsilon$$

　　式中，被解释变量 Y 有两个，分别命名为 y_1、y_2。农户选择土地确权对土地流转有积极作用，因变量 y_1 取"1"；选择土地确权对土地流转没有积极作用，因变量 y_1 取"0"。土地确权对农户就业增收有作用，因变量 y_2 取"1"。土地确权对农户就业增收没有作用，因变量 y_2 取"0"。因此有 2 个二元 Logit 模型。另外，式中 α 是常数项，β 是解释变量前相应的系数，X 是解释变量，ε 是残差项。

　　模型变量选择及定义如表 9-2 所示。

表 9-2 模型变量选择及定义

变量	定义	均值	标准差
户主年龄	实际数值（周岁）	60.02	10.69
户主受教育程度	实际数值（年）	8.64	2.93
户主从业经历	有非农就业经历＝1，其他＝0	0.35	0.48
家庭纯收入	0～2万＝1；2万～4万＝2；4万～6万＝3；6万～8万＝4；8万以上＝5	3.27	4.35
农业收入比重	农业收入占家庭收入比重达到50%及以上＝1，其他＝0	0.60	0.49
土地面积	5亩以下＝1；5～15亩＝2；15～25亩＝3；25～35亩＝4；35亩及以上＝5	14.06	36.92
地块数量	1块＝1，2块＝2，3块＝3，4块＝4，5块及以上＝5	3.47	2.68
土地流转情况—转入	转入土地＝1，其他＝0	0.12	0.32
土地流转情况—转出	转出土地＝1，其他＝0	0.40	0.49
土地流转意愿—转入	希望转入土地＝1，其他＝0	0.19	0.39
土地流转意愿—转出	希望转出土地＝1，其他＝0	0.45	0.50
土地确权了解程度	对土地确权一村一方案的了解程度：非常了解＝1……很不了解＝5	2.20	1.10
土地确权支持态度	对本次土地确权工作的支持态度：非常支持＝1……很不支持＝5	1.96	1.06
土地确权满意度	对本次土地确权方案的满意度：非常满意＝1……很不满意＝5	2.08	1.11
时间损耗程度	土地确权过程中，损耗了我大量的时间精力：非常同意＝1……很不同意＝5	2.69	1.27
确权协商难度	土地确权过程中，村民与村民、村民与政府之间的协商很不容易：非常同意＝1……很不同意＝5	2.45	1.31
政府和村委会信任程度	对参与土地确权的镇政府和村委会很信任：非常同意＝1……很不同意＝5	1.82	0.98
农户信任程度	对参与土地确权的其他农户很信任：非常同意＝1……很不同意＝5	1.87	0.97
确权规范程度	认为土地确权的整个过程很规范：非常同意＝1……很不同意＝5	1.92	1.06
承包期限合理性	认为到2028年的土地承包期限太短：非常同意＝1……很不同意＝5	2.38	1.27
确权工作信心	对绿华镇土地确权工作的顺利开展充满信心：非常同意＝1……很不同意＝5	1.84	1.04
确权工作配合程度	会积极配合接下来的土地合同签订、土地确权颁证和经营费缴纳：非常同意＝1……很不同意＝5	1.76	1.01

（续）

变量	定义	均值	标准差
所在地—庙镇	庙镇＝1，其他＝0	0.09	0.28
所在地—堡镇	堡镇＝1，其他＝0	0.08	0.28
所在地—绿华镇	绿华镇＝1，其他＝0	0.74	0.44

2. 数据来源与样本说明

本部分数据源于 2016 年、2017 年对上海市崇明区绿华镇的华荣、华西、华星、绿港、绿湖、绿园 6 个行政村，港沿镇的建中、同心、合兴 3 个行政村，庙镇的庙西、民华、联益 3 个行政村，堡镇的桃源、财贸、花园 3 个行政村的农户进行的问卷调查。共获得 4 个镇 15 个行政村 759 个农户的有效样本。

本次问卷调查的样本基本特征如表 9-3 所示。首先是样本个体特征。户主年龄分布方面，$60 < x \leqslant 70$ 岁年龄段的受访者所占比例较大，占比 46.11%；其次为 $50 < x \leqslant 60$ 岁、$40 < x \leqslant 50$ 岁和 $x > 70$ 岁年龄段的受访者，所占比例分别为 22.53%、13.04%、11.73%；户主受教育程度方面，受访者受教育年数集中在 6 年和 9 年，分别占被调研总数的 27.40% 和 48.62%；户主有非农就业经历的占比 34.65%。其次是样本家庭特征。家庭收入方面，家庭纯收入在 $x < 2$ 万元的居多，占比 54.55%；22.00% 和 13.97% 的受访者家庭纯收入在 $2 \leqslant x < 4$ 万元和 $4 \leqslant x < 6$ 万元区间；家庭纯收入在 6 万元以上的受访者不足 10%。从农业收入比重看，农业收入所占比重在 50% 以下的有 302 户，所占比例为 39.79%；从土地面积来看，家庭土地面积为 5～15 亩的受访者所占比例最大，所占比例为 40.05%；其次是 $x < 5$ 亩，所占比例为 39.53%；家庭土地面积为 $15 \leqslant x < 25$ 亩的受访者所占比例为 13.44%。

表 9-3　样本基本特征

选项		频数	比例（%）
户主年龄	$x \leqslant 30$ 岁	11	1.45
	$30 < x \leqslant 40$ 岁	39	5.14
	$40 < x \leqslant 50$ 岁	99	13.04
	$50 < x \leqslant 60$ 岁	171	22.53
	$60 < x \leqslant 70$ 岁	350	46.11
	$x > 70$ 岁	89	11.73

（续）

选项		频数	比例（%）
户主受教育程度	3 年及以下	27	3.56
	6 年	208	27.40
	9 年	369	48.62
	12 年	106	13.97
	15 年	36	4.74
	15 年以上	13	1.71
户主从业经历	有非农就业经历	263	34.65
	无非农就业经历	496	65.35
家庭纯收入	$x<2$ 万	414	54.55
	$2{\leqslant}x<4$ 万	167	22.00
	$4{\leqslant}x<6$ 万	106	13.97
	$6{\leqslant}x<8$ 万	19	2.50
	$x{\geqslant}8$ 万	53	6.98
农业收入比重	50% 以下	302	39.79
	50% 及以上	457	60.21
土地面积	$x<5$ 亩	300	39.53
	$5{\leqslant}x<15$ 亩	304	40.05
	$15{\leqslant}x<25$ 亩	102	13.44
	$25{\leqslant}x<35$ 亩	18	2.37
	$x{\geqslant}35$ 亩	35	4.61

3. 农户对土地确权登记的认知与土地处理方式的描述分析

关于农户对土地确权登记工作的了解程度，受访者中有 256 人表示非常了解，占总样本数的 33.73%；213 人表示比较了解，占总样本数的 28.06%；196 人一般了解，占 25.82%；71 人不太了解，占 9.35%；23 人很不了解，占 3.03%。关于农户对土地确权登记工作的支持态度，受访者中有 333 人非常支持，占总样本数的 43.87%；比较支持和一般支持的受访者占比分别为 27.27%、20.29%；44 人不太支持，占比 5.80%；很不支持的有 21 人，占比 2.77%。关于农户对土地确权方案和工作的满意度，有 297 人表示非常满意，占总样本数的 39.13%；比较满意和一般满意的分别有 209 人、175 人，占比分别为 27.54%、23.06%；不太满意的有 51 人，占 6.72%；很不满意的有 27 人，占 3.56%。

关于农户认为土地确权登记很规范的问题，345 人认为非常规范，占总样本数的 45.45%；216 人认为比较规范，占总样本数的 28.46%；141 人认为一般规范，占 18.58%；27 人认为不太规范，占 3.56%；30 人认为很不规范，占 3.95%。关于农户认为土地确权登记的土地承包期限太短的问题，251 人认为土地承包期限非常短，占总样本数的 33.07%；182 人认为土地承包期限比较短，占 23.98%；175 人认为土地承包期限一般，占 23.06%；91 人认为土地承包期限较长，占 11.99%。关于愿意积极配合土地合同签订和土地确权登记工作的问题，396 人表示非常愿意配合土地合同签订和土地确权登记工作，占总样本数的 52.17%；217 人比较愿意，占 28.59%；102 人一般愿意，占 13.44%；另有 17 人和 27 人表示不太愿意、很不愿意，分别仅占 2.24%、3.56%。

关于农户的土地流转意愿，受访者中 142 人表示希望转入土地，占总样本数的 18.71%；342 人表示希望转出土地，占总样本数的 45.06%；275 人希望保持土地面积不变，占 36.23%。关于今后农户对土地的流转方式选择，540 人考虑将土地流转给他人，达到总样本数的 71.15%；341 人考虑流转他人的土地为己用，占 44.93%。此外，44.01% 的受访农户表示土地确权登记后，会考虑用产权抵押贷款；80.63% 的受访农户认为土地确权登记后，不再担心与他人发生土地纠纷；75.49% 的受访农户认为土地确权登记后，对土地使用方式会更加合理；62.71% 的受访农户认为土地确权登记后，会增加农业生产的投入。

4. 基于农户行为选择的农业土地确权制度效应的计量模型分析

模型估计结果如表 9-4 所示。可知，模型 1 的 Pseudo R^2 为 0.3066，Wald chi^2 为 137.46，其相应 P 值为 0.0000；模型 2 的 Pseudo R^2 为 0.2732，Wald chi^2 为 142.16，其相应 P 值为 0.0000；说明模型 1、模型 2 的拟合优度和整体显著性都很好。

表 9-4　模型估计结果

变量	模型 1		模型 2	
	系数	Z 值	系数	Z 值
户主年龄	0.0019	0.13	−0.0009	−0.07
户主受教育程度	0.0515	1.05	0.0265	0.67
户主从业经历	0.2226	0.73	−0.0193	−0.08
家庭纯收入	0.0698	1.26	0.0628	1.35
农业收入比重	0.4524 *	1.60	0.2068	0.89
土地面积	0.0092	1.44	0.0003	0.13

（续）

变量	模型 1		模型 2	
	系数	Z值	系数	Z值
地块数量	0.0399	0.80	−0.1135	−1.51
土地流转情况—转入	0.0548	0.12	0.6514	1.53
土地流转情况—转出	0.2980	1.08	0.1793	0.77
土地流转意愿—转入	0.1743	0.44	0.9285***	2.66
土地流转意愿—转出	0.4491	1.63	0.2997	1.30
土地确权了解程度	−0.5279***	−3.84	−0.1682	−1.36
土地确权支持态度	−0.1803	−1.08	−0.1906	−1.31
土地确权满意度	−0.8310***	−5.19	−0.8916***	−5.65
时间损耗程度	−0.1753	−1.27	−0.2774***	−2.69
确权协商难度	−0.0030	−0.02	−0.0487	−0.47
镇政府村委会信任程度	−0.0221	−0.11	0.5283***	2.91
农户信任程度	0.1519	0.71	−0.0463	−0.26
确权规范程度	0.1753	0.94	0.3137**	1.98
承包期限合理性	−0.2214*	−1.90	−0.2926***	−3.22
确权工作信心	0.0701	0.38	0.0143	0.08
确权工作配合程度	0.2138	1.28	0.1195	0.81
所在地—庙镇	1.5492*	1.86	−0.2354	−0.40
所在地—堡镇	2.9045**	2.07	0.0413	0.06
所在地—绿华镇	1.0297*	1.90	0.2939	0.57
常数项	3.4534***	2.73	4.4026***	3.83
Pseudo R²	0.3066		0.2732	
Wald chi²（25）	137.46		142.16	
Prob＞chi²	0.0000		0.0000	

注：*、**、***分别表示 10%、5%、1%的显著性水平。

由模型 1 估计结果可知，农业收入比重、土地确权了解程度、土地确权满意度、承包期限、所在地 7 个变量显著影响土地确权对土地流转的作用。首先，农业收入比重变量正向显著影响土地确权对土地流转的作用，即农业收入占家庭收入比重达到 50% 及以上的农户，表示土地确权对促进土地流转有积极作用的可能性更大。这易于理解，对于农业收入比重高的农户多数需要流转土地，而土地确权登记工作确实给这部分农户土地流转提供了制度前提。其次，土地确权了解程度、土地确权满意度都反向显著影响土地确权对土地流转的作用，即对土地确权一村一方案的了解程度越高的农户，表示土地确权对促进土地流转有积极作用的可能性越大，以及对土地确权登记工作满意度越高的农户，表示土地确权对促进土地流转有积极作用的可能性越大。第三，承包期限合理性变量反向显著影响土地确权对土地流转的作用，即对"到 2028 年的土地承包期限太短"观点同意程度越低的农户，表示土地确权对促进土地流转有积极作用的可能性越大，更易于理解的表述是对到 2028 年的土地承包期限合理性更赞成的农户，更加认可土地确权对促进土地流转有积极作用。第四，3 个所在镇的变量都显著影响土地确权对土地流转的作用，这表明农户所在地域的不同也导致土地确权对农户土地流转的作用呈现差异，这与不同镇在推进土地确权登记时的具体工作有很大关系。

由模型 2 估计结果可知，土地流转意愿—转入、土地确权满意度、时间损耗程度、镇政府村委会信任程度、确权规范程度、承包期限合理性 6 个变量显著影响土地确权工作对农户就业增收的作用。第一，土地流转意愿—转入变量正向显著影响土地确权工作对农户就业增收的作用，即希望转入土地的农户表示土地确权工作对农户就业增收有积极作用的可能性更大，新一轮土地确权登记为土地流转提供了制度保障，这对于希望转入土地的农业经营主体而言无疑是吃下了定心丸，不管是长期还是短期来看都有助于农户实现就业增收。第二，土地确权满意度反向显著影响土地确权对农户就业增收的作用，即对土地确权登记工作满意度越高的农户，表示土地确权对促进就业增收有积极作用的可能性越大。第三，时间损耗程度变量反向显著影响土地确权对农户就业增收的作用，即对"土地确权过程中，损耗了我大量的时间精力"观点同意程度越高的农户，表示土地确权对促进就业增收有积极作用的可能性越大。第四，镇政府村委会信任程度变量正向显著影响土地确权对农户就业增收的作用，即对"对参与土地确权的镇政府和村委会很信任"观点同意程度越高的农户，表示土地确权对促进就业增收有积极作用的可能性越小。第五，确权规范程度变量正向显著影响土地确权对农户就业增收的作用，即对"认为土地确权的整个过程很规范"观点同意程度越高的农户，表示土地确权对促进就业增收有积极作用的可能性越大。第六，承包期限合理性变量反向显著影响土地确权对农户就业增收的作用，即对"到 2028 年的土地承包期限太短"观点同意程度越低的农户，表示土地确权对促进就业增收有积极作用的可能性越大，这也意味着对到 2028 年的土地承包期限合理性更赞成的农户更加认可土地确权对促进就业增收有积极作用。

三、农业土地确权的典型案例：崇明绿华镇

（一）崇明绿华镇农业土地确权的制度设计

作为崇明最年轻的乡镇，绿华镇的土地是由 17 个人民公社在"老鼠沙"基础上围垦而来的，这也决定了绿华镇土地确权的复杂性、艰巨性，也因此导致土地确权问题延续至今。土地确权不管是从经济理论上还是法律法规上来讲，都是必要的，而随着城镇化、人口老龄化的加剧，绿华镇土地确权工作更是被提上日程。在崇明县委县政府的直接关心和支持下，绿华镇政府组建了由镇长、镇政府相关部门负责人、村支书、村民小组构成的土地确权工作推进体系，经过多方努力，2016 年 4 月 19 日最后一个村通过一村一方案表决，标志着绿华镇土地确权工作基本完成。绿华镇土地确权工作的完成具有非常重要的现实意义，首先有助于绿华镇顺利开展土地流转工作，其次极大推动了上海市土地确权工作向前迈进一大步，最后也为新形势下上海市乃至全国土地确权工作的开展积累了经验。

1960 年由县财政投资，成立崇明县芦草办事处，1963 年围地 300 亩，1968 年县委为解决渔民的陆上安置问题，将所围土地转让给渔业公社永红农副队。1971 年春，由三星、海桥、城北、合作等 4 个人民公社在"老鼠沙"进行围垦，围地 6 600 亩，同年冬季崇明县委、县政府决定大规模围垦"老鼠沙"，组织全县 17 个人民公社，出动民工 3.2 万余名进行滩涂围垦。1972 年"老鼠沙"围垦基本结束，同年 7 月 14 日崇委（72）字第 69 号文正式明确成立新建副业场。1975 年，渔业公社永红农副队划归新建副业场。1980 年 11 月，经县委、县政府批准，成立绿华农工商公司。1981 年绿华农工商公司又组织围土地 2 423 亩。1982 年冬按照县移民政策，从全县各个公社大量迁移农户。1984 年建立绿华乡，实行镇村两级核算。1995 年撤乡建镇。2002 年行政村合并由原来的 19 个村民委员会调整至现在的 7 个行政村。本次进行土地确权登记的是绿华镇下辖的 6 个村集体经济组织成员，包括绿湖村、绿港村、绿园村、华村星、华荣村、华西村。

一个良好的机制设计是土地确权工作顺利开展的关键。为进一步稳定和完善农村集体土地第二轮承包确权登记工作，绿华镇按照县委、县政府的工作部署，结合绿华实际，对确权登记工作中的一些核心和关键问题做出以下规定。

1. 稳定和完善土地确权登记的原则

本次土地确权是对第二轮承包关系进行完善，是以建立产权明晰、权益保障、流转规范、分配合理的农村集体土地产权制度为目标，进一步维护和保障

农村集体经济组织成员的合法权益。在稳定和完善土地确权登记过程中，要坚持四项原则。

依法依规的原则。严格按照《中华人民共和国农村土地承包法》等有关法律、法规实施，稳定和完善土地承包关系及登记工作。

尊重历史、注重现实的原则。土地确权登记，既要尊重历史，也要充分考虑当前土地使用的实际状况，兼顾历史和现实，稳步推进。

确权确股不确地和确权确利相结合的原则。开展土地确权登记工作，既要明确当前农户的土地承包经营关系，又要保护集体土地所有者的合法权益。针对绿华承包土地的复杂性和特殊性，采取确权确股不确地和确权确利相结合的原则，明确权利，保障利益，大稳定，小调整。

充分发挥村民自治的原则。要充分依靠广大村民群众，做到核实、确权、登记的每一个环节必须实事求是、尊重民意、保护权益，坚持民主决策、民主管理、民主监督，重大事项必须经村民会议或村民代表会议表决通过，并进行公示。

2. 关于几类相关人员的确权问题

无地户。符合确权的农户，经核实在其他乡镇已取得土地承包经营权，此次不予确权；在其他乡镇未取得土地承包经营权的，予以确权。

三峡移民。三峡移民以当时户口迁入本集体经济组织的人员为确权对象，予以确权。

服兵役人员。确权时点在部队服义务兵役的，予以确权。

在校大中专学生。确权时点户口迁往学校的在校大中专学生，予以确权。

出国劳务人员。确权时点户口暂存在派出所的出国劳务人员，予以确权。

"劳教""劳改"人员。确权时点正在"劳教""劳改"的人员，予以确权。

外省市婚嫁人员及其子女。现已将户口迁入本集体经济组织的外省市婚嫁人员及其子女，因政策因素在确权时点户口未迁入绿华，且经调查在原籍地没有取得土地承包经营权的，予以确权。婚嫁人员以结婚证为准，其子女以出生证为准。

其他人员。符合确权条件的其他人员，纳入本次确权范围。

3. 关于土地经营费收取标准和收益调配

土地经营费收取标准。本集体经济组织成员超出确权确股面积的土地采取一定的经济手段收取经营费，用于调配少于确权确股面积农户的确利，经营费收取标准由村民会议或村民代表会议讨论通过后执行。收费标准拟三年调整一次，其间一般不作调整。调整时根据物价指数、农产品价格上涨等综合性因素，由村民会议或村民代表会议讨论决定；非本集体经济组织成员经营的土地收费标准由本集体经济组织村民会议或村民代表会议讨论决定，逐步与县土地流转指导价相衔接。

收益调配。以本次确权人员为基础，以保证村级集体组织正常运转为前提，以实际收益决定调配为原则来实施村级集体经济组织收益调配。超出"1.4亩＋股权份额对应土地面积"的土地，按村民会议或村民代表会议确定的标准收取经营费，所收的经营费用于不足1.4亩确权确利及股权份额相对应的土地面积不足部分的利益调配。

4. 关于土地流转的有关问题

农户土地已转包的。农户经村委会备案将经营的土地转包给他人的，向现经营者收取土地经营费。未经村委会备案的，向该农户收取土地经营费。

承包集体橘园或鱼塘等土地后转包的。承包集体橘园或鱼塘等土地后，自行转包的向原承包方收取土地经营费，如原承包方已不存在的，应向受让方收取土地经营费；如通过村委会重新发包的，则向新的承包方收取土地经营费。

政府流转的公益林土地。政府流转农户的土地种植公益林的，其中超出该农户确权确股面积的土地经营费，由流出的农户承担。

5. 其他问题

跨村承包土地的。跨村经营的农户应在户口所在地的集体经济组织确权确股，经营其他集体经济组织的土地应按该村村民会议或村民代表会议讨论决定的标准缴纳经营费。

确权民主程序。在确权登记过程中，诸如人员确定、面积确定、实施意见等重大事项，必须按照规范程序和村民自治的原则，经村民会议或村民代表会议表决通过后执行。

相关补贴申报。村级组织对经营者在经营土地上申报有关涉农项目及支农惠农补贴的，须结清土地经营费，并到镇土地流转中心办理规范流转手续后，可办理申报手续。

确权工作经费保障。土地确权登记工作经费由财政保障，以村为主体单位操作。

法律法规与政策调整。本指导意见在第二轮承包期内如遇有关法律法规与相关政策调整，则按新的法律法规与政策执行。

（二）崇明绿华镇农业土地确权的效果分析

1. 数据来源与样本说明

村民问卷调查数据源于2016年底对绿华镇的华荣、华西、华星、绿港、绿湖、绿园6个行政村农户进行的调研。发放600份问卷，最终获得565份有效问卷，问卷有效率达到 94.17%。在所有有效问卷中，华荣村 72 份，占有效问卷数的 12.74%；华西村 70 份，占 12.39%；华星村 95 份，占 16.81%；绿港村 137 份，占 24.25%；绿湖村 57 份，占 10.09%；绿园村 134 份，占 23.72%。本次问卷调查的样本基本特征如表 9-5 所示。

从户主年龄看，$20 < x \leqslant 30$ 岁的有 9 人，占总样本数的 1.59%；$30 < x \leqslant 40$ 岁的有 21 人，占总样本数的 3.72%；$40 < x \leqslant 50$ 岁的有 67 人，占总样本数的 11.86%；$50 < x \leqslant 60$ 岁有 129 人，占总样本数的 22.83%；$60 < x \leqslant 70$ 岁的有 277 人，占总样本数的 49.03%；$70 < x \leqslant 80$ 岁的有 59 人，占总样本数的 10.44%；$x > 80$ 岁的有 3 人，占总样本数的 0.53%，由此可以看出绿华镇人口老龄化问题非常严重，年轻人群大量外流，从事农业劳动的多数是 60 岁及以上年龄段的老年人群。从学历看，受访者学历大多集中在小学和初中水平，分别占总样本数的 28.85% 和 49.03%，本科以上学历仅占比 1.42%，受访农户中未上学的比例占总样本数的 3.19%，中专占比 3.72%，高中占比 10.09%，大专占比 3.72%。从职业看，受访农户多以纯农业为主，以纯农业为职业的有 386 人，占比为 68.32%，以纯农业为主的有 115 人，占比为 20.35%，以非农业为主的有 38 人，占比为 6.73%，以非农业为职业的数量最少，为 26 人，占比 4.60%。

表 9-5　样本基本特征

选项		频数	比例（%）
年龄	$20 < x \leqslant 30$ 岁	9	1.59
	$30 < x \leqslant 40$ 岁	21	3.72
	$40 < x \leqslant 50$ 岁	67	11.86
	$50 < x \leqslant 60$ 岁	129	22.83
	$60 < x \leqslant 70$ 岁	277	49.03
	$70 < x \leqslant 80$ 岁	59	10.44
	$x > 80$ 岁	3	0.53
学历	未上学	18	3.19
	小学	163	28.85
	初中	277	49.03
	中专	21	3.72
	高中	57	10.09
	大专	21	3.72
	本科及以上	8	1.42

（续）

选项		频数	比例（%）
职业	无非农就业经历	386	68.32
	有非农就业经历	179	31.68

2. 农户对土地确权一村一方案的了解情况与签约成效

农户对土地确权一村一方案的了解程度是检验绿华镇土地确权工作推进情况的最直接的指标。调查显示，在受访的 565 位农户中，154 个农户表示非常了解绿华镇土地确权一村一方案，占总样本数的比例为 27.26%；146 个农户表示对此方案比较了解，占 25.84%；178 个农户表示对此方案一般了解，占 31.50%；65 个农户表示对此方案不太了解，占 11.50%；22 个农户表示对此方案很不了解，占 3.89%。总体而言，受访农户对一村一方案的了解程度较高。

在农户了解土地确权一村一方案的渠道方面，村干部和镇政府干部发挥了很大作用。调查发现（详见图 9-1），81.42% 的受访农户表示通过村干部了解到土地确权一村一方案内容，24.96% 的受访农户表示通过镇政府干部了解。虽然现在是互联网媒体时代，但显然在老龄化严重的绿华镇，电视广播、报纸杂志和网络发挥的作用相对有限，土地确权方案的宣传和解释主要还是靠村干部和镇政府干部，特别是离不开村干部的努力。

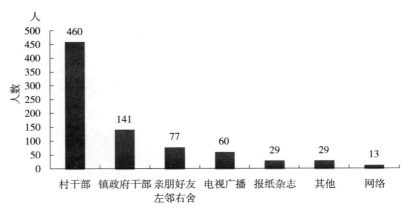

图 9-1　农户对绿华镇土地确权方案的了解渠道

注：由于该题目为多选，所以频数和比例加总大于 565 和 100%。

为确保村民会议一次性表决通过一村一方案，镇、村两级成立工作组，深入每家每户宣传一村一方案，征求意见并签字，各村在意见征询同意率 90% 以上方开始一村一方案表决。同意票数超过应到户代表的 2/3 以上，表决结果有效，土地确权的方案表决通过。2016年3月9日绿港村以94.16%的同意率第一个通过一村一方案表决，为绿华镇土地确权工作起到了引领和带头作用，4月19日华星村最后一个通过一村一方案表决，标志着绿华镇土地确权工作得到了绝大多数农户的拥护和支持。6个村中有5个村同意率在93%以上，其中最高的是华荣村97.13%。一村一方案表决完成后，各村相继开始有关合同的签订。根据不同的对象，签订承包合同、经营合同、流转合同等有关合同。截至10月8日，全镇已签合同的农户2950户，占总户数的95.35%，其中绿港村签约率达到99.08%。

3. 土地确权的农民满意度评价

农民是否满意是衡量绿华镇本次土地确权工作是否成功的重要标准。调查发现（图9-2），172个受访农户表示对本次土地确权一村一方案非常满意，占总样本数的30.44%；170个农户表示比较满意，占30.09%；153个农户表示一般满意，占27.08%；47个农户表示不太满意，占8.32%；23个农户表示很不满意，占4.07%。可见，农户对本次土地确权一村一方案的整体满意度是比较高的，只有12.39%的受访农户对一村一方案表示"不太满意"或"很不满意"。

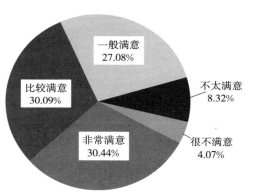

图9-2　农户对本次土地确权一村一方案的满意度情况

另外，还调查了农户对土地确权过程中镇政府干部和村干部工作的满意度情况。调查发现，177个受访农户表示对镇政府干部和村干部工作非常满意，占总样本数的31.33%；182个农户表示比较满意，占32.21%；151个农户表示一般满意，占26.73%；30个农户表示不太满意，占5.31%；只有25个农户表示很不满意，占4.42%。由此也可以看出，农户对土地确权过程中镇政府干部和村干部工作的整体满意度还是比较高的，只有不到10%的受访农户表示不满意。

关于农户对土地确权工作的支持态度，调查发现，206位受访农户对本次土地确权工作表示非常支持，占总样本数的36.46%；160人表示比较支持，占28.32%；136人表示一般支持，占24.07%；44人表示不太支持，占7.79%；19人表示很不支持，占3.36%。可见，农户对绿华镇本次土地确权工作的整体支持态度还比较拥护的，只有11.15%的受访农户对本次土地确权工作的开展持不支持态度。另外，在土地确权过程中，176 位受访农户将自己参与本次土地确权工作的积极性评价为非常积极，占总样本数的 31.15％；166 人认为是比较积极，占 29.38％；171 人认为是一般积极，占 30.27％；34 人自评为不太积极，占 6.02％；18 人自评为很不积极，占 3.19％。总体来说，大多数人对自己参与本次土地确权工作的积极性评价都较高。

截至 2016 年底，绿华镇各行政村已基本完成一村一方案表决和土地合同签订，但镇政府干部和村干部都对接下来的土地经营费缴纳工作表示一定程度的担忧。在询问农户对"我会积极配合接下来的土地合同签订、土地确权颁证和经营费缴纳"这一陈述语句的同意程度时，233 人表示非常同意，占总样本数的 44.38％；168 人表示比较同意，占 32.00％；86 人表示一般同意，占 16.38％；16 人表示不太同意，占 3.05％；有 22 人表示很不同意，占 4.19％（图 9-3）。

应该认识到，土地确权过程规范性和土地承包年限是关系土地确权工

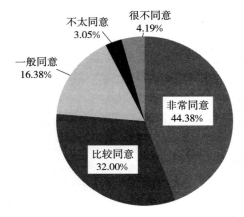

图 9-3 农户对土地合同签订、土地确权颁证和经营费缴纳工作的配合度情况

注：需要说明的是，该题目只有 525 位受访农户做出回答，因此统计百分比时的总样本数也按 525 来计算。

作能否可持续的两个关键性和根本性问题。在询问农户对"我认为土地确权的整个过程是很规范的"这一陈述语句的同意程度时，表示非常同意的农户有 209 人，占总样本数的 39.81％；表示比较同意的有 158 人，占 30.10％；表示一般同意的有 107 人，占 20.38％；表示不太同意的有 25 人，占 4.76％；表示很不同意的有 26 人，占 4.95％。绿华镇土地确权工作是依据《宪法》《农村土地承包法》《土地管理法》等相关法律来推进实施的，通过调查也可以发现，从农户主观认识来看，土地确权的整个过程是较为规范的，这也是土地确权有序开展的必要条件。

此外，中国共产党十七届三中全会《关于推进农村改革发展若干重大问题的决定》明确提出，"要赋予农民更加充分而有保障的土地承包经营权，现有土地承包关系要保持稳定并长久不变"。2009 年中央 1 号文件进一步要求："抓紧修订、完善相关法律法规和政策，赋予农民更加充分而有保障的土地承包经营权，现有土地承包关系保持稳定并长久不变。""长久不变"已经成为当

前和未来一段时期中国农村土地承包制度建设的基本方向。关于绿华镇农户对"长久不变"期限的理解，调查结果如图9-4所示，认为土地承包年限在30年以下最为合理的占总样本数的34.16%；认为年限为30年最为合理的占47.08%；认为50年最为合理的占11.50%；认为70年最为合理的占2.83%；认为100年最为合理的占1.41%；认为100年以上最为合理的占3.00%。总体而言，近一半农户还是比较接受30年（1999—2028年）的土地承包期限，同时应该认识到，由于目前绿华镇从事农业劳动的多数是60岁以上的老年人群，在他们看来，以后也不会再有年轻人愿意种地，因此多数人对土地承包关系"长久不变"的期限长短并没有太多需求，30年或者30年以下都可以接受，关键是如何保障农户现有的利益不受损害。

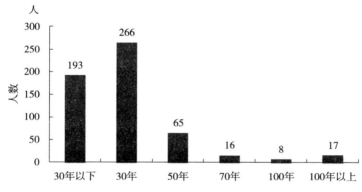

图9-4　农户对土地承包年限的态度情况

4. 土地确权的经济与社会效益评估

绿华镇土地确权的经济效益主要体现在对农村土地流转、农民就业、农民增收等方面的作用。调查发现（表9-6），关于土地确权对家庭土地流转方面的作用，有134人认为作用很大，占比23.72%；106人认为作用较大，占比18.76%；217人认为作用一般，占比38.14%；52人认为作用较小，占比9.20%；56人认为没有作用，占比9.91%。在促进家庭就业择业方面，91人认为作用很大，占比16.11%；82人认为作用较大，占比14.51%；230人认为作用一般，占比40.71%；64人认为作用一般，占比11.33%；98人认为没有作用，占比17.35%。在促进家庭增收的作用方面，89人认为作用很大，占比15.75%；82人认为作用较大，占比14.51%；230人认为作用一般，占比40.71%；60人认为作用较小，占比10.62%；104人认为没有作用，占比18.41%。

表 9-6　农户对土地确权作用的认知情况

项目	作用很大		作用较大		作用一般		作用较小		没有作用	
	频数	比例(%)	频数	比例(%)	频数	比例(%)	频数	比例(%)	频数	比例(%)
促进土地流转	134	23.72	106	18.76	217	38.41	52	9.20	56	9.91
促进就业择业	91	16.11	82	14.51	230	40.71	64	11.33	98	17.35
促进家庭增收	89	15.75	82	14.51	230	40.71	60	10.62	104	18.41

　　绿华镇土地确权的社会效益主要体现在对农村社会稳定方面的作用。绿华镇土地确权工作被推上日程，最初便是源于绿湖村村民因绿华镇村级组织要收取"经营田"土地租金而引发不满向法院提起诉讼。绿华镇土地确权工作周期长、矛盾多、利益调配难，对当地政府是一个极大的考验。调研中发现土地确权工作开展以来，存在农户与镇政府或村集体之间发生过矛盾纠纷的情况，直接发生过矛盾纠纷情况的样本数为 211，占总样本数的 37.35%，没有发生过纠纷矛盾的样本数为 354，占 62.65%。在这 211 户与镇政府或村集体发生矛盾纠纷的农户中，问题最终得到很好解决的占比 15.75%，问题得到较好解决的占比 12.57%，问题未得到解决的占比 9.03%（图 9-5）。通过调查结果发现，土地确权过程中矛盾纠纷比较普遍，但通过当地政府的努力协调，多数纠纷得到解决。另外，调查发现，53.82% 的受访农户认为本次土地确权对本村社会稳定的作用是利大于弊，9.04% 认为是弊大于利，14.89% 认为是利弊相等，22.25% 的受访农户表示对此不清楚。由此也可以看出，从农村社会稳定的角度，大多数村民还是认为土地确权是利大于弊的。

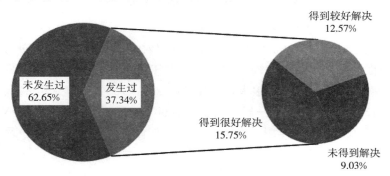

图 9-5　土地确权过程中发生的纠纷情况

四、本章小结

　　本章主要利用对崇明各乡镇的村民开展问卷调查，以及对典型村集体开展座谈调研，从理论和实证的角度，对全市土地确权制度的内容设计与效应等开展分析，主要得出以下结论。

首先从全市层面，上海市在 2017 年底全面完成农村土地确权工作，奉贤、金山等九个涉农区域的确权登记颁证均通过市级检查验收，有力促进了农村社会的和谐稳定。上海市的这一确权工作涉及 87 个乡镇、1 099 个村。参加确权颁证登记的农户有 55.76 万户，达到上海市应开展这项工作农户总数的 99.6%；有 167.5 万亩土地参与了土地确权工作，占应确权登记颁证总面积的 99.6%。

其次进一步利用二元 Logit 模型，对农业土地确权制度效应的理论与实证分析得到以下结论：土地确权满意度和承包期限合理性都对土地确权的土地流转效应和农户就业增收效应具有显著影响。另外，农业收入比重、土地确权了解程度、所在地等变量显著影响土地确权对土地流转的作用；土地流转意愿—转入、时间损耗程度、镇政府村委会信任程度、确权规范程度等变量显著影响土地确权工作对农户就业增收的作用。

最后通过上海崇明绿华镇农业土地确权这一典型案例，总结制度设计方面的经验做法，稳定和完善土地确权登记遵循依法依规、尊重历史、注重现实、确权确股不确地和确权确利相结合以及充分发挥村民自治的原则，并分别对几类相关人员的确权问题、土地经营费收取标准和收益调配问题、土地流转等有关问题做出了解释。对绿华镇 6 个行政村农户关于农业土地确权的效果分析得出以下结论：受访农户对一村一方案的了解程度较高，了解渠道方面村干部和镇政府干部发挥了很大作用，土地确权工作得到了绝大多数农户的拥护和支持；农户对本次一村一方案和镇政府干部和村干部工作的整体满意度也比较高；大多数人对自己参与本次土地确权工作的积极性评价都较高；但镇政府干部和村干部都对接下来的土地经营费缴纳工作表示一定程度的担忧；从农户主观认识来看，土地确权的整个过程是较为规范的，这也是土地确权有序开展的必要条件；多数人对土地承包关系"长久不变"的期限长短并没有太多需求，30 年或者 30 年以下都可以接受，关键是如何保障农户现有的利益不受损害；从农村社会稳定的角度，大多数村民还是认为土地确权是利大于弊的。

结论建议篇

JIELUN JIANYI PIAN

第十章 主要结论与对策建议

一、主要结论

本研究从上海实施乡村振兴战略规划及实施方案的总体要求出发，在厘清农村发展动力来源的基础上，构建农村发展动力机制研究的逻辑框架，立足上海农村发展现状，并借鉴德国、法国、日本等发达国家，以及江浙等地超大城市周边农村发展的有效经验和做法，通过对上海市 9 个涉农区的农业经营主体、村干部、村民、农业技术推广人员，以及全市各城区农产品消费者的实地调查，以绿色农业发展、村集体经济发展、农村社会治理作为增强上海农村发展活力的三大主要抓手，分析上海农村发展动力不足的表现及深层原因，主要得出以下结论。

第一，以上海乡村振兴战略实施的"三园"工程建设为切入点，绿色农业发展、农村社会治理与村集体经济发展为三大重要抓手，依据相关理论构建本研究的理论逻辑框架。上海"三园"工程建设的三大重要抓手包括、绿色农业发展、农村社会治理与村集体经济发展，三者之间是可以实现良性循环的互动关系。绿色农业发展以及传统农耕文化为加强农村社会治理提供文化根源，加强农村社会治理有助于为绿色农业发展提供充足劳动力；绿色农业发展是村集体经济发展的产业基础，也应该为村集体经济增收提供产业支撑，村集体经济的发展壮大有助于促进带动绿色农业发展；发展壮大村集体经济可以为农村社会治理提供财力保障，做好村庄长效管理可以为村集体经济发展提供良好的生态环境、文化氛围和基础设施等。就绿色农业发展而言，农业经营主体是最关键和直接的利益相关者，构成其发展的内生动力；就村集体经济发展而言，村民应该是直接受益者，而村干部也构成了村集体经济发展的内生动力；就加强农村社会治理而言，村民应该是最直接和最重要的利益相关者，显然村民是农村社会治理的内生动力。此外，政府、市场和社会力量也都作为利益相关者，共同构成其发展的外生动力。总体而言，首先提出上海农村发展的动力机制是什么这一重大问题；其次，厘清农村发展动力机制的作用机理，坚持内生动力与外生动力相结合，以绿色农业、村集体经济、农村社会治理三大抓手为上海农村发展的内生动力，将政府推动、市场需求拉动、土地要素投入作为上海农村发展的外生动力；最后，基于上海市情，借鉴国内外经验，进一步探讨如何实现农村发展动力机制优化，并提出完善上海农村发展动力机制、实现农业农村高质量发展的对策建议。

第二，上海农业农村发展总体向好，乡村振兴战略实施取得较大阶段性成效，但也面临新形势与新挑战。上海乡村振兴战略规划与实施方案发布以来，大力推进"三园"工程建议，取得了显著成效，积累了诸多经验。上海农村发展主要呈现以下三个特点：农产品供给基本稳定，绿色农业发展总体向好，但农业发展空间受挤压，提质增效有待加强；美丽乡村建设稳步推进，人居环境改善有序开展，但村民相对集中居住的实施路径还有待进一步探索，农村基础设施配套亟须完善；村民收入水平稳步提高，但城乡居民收入水平差距仍然很大，农村社会治理的实效有待进一步提升，以切实提高村民生活幸福感、安全感和获得感。然而，当前上海农村发展主要面临以下四个方面新形势：一是随着中国社会的主要矛盾的变化，以及上海城乡居民收入和生活水平的提高，市民对高品质农产品和农业多功能性的需求日益强烈。二是由于农作物播种面积和农村人口数大幅减少，农业农村建设用地指标短缺，土地零碎分散导致土地利用率低，使得农业农村用地更加紧张，尤其是缺少建设用地指标。三是农民分化以及村庄利益诉求多元化，全国农村普遍出现了村级组织行政化的趋势，自上而下的各种资源难以有效输入农村。四是重大战略和政策带来更大机遇与挑战，如崇明要打造建成世界级生态岛、设立上海自贸区临港新片区以及西南片区面临长三角区域一体化发展的机遇与挑战。

第三，上海农业农村协调发展存在诸多问题，主要表现在"三园"工程建设之间还存在矛盾，农村发展的动力机制设计有待优化。研究发现，上海农业农村协调发展中主要存在以下三个问题：绿色农业发展与村集体经济发展之间存在的矛盾在于，前者难以促进村集体经济增收，而村集体经济实力强的村庄缺少发展农业产业动力，后者难以反哺农业。绿色农业发展与农村社会治理之间存在的矛盾在于农耕文化未得到很好挖掘，后者缺少农耕文化传承，且多数村民不希望下一代从事农业，农业生产经营陷入"后继无人"困境。村集体经济发展与农村社会治理之间存在的矛盾在于，前者收入难以支撑村庄长效管理，且治理水平差的村庄更缺少发展村集体经济的资源禀赋以及难以吸引工商资本的参与。面对问题，上海绿色农业发展应该坚持建立完善现代农业生产体系、产业体系、经营体系；农村集体经济发展应该坚持"两个结合"，即与新一轮农村综合帮扶相结合、与产业相结合；农村社会治理应该完善"党委领导—政府有限主导—多元主体参与"的社会共治体系，建立和完善党委领导、政府主导、社会协同、公众参与、法制保障的社会治理体制。

第四，国外发达国家和地区在农产品地产地消、农业多功能性、农业科技创新与推广、城乡规划协调发展、农村社会文化等方面的经验值得借鉴，国内江浙等兄弟省份在生态农业发展和农村社会治理等方面的经验值得上海学习。研究发现，国外农业农村发展的良好经验做法主要可归纳为五个方面一是全面深入发展都市现代绿色农业，坚持地产地销，实现提质增效；二是深入挖掘和充分发挥农业的多功能性，以突出"生态功能"和"社会功能"的理念发展现代农业，大力发展生态农业、休闲农业和乡村旅游；三是依靠科技力量加快推进农业现代化，完善农业技术创新体系、农业技术推广体系、新型农业经营主体培训体系；四是坚持城乡合理规划，实现乡村发展特色化和产业化；五是加强农村社会文化的整合、创新、传承和保留，构建社会文化体系，改善农村社会风貌。聚焦国内江苏、浙江等地农业农村发展的良好经验做法得出：生态农业发展方面，江苏在以下方面走在全国前列，探索建立秸秆综合利用机制，综合推进畜禽粪便资源化利用，切实控制化肥农药污染，较早在全国开展循环农业示范项目建设。这源于其不断探索机制体制创新并积极推进生态农业产业化发展。浙江围绕高效、生态农业发展定位，已基本建立了政策制度体系，同时全面实施农业环境治理，基本构建起点串成线、线织成网、网覆盖县的现代生态循环农业三级循环体系。农村社会治理方面，通过首批全国乡村治理 20 个典型案例中总结出三个可供借鉴的宝贵经验：一是福建泉州洛江区罗溪镇的构建党建"同心圆"；二是四川成都郫都区唐昌街道战旗村的党建引领社会组织协同治理；三是浙江嘉兴桐乡市的自治德治法治融合。

第五，上海绿色农业发展动力不足，农业经营主体生产绿色农产品的主观意愿整体较高，但现实中绿色农产品生产端与销售端存在的问题挫伤了农业经营主体生产积极性。研究发现，农产品生产端的生产困难与成本、销售端的经营收益、农业经营主体基本特征这几个方面，共同影响了农业经营主体是否愿意发展绿色农业或者生产绿色认证农产品。从市场来看，在城镇居民对农产品的需求向同时追求数量与质量安全及高品质转变时，绿色农产品价格优势不明显，实现优质优价难，且产销对接不畅，存在农产品销售难问题。另外品牌化建设力度不够，认可度和附加值有待提升。从政府来看，认证面积的严格要求以及宣传不到位打击了农业经营主体申请绿色认证的积极性，大棚房整治一刀切与高标准农田建设未充分听取农业经营主体意见，较大程度上影响了绿色农业标准化生产推进力度，绿色技术推广培训体系不完善与缺少绿色农产品生产标准体系以及循环种养结合力度不够，不利于绿色农业实现可持续发展。从社会资本来看，缺少工商资本和龙头企业的带动，较大程度上降低了生产经营绿色农产品的经济效益，更难实现优质优价，进而不利于调动农业经营主体生产绿色农产品的积极性。从农业经营主体基本特征来看，拥有高学历的农业经营主体生产绿色农产品的积极性更高，生产经营面积在 100 亩及以上的农业经营主体获得绿色认证的比例更高，说明了不同学历、不同生产规模的农业经营主体获得绿色认证的比例存在明显差异。

计量模型估计结果较好回答了"绿色食品认证是否有助于实现农产品优质优价?"这一问题，即：获得绿色食品认证确实有助于促进农业生产经营收入增加，但现实增收效果还不够，未达到部分农业经营主体的心理预期，或者说绿色食品认证实现优质优价还有较大提升空间。而实地调查也发现上海地产绿色农产品不能实现优质优价现象较为普遍存在。深入调查研究发现，主要归纳为以下几方面原因：第一，绿色农产品认知度有待进一步提升。一方面，已获证绿色农产品企业用标率不高，另一方面，绿色农产品生产认证体系与农业技术推广培训体系还有待进一步加强协调。第二，品牌化建设与产销对接力度不够。一方面，农产品品牌化建设力度不够，绿色农产品的认可度和附加值有待进一步提升，另一方面，产销对接不畅，农产品销售难问题仍在局部地点、时间不同程度地存在。此外，上海绿色农业发展模式可归纳总结为种养结合模式、设施生态栽培模式、农业废弃物资源循环利用模式、节能减排模式、生态休闲农业模式等五大类模式。浦东新区在加强绿色农业信用监管方面积累诸多经验，值得全市乃至全国借鉴。

第六，上海农村集体经济发展的内生动力存在不足，村干部普遍认为发展村集体经济非常重要，但村集体经济收入地区差距很大，村干部发展村集体经济的动力仍有不足。研究发现，村干部是否有动力发展村集体经济，具体是受村集体经济发展中遇到的困难、村干部工作考核激励、村干部基本特征的共同影响。从市场来看，村集体经济发展地区之间很不均衡，部分村集体经济收入低甚至不能支撑村庄长效管理支出，长期积贫积弱，导致村干部缺乏发展村集体经济的信心与干劲；与农业产业发展相脱节，村集体经济缺少产业基础，尤以纯农地区更为严重，村干部在发展村集体经济方面难有大作为。从政府来看，村集体资产利用不充分，区、镇对村资产具有支配权但还缺少全面合理统筹，村干部也在其利用方面缺少足够话语权和统筹利用能力，尤其是缺少必要的建设用地指标；村干部村务管理工作任务重且经济激励不足，加之取消和弱化村招商引资等经济指标考核。两个方面都极大打击了村干部发展村集体经济的积极性和主动性，使其缺少发展村集体经济的动力。从社会力量视角来看，村集体经济发展需要社会力量，尤其是国有资本的积极参与，但农村地区普遍缺少引入社会资本的资源和渠道，村干部发展村集体经济难以借势借力。从村干部基本特征来看，年轻村干部在发展村集体经济方面通常更有干劲，文化程度相对更高。此外，调查发现，首批乡村振兴示范村的村干部发展村集体经济的动力更强，现实中乡村振兴示范村在生态环境治理和维护等面临更大的资金压力，亟须大力发展村集体经济以提供财力支撑。

由于村干部作为村集体经济发展的重要利益主体，激发村干部发展村集体经济的动力至关重要，计量模型估计结果显示，性别、年龄、收入满意度、村集体收入来源、村庄规划作用5个变量显著影响村干部发展村集体经济动力。其中，性别变量、村集体收入来源呈正向显著影响，而年龄、收入满意度、村庄规划作用变量则呈反向显著影响。此外，总结与比较研究发现，上海村集体经济发展主要可以归结为两种模式：物业分红模式与产业发展模式，且偏重发展物业分红模式，江浙地区发展集体经济，更多是依靠产业而非物业。

第七，上海农村社会治理的内生动力存在不足，村民的参与对提高农村社会治理水平至关重要，但现实中村民参与村务管理的程度还不够，参与农村社会治理的积极性有待进一步提高。研究发现，在村务工作和进行相关决策时充分倾听村民的意见建议已成为村干部在思想认识上的广泛共识，但真正做到还需要一定努力。村民是否积极参与农村社会治理，主要是受外部对村民参与社会治理重视程度、村民基本特征的共同影响。从市场来看，城乡居民收入差距仍然很大，村民就业不充分，尤其是村域内就业未能很好实现，就业增收难以保障的情况下，部分村民缺少主人翁意识。从政府来看，农村党建工作开展效果显著，党员普遍发挥了较好的先锋模范作用，村干部村务管理水平也得到村民普遍认可，但也发现超过半数的村干部表示与村民发生过矛盾，影响了村民参与村务管理积极性；并且在村庄规划制定和村庄改造等方面听取村民意见的程度不够，降低了村民参与村务管理的程度，需加大对农民集中居住的预期引导和管理；当前村民对村规民约内容的了解程度以及村规民约对村民的行为约束作用有待进一步加强。从社会力量视角来看，社会力量在关系村民切身利益的事务方面发挥作用有限，尤其是乡贤参与农村社会治理的程度不够，但上海奉贤进行了探索，其"乡贤＋"模式值得学习。从村民基本特征来看，当前上海农村较大程度上呈现空巢社会结构，尤其是纯农地区，即在大多时间内乡村社会处于主体成员空缺的状态。

村民是农村社会治理的主体，是直接参与者和受益者，通过对村民参与农村社会治理积极性、村民生活幸福感的影响因素的计量模型估计结果发现：显示生活幸福感、学历、工作地域、村务管理评价呈正向显著影响，而法规政策认知、子女从事农业态度、村务信息关心程度、村干部信任、党建干群评价、村庄规划认知、相对集中居住态度以及村规民约作用变量则呈反向显著影响；示范村变量、职业、家庭人口数、子女从事农业态度、村务矛盾解决—乡贤、村规民约认知呈正向显著影响，而法规政策认知、村务管理评价、党建干群评价、生活居住环境、村规民约作变量则呈反向显著影响。研究结果表明，乡村振兴示范村建设显著提高了村民生活幸福感，生活幸福感高的村民参与农村社会治理积极性更高，而村民参与农村社会治理积极性并不影响其生活幸福感。此外，总结上海农村社会治理的典型模式与经验，突出表现在相对集中居住方面，主要划分为"留、改、拆"三种模式，要坚持充分尊重村民意见、党建引领群众助振兴等原则。

第八，消费者对地产农产品的购买欲望并不是很强烈，多数购买过上海地产农产品，且愿意为地产农产品支付额外价格，但未养成购买行为习惯。研究发现，超市、大卖场、农贸市场等传统销售业态仍是消费者购买农产品的主要场所，三分之二的人每周农产品购买支出不超过 500 元以及每周购买农产品的次数不超过 4 次；消费者在购买农产品时最主要考虑的是新鲜程度和安全性，消费者对农产品质量安全状况的放心程度不高，多数消费者认为农产品在种植养殖环节和生产加工环节最容易发生危害食品安全的行为，尤对农药兽药残留问题最为担忧；消费者对优质农产品的需求未得到很好满足，消费者对农产品产地的看重程度还远不够，多数消费者购买过上海地产农产品，但行为不可持续，其购买地产农产品的渠道不够便利以及对地产农产品质量的信任程度有待进一步提升。通过计量模型估计结果得出，平常主要在农贸市场购买农产品、平常购买农产品主要考虑新鲜度、对当前农产品质量安全问题的放心程度越高的消费者分得清地产农产品的可能性更小。其他如学历、购买频次、购买需求满足、质量安全放心程度、原产地重视程度也显著影响消费者地产农产品认知。此外，户籍、年龄、购买目的—价格、购买目的—口感、购买渠道便捷性、质量信任程度 6 个变量显著影响消费者地产农产品常态购买行为这一被解释变量。最后，通过地产绿叶菜的典型案例可以看出，整体而言消费者主要出于质量安全考虑愿意为地产绿叶菜支付额外价格，相比外地产绿叶菜，消费者愿意为地产绿叶菜额外支付 2.12 元/千克。

第九，上海农业技术创新支撑体系还不完善，主要源于农业技术创新支撑体系激励机制不健全，农业技术推广人员从事农技推广工作积极性有待进一步提高。目前上海市农业技术创新支撑体系总体上存在以下几个主要问题：农业产学研一体化发展的体制机制有待完善；农业科技成果转化能力不强；农业科技人才流失严重；基层农业技术推广体系有待进一步完善。上海农业技术创新支撑体系激励机制存在的问题在于：对所获收入满意度不高和收入分配机制不完善、推广经费的充裕程度和来源渠道、推广工作不断提升的对农技员推广知识和能力的要求、农技推广激励机制不健全和农户接受技术的积极性和能力四个方面影响农技员农业技术推广的积极性。当前上海基层农业发展普遍存在农技人员短缺的难题，农业技术推广人员从事农技推广工作积极性总体较高，但还有待进一步提高。通过计量模型分析也发现，农业技术推广人员对农业技术推广工作的积极性主要受到单位性质、农技推广时间比重、收入关联因素、技术推广重要性的认知、农技推广现状评价、经营主体认可度、单位认可度、农民接受能力、单位管理水平等因素的影响。进一步通过花卉产业的案例研究得出，上海花卉生产经营的技术创新支撑体系存在问题表现在：花卉生产经营主体对职业技能培训的需求较高，但实际接受职业技能培训的比例较低，花卉生产经营主体最需要的生产技术服务为农业机械服务、市场销售信息、新品种和政策解读；技术咨询服务要及时畅通以及技术指导要有针对性是当前花卉技术推广服务中最需要改进的方面，花卉生产经营主体对政府的花卉生产技术指导服务的作用评价以及满意度都有待提升。

第十，上海市较好完成了农业土地确权登记颁证工作，整体上遵循依法依规、尊重历史、注重现实、确权确股不确地和确权确利相结合以及充分发挥村民自治的原则，土地确权登记颁证具有较好的土地流转和就业增收效应。上海市在 2017 年底全面完成农村土地确权工作，奉贤、金山等九个涉农区域的确权登记颁证均通过市级检查验收，有力促进了农村社会的和谐稳定。上海市的这一确权工作涉及 87 个乡镇、1 099 个村。参加确权颁证登记的农户有 55.76 万户，达到上海市应开展这项工作农户总数的 99.6%；有 167.5 万亩土地参与了土地确权工作，占应确权登记颁证总面积的 99.6%。通过对崇明绿华镇农业土地确权制度设计的剖析，稳定和完善土地确权登记工作总体遵循依法依规、尊重历史、注重现实、确权确股不确地和确权确利相结合以及充分发挥村民自治的原则。此外，对绿华镇 6 个行政村农户关于农业土地确权的效果分析得出，农户对一村一方案的了解程度较高，了解渠道方面村干部和镇政府干部发挥了很大作用，土地确权工作得到了绝大多数农户的拥护和支持；农户对本次一村一方案和镇政府干部和村干部工作的整体满意度也比较高；大多数人对自己参与本次土地确权工作的积极性评价都较高；但镇政府干部和村干部都对接下来的土地经营费缴纳工作表示一定程度的担忧；从农户主观认识来看，土地确权的整个过程是较为规范的，多数人对土地承包关系"长久不变"的期限长短并没有太多需求，30 年或者 30 年以下都可以接受，大多数村民还是认为土地确权是利大于弊。最后通过计量模型估计结果得出，土地确权满意度和承包期限合理性都对土地确权的土地流转效应和农户就业增收效应具有显著影响；农业收入比重、土地确权了解程度、所在地等变量显著影响土地确权对土地流转的作用；土地流转意愿—转入、时间损耗程度、镇政府村委会信任程度、确权规范程度等变量显著影响土地确权工作对农户就业增收的作用。

二、对策建议

上海要增强农村发展动力，关键在于厘清农村发展的重要抓手及其内在逻辑关系。本研究在深入剖析农村发展重要抓手与动力机制构成的基础上，从绿色农业发展、村集体经济发展、农村社会治理以及完善农村发展动力协调保障机制等几个方面，提出增强上海农村发展动力的对策建议。

（一）增强上海绿色农业发展动力的建议

第一，准确把握农产品市场需求，坚持地产农产品生产的优质、安全、高产。当前中国社会主要矛盾发生变化，在新形势下，上海现代农业发展应该认清市场需求变化，以此明确现代农业发展方向。随着上海城镇居民收入和生活水平的提高，人们从对农产品数量需求向数量安全、质量安全并重转变，如今更是呈现更高层次需求，即对农产品高品质、多样化的需求提高，此时农产品质量安全已成为人们的基本需求，由于当前绿色农产品主要是安全策略，消费者已不再仅仅因为是绿色认证农产品就愿意为此支付高价格。这对上海地产农产品生产提出更高要求，更应该重视生产优质农产品，以满足市场最新需求，这便需要一系列应对措施，坚持以生产绿色农产品为核心，选用优质品种和先进管理水平，在此基础上打造区域品牌，特别是地理标志农产品区域品牌，畅通销售渠道。

第二，构建多规合一的基础信息平台，加大现代农业发展各项规划的公开力度。一是以"两规合一"成果为主体，建立各类规划协调一致的"多规"衔接平台，结合上海现代农业发展用地需求，构建"规土合一"的用地标准体系；将现有的农业用地布局专项规划纳入基础信息平台，实现各类信息在空间上的叠加和协调，在规划上解决空间利用上的矛盾与冲突，提高规划的可实施性。二是编制现代农业发展的专项规划应按照"政府组织、部门合作、专家领衔、公众参与、科学决策"的方针进行。由于现代农业规划比城市规划和土地规划的比例尺小，规划成果也没有纳入统一平台进行管理，所以编制精度和效力均相对要求低，这导致相关规划的编制标准、编制水平不一，规划落实情况、公开情况不透明，但作为指导现代农业发展中生产空间布局的重要依据，现代农业发展相关规划的编制水平对产业发展有重要影响，在多规合一的规划框架下，现代农业专项规划应该加大公开力度，加强规划落实情况的监督和管理，倒逼规划质量的提升。

第三，优化农业产业结构和产业布局，实现资源优化配置。在上海2035年新一轮城市总体规划确定的市域空间格局下，注重多规合一，高质量地完成"三区"划定任务。要进一步优化农业产业结构和产业布局，一是实施组团式农业生产综合布局，促进市郊各区域形成综合的农业生产结构。强化生产类型和形态布局上的有机结合，实施片区和组团式结合布局，有利于改善市域生态环境和美化景观，充分发挥农业的多功能效应。二是提升粮食、蔬菜绿色生产能力。重点启动高标准设施粮田、菜田建设和蔬菜保护镇产能提升建设，在高标准设施农田建设过程中充分听取农业经营主体意见。三是促进特色经济作物产业发展。统筹农业"三区"划定后剩余耕地空间，推动特色经济作物产业转型发展，鼓励支持发展水果、园艺、花卉等高附加值产业。四是转变养殖业发展方式。在规模化养殖场建立生态循环养殖模式，配合支持种植业绿色发展。

第四，鼓励发展智慧农业、机械农业、设施农业、种源农业，提高农业科技含量与生产效率。一是围绕都市现代绿色农业发展，以粮食生产全程机械化和蔬菜生产全程机械化为重点，规范农机购置补贴政策、加快农业机械化提档升级和"机器换人"，加快农机化绿色技术装备应用，积极发展农机社会化服务，推动农机化全面全程、高质高效发展。二是大力发展智慧农业，逐步将5G信息技术全面应用于农业生产经营全过程，实现数据化管理、信息化共享，同时智慧农业的发展必然要求装备农业的跟进，在农业设施项目方面积极支持其他兄弟省市乃至全球建设力量参与竞争与建设。三是大力发展设施农业，加快和完善设施粮田、设施菜田标准化建设，切实增强农业经营主体在设施农田项目建设及维护中的参与度和话语权。四是大力发展种源农业，打造上海农业种源之都，加大对优质农产品品种研发、生产的扶持力度，特别是鼓励种源企业、科研机构扎根上海。

第五，加强品牌化建设，注重打造农产品区域品牌，提高上海地产农产品知名度和附加值。树立上海都市现代绿色农业发展的整体品牌形象，提高农产品质量和附加值。一是制定品牌农产品评价标准，建立上海农产品知名品牌目录制度。围绕开展绿色食品认证和发展地方特色农产品，建立线上与线下相结合的品牌农产品营销体系。二是培育区域特色明显、市场知名度高、发展潜力大、带动能力强的农产品区域公用品牌，尤其是地理标志农产品品牌，同时要格外注重加强绿色认证农产品的品牌化建设。三是支持农业企业、农民专业合作社参加国内外展会，不断提升农产品品牌影响力。

第六，大力发展一二三产融合，促进生态环境保护与村民就业增收。农业具有弱质性，同时也具有多功能性，应该充分发挥农业的多功能性，促进一二三产融合发展。一是大力发展循环农业，积极探索、支持和推广"稻蟹""稻虾""稻鳝"等种养结合的发展模式。二是鼓励有条件的地区发展农产品初深加工，对从事农产品初深加工的企业在用工社保补贴、税收减免等方面给予优惠政策，同时发展"龙头企业＋合作社＋农户""龙头企业＋合作社"等利益协作模式，降低农业企业交易成本的同时，也让合作社、村民享受到实惠。三是将休闲农业、乡村旅游培育成乡村振兴的支柱产业，完善顶层设计，制定本市休闲农业、乡村旅游产业发展扶持政策，推进休闲农业、乡村旅游用地试点工作，加快休闲农业、乡村旅游的标准化建设。

第七，培育新型职业农民，完善农业科技创新与技术推广支撑体系。一是丰富家庭农场发展类型，支持农民合作社联合社发展，扶持具有较大发展潜力的农业产业化市级重点龙头企业，吸引国内外一流农业企业落户上海，培育带动作用突出、综合竞争力强、稳定可持续发展的农业产业化联合体。二是要充分传承和发扬农村传统文化，培养一批从小热爱农业、农村、农民的青少年群体。引导整个社会形成尊重农民职业、推崇农村传统文化的社会氛围。三是根据从事农业生产经营工作性质的差异，因材施教，充分加强职业农民精准培训，提高农民综合素质和专业技能。注重发挥农业精英人才对周边人群的示范和带动作用。四是推进农业科技创新平台建设，组织实施科技兴农项目，推进现代农业产业技术体系建设，推进农业科技成果转化和基层农技推广工作。

（二）增强上海农村集体经济发展的建议

第一，加强市级、区级顶层设计与资源统筹。在市、区两级政府有关乡村振兴的规划指引下，在上海农村产业发展定位、发展布局上，加强区级的顶层设计与资源统筹，改变各镇、各村各自为政的局面，引导相邻镇、村之间在土地利用、项目开发方面资源共享、优势互补、形成合力。土地减量化后获得的土地指标，适度向纯农、涉农地区调配，给这些地区提供发展观光农业、民宿、康养等产业的土地资源。借鉴奉贤区百村实业公司经营模式，成立区级实业公司，吸收纯农、涉农地区农村集体的存量资金，吸引国资、民资参股，开展实业投资、投资管理、资产管理等业务，为纯农、涉农地区农村集体资产、资金提供稳定增值的渠道，提高其自我造血的能力。这对全市农村集体经济发展具有很好的借鉴意义和推广价值。

第二，因地制宜发展村级集体经济。针对上海市农村不同区域的发展基础和条件，因地制宜培育新业态、新产业，发展乡村经济。比如，以宝山区为例，鼓励南部城郊结合部地区利用区位优势发展资产租赁、楼宇经济、商贸商务，以壮大农村集体经济。对北部纯农、涉农地区，可利用其田园风光、乡村风貌、良好生态环境等条件，借鉴、学习浙江农民勤劳、开拓、创新的精神，培育当地村民的创业、开拓能力，引导、鼓励当地村民尤其是中青年村民发展休闲观光农业、农家乐、民宿等乡村旅游模式，并为其提供咨询、审批、资金、培训等方面的切实帮助。

第三，加大对纯农、涉农地区的财政支持力度。上海农业体量虽小，但农业具有地产农产品生产、生态涵养、提供休憩空间、文化传承等功能，农业产业不能偏废。欧美发达国家对农业产业、农民有长期、稳定的支持，农业是欧盟大都市整体规划中的重要部分，欧盟实施共同农业政策及农村发展计划，目的是将农民留在土地上，发挥其在农业生产经营、生态环境管理、乡村风貌管理、传统文化传承等方面的重要作用。上海的农业要做精、做优、做强，需要稳定一支具有较强现代绿色农业生产经营能力的各类生产经营主体队伍，因此需要从制度安排、财政支持、人才培育等方面着力，加大对纯农、涉农地区的财政支持力度。可设立上海现代绿色农业产业发展基金，常态化、稳定支持上海农业产业发展。优化生态补偿制度，并提高生态补偿额度，将生态环境保护作为农村集体经济转移支付的考量指标。

第四，系统、合力推进农村产业发展。农村产业的兴旺发展是农村地区可持续发展的前提和基础，而农村地区的社会和谐、环境优美、生态良好、文化发展，则为农村产业兴旺发展提供必要的社会环境条件，有助于农村产业的长期稳定发展。因此，农村产业的发展需要和实施乡村振兴战略的相关任务、措施系统推进，需要政府、企业、社会组织、农村居民等农村产业的利益相关者合力推进。针对当前乡村振兴"政府一头热，百姓一头冷"、社会参与度低的窘境，可以借鉴欧盟"LEADER"计划的成功经验，动员和联合农村地区社会发展的各种力量参与农村事业发展，为农村发展注入活力。浙江在发展农村产业上走在全国前列，关键在人和政策，"政府搭台，百姓唱戏"，政府的引导、支持与农民的创业、进取精神相得益彰。上海农村地区当地村民在创业、就业上的积极性、进取心仍显不足，可通过政府引导、技术培训、创业指导、人才培养等措施，为当地村民创造就业机会，培育当地村民创业精神，使其在农村产业发展中起到生力军作用。

第五，坚持组织领导、绩效考核、宣传引导和队伍建设。一是坚持组织领导。市、区有关职能部门应就农业农村优先发展的方针，制定对本市农业农村系统、稳定支持的政策体系和财政投入机制，做好顶层设计。各镇是推动发展壮大集体经济的责任主体，应统筹各方资源，推进区域内均衡发展，加强对本地区村级集体经济发展的组织和管理。二是加强绩效考核。健全完善乡镇、村组织工作考核制度，将发展壮大村级集体经济工作纳入乡镇、村领导班子年度绩效考核，并建立相应的奖惩制度。区、镇有关职能部门应加强考核督查，确保支持村级集体经济发展的各项政策落地见效。三是加强宣传引导。及时总结好的经验、好的做法，挖掘先进工作典型，开展多种渠道、多种形式的宣传，创造条件营造自觉发展壮大集体经济的良好氛围。积极推广物业分红型、产业融合型等典型模式，更加注重通过产业融合带动集体经济发展，进一步激发发展壮大村级集体经济的内生动力。四是加强队伍建设。超前谋划，培养"土生土长"的村干部，选优配强基层干部，改善农村党员干部队伍结构。加强基层干部在实施乡村振兴计划中的培养锻炼，建设一支有担当、能力强、懂经济、善经营、会管理的村级干部队伍。建立村干部激励机制，激发农村基层干部发展村级集体经济的积极性。

（三）增强上海农村社会治理动力的建议

第一，加强农村社区建设，做好科学合理规划实现城乡统筹发展，充分听取民众需求和努力实现便民，并且挖掘和发扬乡村特色建筑和习俗文化。对社区的定义应该是指在一定区域内建筑的、具有相对独立居住环境的大片居民住宅，配有成套的生活服务设施，如商业网点、学校、医疗点等。随着社会经济的发展，尤其是当前相对集中居住为加强农村社会治理提供了更加有利的客观条件，农村地区也应该加强农村社区建设，主要需要做好以下几点：一是以先进的规划理念和科学的发展规划统筹小城镇农村社区建设，引入现代规划思想，做到规划先行，强化农村社区建设的多元化功能，注重对农村本土文化特色和自然生态的保护。二是优化完善配套设施，在建设过程中要根据实际情况不断做出相应调整，在村庄规划、宅基地房屋设计建设、河道整治、配套设施建设等方面积极听取民众需求和实现便民，可以在农村地区规划建设小商业网点、医疗服务站或卫生所，争取在完善基础设施和提升农村生活水平的同时，也为人类保留农业生产用地和美好的乡村环境。三是要注重特色化建设，这个特色规划设计不只是物质景观的建造过程，应包括非物质文化景观的创造，在农村特色化建设过程中，不能全部照搬其他地方的模式，为促进乡村地区生产空间集约高效、生活空间宜居适度、生态空间山清水秀的总体要求，建设需要做好前期规划，保护和弘扬传统优秀文化，延续城市历史文脉，保留村庄原始风貌。

第二，建立健全更加合理的村集体考核指标体系，建立更加完善的村工作经费制度，重视发挥乡贤和村规民约的作用。中共上海市委"1+6"文件中提出，要取消街道招商引资职能，并取消相应的考核指标及奖励，街道经费由区财政全额保障。在该制度规定基础上，闵行区推行取消镇招商引资职能，减轻镇一级的经济考核压力，镇政府可以集中精力发挥公务服务等职能，但并非所有的区都有这样的制度安排，这需要强大的财力支撑。应该由市政府、区政府统筹区域经济发展，让镇政府全心全意优化公共服务和管理，并且由市、区两级政府对财力较弱的镇给予财政保障。在深入推进基层自治和社区共治上，各区县积极推进居村委电子台账工作，浦东等区还积极推广居村民自治工作法，探索多种类型的群众性自治组织形式，提升自治水平。各郊区县普遍建立村工作经费制度，落实经费保障，实行村财镇管。这些措施对提高村务民治程度、村民自治水平和预防干部贪污腐败起到积极作用。但政府也应该注意村工作经费报销的审批效率，精简审批流程。在村民自治方面，还应该充分发挥乡贤的积极带动示范作用，加强村民的政治、法律和道德教育，提高村民参与社会治理的积极性和综合素质，充分发挥习俗民风和村规民约在农村社会治理乃至整个社会良好风尚形成中的积极作用。在外来人口管理方面，积极探索成立农民工工会，在部分农村设立外来人口管理办公室，加强外来人口组织化管理和综合素质培训。

第三，加强农村基层工作人员队伍建设，通过提高村干部待遇吸引高学历、高才能优秀人才。基层社会治理的成效如何，关键取决于基层社区工作者队伍，特别是以居村党组织书记为带头人的骨干队伍。当村干部的积极性和能动力被充分激发出来，将产生难以估量的"倍乘效应"。但考虑到村干部工作时间长、工作任务重，目前部分财力较差镇的村干部工作报酬并不高，且没有编制，缺少上升渠道和发展空间。没有编制则意味着退休后没有退休工资，仅有社保，甚至还不如普通企业员工，目前居委会干部工作满五年或六年后有机会转为事业编，但大多数村干部没有这种机会。政府应该同样给予工作满一定年限的村干部转事业编的机会，并适当提高村干部工作报酬。应该靠德治引导年轻有为的农民回到农村去，加入这个"三农"基层工作队伍，并给农村基层干部足够的激励，让他们发挥才华。

（四）完善上海农村发展动力协调保障机制的建议

针对三大抓手发展过程中彼此之间存在的矛盾问题，按照实现五大振兴"产业振兴、人才振兴、生态振兴、文化振兴、组织振兴"的发展思路，构建上海农村发展动力机制设计与内在机理的逻辑框架。政府应从以下几方面做好协调保障措施。

第一，针对绿色农业发展与村集体经济发展之间存在的主要矛盾，即农业发展难以促进村集体经济增收，政府需要重点做好产业振兴，关键在解决土地问题。具体而言：首先，加强顶层制度设计，通过法律法规制定和规划制定，明确农业农村发展所需的农业设施配套用地指标和农业建设用地指标留有指标、不被侵占、予以落地；其次，给予绿色农业发展必要的设施配套用地指标，避免大棚房整治一刀切等，村集体经济发展方面，区、镇统筹区域内的建设用地指标，避免农村减量化建设用地指标被侵占，尤其是村民相对集中居住的减量化建设用地指标的利用；再次，加强绿色农业发展与村集体经济发展之间产业联动，丰富农业经营主体与村集体之间经济合作形式的多样化，既实现绿色农业发展促进村集体经济增收，又积极探索引入社会资本鼓励引导村集体资产投向绿色农业发展领域。

第二，针对绿色农业发展与农村社会治理之间存在的主要矛盾，即村民甚至农业经营主体不希望下一代从事农业生产经营，政府需要重点做好人才振兴、文化振兴，关键在解决人的问题。具体而言：首先，加强传统农业农村文化的挖掘、利用与宣传，提高农民社会地位；其次，绿色农业发展方面，构建全面的社会化服务体系，农村社会治理方面，建立健全农村基础设施建设；再次，加强农业经营主体精准培训和补贴保险扶持力度，解决技术难题和免除后顾之忧，加强村民荣誉感培养，引导村民形成爱农村、爱农业、爱农民的社会氛围。

第三，针对村集体经济发展与农村社会治理之间存在的主要矛盾，即新形势下村集体经济收入难以可持续支撑村庄长效管理，政府需要重点做好生态振兴、组织振兴，关键在解决钱的问题。具体而言：首先，多种产业形式发展村集体经济，各区重视加强村集体资产的充分利用，鼓励支持社会资本参与村集体经济发展，尤其是整合统筹区、镇的各村集体资产由国有资本牵头投资，实现稳定收益，为村庄长效管理提供坚实财力支撑；其次，加快村民相对集中居住和人居环境整治推进步伐，营造和改善新的邻里关系与干群关系，同时进一步完善村集体经济组织建设，为发展村集体经济和引入社会资本消除障碍与铺平道路；再次，除了村集体经济收入为村庄长效管理提供财力支撑，也鼓励工商资本和非政府组织等社会力量参与农村社会治理，比如关系村民切身利益的养老问题，以及村容村貌维护等问题。

三、未来展望与进一步探讨

本研究通过对上海市九个涉农区的农业经营主体、村干部和村民、农业技术推广人员、各城区农产品消费者等利益主体的实地调查，以绿色农业发展、村集体经济发展、农村社会治理为增强农村发展动力的重要抓手和切入点，立足上海农村发展的内在动力、外在动力划分，全面深入剖析动力不足的表现及原因，并借鉴国内外经验，提出增强上海农村发展动力的机制设计与对策建议。新颖的选题、独特的视角、全面的分析、一手的数据、可靠的结论、可行的建议，这充分体现了本研究的学术创新价值与现实借鉴意义，是本研究的贡献所在。同时也认识到，本研究还存在不足：一是对基于市场拉动的上海地产农产品消费需求、基于政府推动的上海农业科技研发推广体系、基于要素驱动的上海农业土地确权制度的分析还不够全面深入，可立足上海农业农村发展现实问题和实际需要展开更加全面调查分析，比如要素驱动视角下可以兼顾分析农业资金和劳动力要素的调查分析；二是对农村改革相关问题的研究较少，没有全面深入展开，比如"三块地"改革等问题。此外乡村振兴战略实施是一个动态过程，在推进过程中会不断出现新问题，这需要持续不断地跟进相关研究，尤其是分析乡村振兴示范村建设过程中出现的新问题及深层原因，这是本研究所欠缺的，也是下一步研究需要重点关注的方面。

参考文献 REFERENCES ///////////

曹桂茹，王新城．基于乡村振兴战略的农村社会治理创新目标与路径研究 ［J］．农业经济，2020（6）：50-52.

曹丽．上海市浦东新区农村集体经济组织产权制度改革调查与思考 ［D］．上海：上海交通大学，2015.

曾欣龙．基于工作满意度评价的基层农技推广人员激励机制研究 ［D］．南昌：江西农业大学，2011.

常向阳，李香．南京市消费者蔬菜消费安全认知度实证分析 ［J］．消费经济，2005（5）：74-78.

陈光普．农村集体建设用地减量化与村集体经济发展——以上海市金山区为例 ［J］．中国集体经济，2016（31）：1-2.

陈俊红，田有国，龚晶，等．中国农业技术推广主体的行为实践研究 ［J］．农业现代化研究，2018，39（4）：567-575.

陈默，韩飞，王一琴，等．食品质量认证标签的消费者偏好异质性研究：随机 n 价拍卖实验的证据 ［J］．宏观质量研究，2018，6（4）：112-121.

陈强．高级计量经济学及 Stata 应用 ［M］．北京：高等教育出版社，2010.

陈喜洲．关于构筑新型农技推广体系和农业社会化服务体系的若干思考 ［J］．农业科技管理，2002（1）：41-45.

程国强，朱满德．中国工业化中期阶段的农业补贴制度与政策选择 ［J］．管理世界，2012（1）：9-20.

程琳琳，张俊飚，何可．网络嵌入与风险感知对农户绿色耕作技术采纳行为的影响分析——基于湖北省 615 个农户的调查数据 ［J］．长江流域资源与环境，2019，28（7）：1736-1746.

崔春晓，王凯，王学真．消费者对可追溯猪肉支付意愿的影响因素研究 ［J］．统计与决策，2016（12）：98-101.

戴迎春，朱彬，应瑞瑶．消费者对食品安全的选择意愿——以南京市有机蔬菜消费行为为例 ［J］．南京农业大学学报（社会科学版），2006（1）：47-52.

邓泰安，邓保国，俞湘珍．农技推广人员工作积极性影响因素实证研究——基于广东 1880 名农技推广人员问卷调查 ［J］．科技管理研究，2018，38（11）：139-146.

董书波．广东河源市绿色农业发展研究 ［D］．长沙：中南林业科技大学，2014.

杜良杰，周怡．农村"三变"改革中集体经济动力机制研究 ——以六盘水市为例 ［J］．铜仁学院学报，2018，20（7）：122-128.

杜祯玲．浅谈农业技术推广服务模式与创新发展 [J]．农业与技术，2019，39（5）：171-172.

范亦新．三明市清流县农业技术推广体系建设现状与发展对策 [J]．农学学报，2017，7（5）：90-95.

方志权．上海农业现代化建设与国际经验借鉴 [J]．上海农村经济，2006（3）：20-23.

方志权．农村集体经济组织特别法人：理论研究和实践探索（下）[J]．农村经营管理，2018（7）：28-30.

方志权，吴方卫，王威．中国都市农业理论研究若干争议问题综述 [J]．中国农学通报，2008，24（8）：521-525.

丰军辉，张俊飚，吴雪莲，等．基层农技推广人员工作积极性研究 [J]．农业现代化研究，2017，38（5）：809-817.

高杨，牛子恒．风险厌恶、信息获取能力与农户绿色防控技术采纳行为分析 [J]．中国农村经济，2019（8）：109-127.

高杨，张笑，陆姣，等．家庭农场绿色防控技术采纳行为研究 [J]．资源科学，2017，39（5）：934-944.

龚继红，何存毅，曾凡益．农民绿色生产行为的实现机制——基于农民绿色生产意识与行为差异的视角 [J]．华中农业大学学报（社会科学版），2019（1）：68-76＋165-166.

顾海英，范纯增，郭昱，等．推进上海农村居住相对集中的若干问题及其对策 [J]．科学发展，2020（4）：97-105.

顾海英，于冷，史清华，等．上海现代都市农业的内涵与路径创新 [J]．科学发展，2016（4）：43-54.

顾卫兵，蒋丽丽，袁春新，等．日本、荷兰农业科技创新体系典型经验对南通市的启示 [J]．江苏农业科学，2017，45（18）：307-313.

郭建静．农业技术推广中的问题和对策措施 [J]．河北农机，2016（8）：26.

郭世娟，李华．消费者对可追溯鸡蛋的支付意愿及影响因素分析——基于北京市 396 位消费者的调查 [J]．中国家禽，2017，39（12）：73-76.

何德华，周德翼，王蓓．对武汉市民无公害蔬菜消费行为的研究 [J]．统计与决策，2007（6）：114-116.

何寿奎．农村生态环境补偿与绿色发展协同推进动力机制及政策研究 [J]．现代经济探讨，2019（6）：106-113.

何竹明．农技推广应用中农户参与行为及其影响因素研究 [D]．杭州：浙江大学，2007.

贺雪峰．论乡村治理内卷化——以河南省 K 镇调查为例 [J]．开放时代，2011（2）：85-101.

贺雪峰．乡村振兴与农村集体经济 [J]．武汉大学学报（哲学社会科学版），2019，72（4）：185-192.

侯晓康，刘天军，黄腾，等．农户绿色农业技术采纳行为及收入效应 [J]．西北农林科技大学学报（社会科学版），2019，19（3）：121-131.

胡立刚．上海：农业信息集约化建设取得重大进展［J］．中国食品，2018（13）：79．

胡瑞法，孙顶强，董晓霞．农技推广人员的下乡推广行为及其影响因素分析［J］．中国农村经济，2004（11）：29-35．

胡雪萍，董红涛．构建绿色农业投融资机制须破解的难题及路径选择［J］．中国人口·资源与环境，2015，25（6）：152-158．

胡玉辉，郑波．农村集体产权制度改革浅析［J］．农民致富之友，2020（18）：247．

黄季焜，冀县卿．农地使用权确权与农户对农地的长期投资［J］．管理世界，2012（9）：76-81＋99＋187-188．

黄季伸，徐家鹏．消费者对无公害蔬菜的认知和购买行为的实证分析——基于武汉市消费者的调查［J］．农业技术经济，2007（6）：62-66．

黄延信，余葵，师高康，等．对农村集体产权制度改革若干问题的思考［J］．农业经济问题，2014，35（4）：8-14．

贾磊，刘增金，张莉侠，等．日本农村振兴的经验及对中国的启示［J］．农业现代化研究，2018，39（3）：359-368．

姜宝山，马奉延，孟迪．乡村振兴视角下辽宁村集体经济建设发展的思考［J］．农业经济，2019（12）：15-17．

姜利娜，赵霞．农户绿色农药购买意愿与行为的背离研究——基于5省863个分散农户的调研数据［J］．中国农业大学学报，2017，22（5）：163-173．

姜秀华．陕甘宁边区农村社会治理的实践与启示［J］．中国经贸导刊，2019（35）：113-116．

金赛美．中国省际农业绿色发展水平及区域差异评价［J］．求索，2019（2）：89-95．

金永杰．做好土地确权工作保护农户合法权益［J］．吉林农业，2017（15）：45．

靳明，赵昶．绿色农产品消费意愿和消费行为分析［J］．中国农村经济，2008（5）：44-55．

康芳．农村土地确权对农业适度规模经营的影响［J］．改革与战略，2015（11）：96-99．

孔繁涛，沈辰，吴建寨．上海市蔬菜价格调控模式的探索与思考［J］．价格理论与实践，2016（10）：90-93．

孔祥智，高强．改革开放以来中国农村集体经济的变迁与当前亟须解决的问题［J］．理论探索，2017（1）：116-122．

赖作莲，魏雯，智敏．以农村集体经济的制度优势助推乡村振兴［J］．生产力研究，2020（3）：102-106．

李东，蔡江波，陶佩君．农业企业技术推广人员工作满意度的影响因素分析［J］．湖北农业科学，2012，51（8）：1725-1728．

李浩，栾江．农业绿色发展背景下社会资本对农户环境行为的影响研究——以化肥减量化使用为例［J］．农业经济，2020（1）：114-117．

李学敏，巩前文．新中国成立以来农业绿色发展支持政策演变及优化进路［J］．世界农业，2020（4）：40-50，59．

李学婷，张俊飚，徐娟．影响农业技术推广机构运行的主要因素及改善方向的研究［J］．

科学管理研究，2013，31（4）：89-92.

李艳军. 公益性农技推广的市场化营运：必要性与路径选择［J］. 农业技术经济，2004（5）：42-45.

李增元. 新型城镇化背景下农村社区治理改革的动力机制——基于农业型地区和非农化地区的比较分析［J］. 云南行政学院学报，2017，19（4）：96-102.

梁謇. 中国绿色农业补贴政策体系建构研究［J］. 行政论坛，2020，27（1）：56-62.

梁志会，张露，张俊飚，等. 基于 MOA 理论消费者绿色农产品溢价支付意愿驱动路径分析——以大米为例［J］. 中国农业资源与区划，2020，41（1）：30-37.

林楠，张洋，刘丽娟，等. 实验经济学方法下的农户绿色农药选择行为研究［J］. 生态经济，2019，35（6）：113-119.

林勇，平瑛，李玉峰. 消费者对可追溯蔬菜的态度以及支付意愿——以上海市为例［J］. 中国农学通报，2014，30（26）：291-296.

凌燕. 农村集体经济组织产权制度改革的现状研究——以上海市闵行区为例［J］. 农村经济与科技，2016，27（22）：17-18.

刘刚. 农业绿色发展的制度逻辑与实践路径［J］. 当代经济管理，2020，42（5）：35-40.

刘珩. 乡村建设与文化转型：欧洲人类学"本土化"的借鉴与启示［J］. 思想战线，2013，39（5）：49-58.

刘怀. 高等院校农业技术推广人员激励机制的探索［D］. 杨凌：西北农林科技大学，2005.

刘文敏. 浅谈新时期上海农业发展方向与措施建议［J］. 上海农业科技，2019（6）：1-3.

刘秀鹏. 新常态下中国农业技术推广制度结构创新问题研究——基于日本农业技术推广体系的思考［J］. 北京农业职业学院学报，2018，32（2）：23-27.

刘义圣，陈昌健，张梦玉. 中国农村集体经济未来发展的隐忧和改革路径［J］. 经济问题，2019（11）：81-88.

刘玥汐，许恒周. 农地确权对农村土地流转的影响研究——基于农民分化的视角［J］. 干旱区资源与环境，2016（5）：25-29.

陆杉，李丹. 基于利益博弈的农业产业链绿色化发展研究［J］. 中南大学学报（社会科学版），2018，24（6）：124-131，154.

罗向明，张伟，谭莹. 政策性农业保险的环境效应与绿色补贴模式［J］. 农村经济，2016（11）：13-21.

吕娜，朱立志. 中国农业环境技术效率与绿色全要素生产率增长研究［J］. 农业技术经济，2019（4）：95-103.

马佳，董家田，倪卉，等. 国际经验对上海都市现代农业科技发展的启示［J］. 上海农村经济，2019（9）：37-40.

迈里克·弗里曼. 环境与资源价值评估——理论与方法［M］. 曾贤刚，译. 北京：中国人民大学出版社，2002.

牛丽涛. 浅析农村土地确权对劳动力市场的影响［J］. 经营管理者，2016（22）：133-134.

潘世磊，严立冬，屈志光，等. 绿色农业发展中的农户意愿及其行为影响因素研究——基于浙江丽水市农户调查数据的实证［J］. 江西财经大学学报，2018（2）：79-89.

钱茜. 村委会与农村集体经济组织职权重构——以上海市城市化撤村为背景［J］. 黑龙江省政法管理干部学院学报，2015（5）：16-18.

邱秀娟，薛芳. 产权改革下的农村集体经济组织现状与对策研究——以上海市为例［J］. 产业与科技论坛，2016，15（2）：92-94.

沈琼，赵地，王亚栋. 市场结构、生产决策与绿色农产品供给不足［J］. 河南农业大学学报，2019，53（6）：1003-1010.

盛岚. 中国基层农业推广人员激励问题研究［D］. 长沙：湖南农业大学，2010.

盛立强. 以色列农业科技开发与应用推广服务体系研究［J］. 合作经济与科技，2016（15）：5-7.

史清华，卓建伟，盖庆恩. 都市农民收入现状与增收问题分析——以上海市闵行区七村调查为例［J］. 学习与实践，2011（3）：5-21.

孙雷. 上海农村集体经济组织产权制度改革实践［M］. 上海：上海财经大学出版社，2012.

孙雷. 为发展农村新型集体经济提供法制保障［J］. 上海农村经济，2017（12）：4-5.

孙若梅. 绿色农业生产：化肥减量与有机肥替代进展评价［J］. 重庆社会科学，2019（6）：35-45.

唐步龙，张前前. 城市居民对蔬菜质量安全监管体系的信任研究［J］. 云南民族大学学报（哲学社会科学版），2017，34（3）：119-124.

唐李昶. 乡村振兴进程中农村集体资产监督管理平台建设的问题与对策［J］. 农业经济，2020（2）：29-31.

涂正革，甘天琦. 中国农业绿色发展的区域差异及动力研究［J］. 武汉大学学报（哲学社会科学版），2019，72（3）：165-178.

王常伟，顾海英. 逆向选择、信号发送与中国绿色食品认证机制的效果分析［J］. 软科学，2012，26（10）：54-58.

王常伟，顾海英. 农地财产权强化、农业发展权诉求与农户土地承包经营权的留恋［J］. 财贸研究，2019，30（9）：54-66.

王冠军. 新型农村社区社会管理创新"内卷化"及治理对策［J］. 农业经济，2020（6）：44-46.

王恒，易小燕，陈印军，等. 粮豆轮作补贴政策效果及影响因素分析——以黑龙江省海伦市和嫩江县为例［J］. 农业现代化研究，2019，40（4）：638-645.

王力. 外国农技推广与中国农技推广的比较研究［J］. 现代农业科学，2009，16（4）：254-256.

王力刚. 农业技术推广相关的影响相关因素探讨［J］. 中国农业信息，2014（11）：107.

王丽珍. 消费者蔬菜安全关注程度与购买行为差异研究——基于武汉市的调查［D］. 武汉：华中农业大学，2011：12-16.

王玲，李胜利. 农村集体土地流转研究述评——基于2000—2014年的文献［J］. 湖北经济学院学报，2015（4）：88-94.

王守聪，邢晓光，陈永民，等．荷兰职业教育和农业教育的特点及启示［J］．世界农业，
　　2014（1）：142-147.

王秀清，孙云峰．中国食品市场上的质量信号问题［J］．中国农村经济，2002（5）：27-32.

王一琴，林青瑾，尹世久．绿色发展视角下生态农产品消费者偏好的真实选择实验研究
　　［J］．中国食品安全治理评论，2018（2）：131-147＋224-225.

王一舟，王瑞梅，修文彦．消费者对蔬菜可追溯标签的认知及支付意愿研究——以北京市
　　为例［J］．中国农业大学学报，2013，18（3）：215-222.

王志刚，杨胤轩，彭佳．消费者安全液态奶支付意愿及其影响因素——基于北京、天津、
　　石家庄市 676 份调查问卷［J］．湖南农业大学学报（社会科学版），2014，15（1）：7-
　　13，66.

威廉·H. 格林．计量经济分析［M］．张成思，译．北京：中国人民大学出版社，2011.

吴维海．新时代乡村振兴战略规划与案例［M］．北京：中国金融出版社，2018.

西奥多·W. 舒尔茨．改造传统农业［M］．北京：商务印书馆，1987.

熊万胜．郊区社会的基本特征及其乡村振兴议题——以上海市为例［J］．中国农业大学学
　　报（社会科学版），2018，35（3）：57-73.

徐声远．中国农村集体经济的内在机制研究［J］．中国战略新兴产业，2020（10）：6.

许经勇．习近平壮大农村集体经济思想研究［J］．山西师大学报（社会科学版），2020，47
　　（1）：1-6.

薛蕾，徐承红，申云．农业产业集聚与农业绿色发展：耦合度及协同效应［J］．统计与决
　　策，2019，35（17）：125-129.

严立冬，邓远建，蔡运涛，等．绿色农业发展的外部性问题探析［J］．调研世界，2009
　　（8）：11-14.

杨金深，张贯生，智健飞，等．中国无公害蔬菜的市场价格与消费意愿分析——基于石家
　　庄的市场调查实证［J］．中国农村经济，2004（9）：43-48.

杨明．绕不开的"组"中国农村集体产权改革的单元选择——基于农村集体产权制度改革
　　试点的调查［J］．四川师范大学学报（社会科学版），2020，47（3）：51-58.

杨志海．老龄化、社会网络与农户绿色生产技术采纳行为——来自长江流域六省农户数据
　　的验证［J］．中国农村观察，2018（4）：44-58.

叶初升，惠利．农业财政支出对中国农业绿色生产率的影响［J］．武汉大学学报（哲学社
　　会科学版），2016，69（3）：48-55.

叶剑平，丰雷，蒋妍，等．2008 年中国农村土地使用权调查研究——17 省份调查结果及政
　　策建议［J］．管理世界，2010（1）：64-73.

尹彬．荷兰农业知识创新体系的考察与借鉴［J］．世界农业，2016（6）：170-174.

尹世久，徐迎军，徐玲玲，等．食品安全认证如何影响消费者偏好？——基于山东省 821
　　个样本的选择实验［J］．中国农村经济，2015（11）：40-53.

印子．职业村干部群体与基层治理程式化——来自上海远郊农村的田野经验［J］．南京农

业大学学报（社会科学版），2017，17（2）：42-49.

应瑞瑶，侯博，陈秀娟，等．消费者对可追溯食品信息属性的支付意愿分析：猪肉的案例
　　[J]．中国农村经济，2016（11）：44-56.

应瑞瑶，朱哲毅，徐志刚．中国农民专业合作社为什么选择"不规范"[J]．农业经济问
　　题，2017，38（11）：4-13.

袁以星．新中国成立70年上海农村发生历史性变化做出不可磨灭的重大贡献 [J]．上海农
　　村经济，2019（10）：4-6.

詹瑜．农村集体经济组织建设的几个关键问题 [J]．贵州农业科学，2019，47（11）：
　　156-159.

张蓓，黄志平，文晓巍．营销刺激、心理反应与有机蔬菜消费者购买意愿和行为——基于
　　有序 Logistic 回归模型的实证分析 [J]．农业技术经济，2014（2）：47-56.

张国磊，张新文．基层社会治理的实践路径与制度困境研究——基于桂南 Q 市"联镇包
　　村"的调研分析 [J]．中国行政管理，2018（1）：104-108.

张晶．当前农村社会治理存在的症结及解决对策 [J]．农业经济，2020（8）：42-44.

张雷，高名姿，陈东平．产权视角下确权确股不确地政策实施原因、农户意愿与对策——
　　以昆山市为例 [J]．农村经济，2015（10）：39-44.

张莉侠，徐霞倩．上海郊区农业技术推广队伍调查与分析 [J]．上海农村经济，2013（6）：
　　31-33.

张明林，刘克春．中国农业龙头企业绿色品牌"局部化"战略的现状、动机、问题与对策
　　[J]．宏观经济研究，2012（8）：97-103.

张童朝，颜廷武，何可，等．利他倾向、有限理性与农民绿色农业技术采纳行为 [J]．西
　　北农林科技大学学报（社会科学版），2019，19（5）：115-124.

张童阳，孟月娇．中国农业技术推广的影响因素及发展对策 [J]．商品与质量，2011
　　（S6）：249.

张晓山．乡村振兴战略 [M]．广州：广东经济出版社，2020.

张永华．基于乡村绿色发展理念的农业产业结构优化驱动力分析 [J]．中国农业资源与区
　　划，2019，40（4）：22-27.

张占耕．农村集体产权制度改革的重点、路径与方向 [J]．区域经济评论，2016（3）：
　　105-112.

张占耕．上海农业农村70年的发展成就、经验和未来趋势 [J]．上海农村经济，2020（1）：
　　28-32.

赵大伟．中国绿色农业发展的动力机制及制度变迁研究 [J]．农业经济问题，2012，33
　　（11）：72-78＋111.

赵国强．农村土地"三权分置"视阈下发展村级集体经济的路径研究 [J]．江南论坛，
　　2019（3）：43-45.

赵阳，李隆伟．农村土地确权登记颁证有关问题探讨 [J]．兰州大学学报（社会科学版），
　　2017，45（1）：1-7.

赵云龙，汪汇源，徐磊磊，等 . 海南绿色生态农业发展存在问题及对策 ［J］. 安徽农业科学，2020，48（12）：249-251＋254.

郑冬梅 . 绿色农业的外部性分析与思考 ［J］. 中共福建省委党校学报，2006（5）：71-75.

钟甫宁，易小兰 . 消费者对食品安全的关注程度与购买行为的差异分析 ［J］. 南京农业大学学报（社会科学版），2010，10（2）：19-26.

周维林 . 可追溯蔬菜消费者购买行为实证研究——基于梅州市 332 位消费者的调查数据 ［D］. 广州：华南农业大学，2016.

周应恒，彭晓佳 . 江苏省城市消费者对食品安全支付意愿的实证研究——以低残留青菜为例 ［J］. 经济学，2006，5（4）：1319-1342.

周振 . 混合所有制改造是实现农村集体经济的重要路径 ［J］. 中国经贸导刊，2020（15）：37-40.

朱信凯，于亢亢，等 . 未来谁来经营农业：中国现代农业经营主体研究 ［M］. 北京：中国人民大学出版社，2015.

朱艳菊 . 以色列农业技术推广体系的分析和借鉴 ［J］. 世界农业，2015（2）：33-38＋203.

庄天慧，余崇媛，刘人瑜 . 西南民族贫困地区农业技术推广现状及其影响因素研究——基于西南 4 省 1739 户农户的调查 ［J］. 科技进步与对策，2013，30（9）：37-40.

Besley T. Property Rights and Investment Incentives：theory and Evidence from Ghana ［J］. Journal of political Economy，1995，103（5）：903-937.

Boccaletti Stefano，Michael Nardella. Consumer Willingness to Pay for Pesticide-free Fresh Fruit and Vegetables in Italy ［J］. International Food and Agribusiness Management Review，2000，3（3）：297-310.

Buzby Jean C，Jerry R Skees，Richard C Ready. Using Contingent Valuation to Value Food Safety：a Case Study of Grapefruit and Pesticide Residues ［M］. Westview Press Boulder，1995.

Caswell J. How labeling of safety and process attributes affects markets for food ［J］. Agricultural and Resource Economics Review，1998，27（2）：151-158.

Chang J，Lusk J. How Closely Do Hypothetical Surveys and Laboratory Experiments Predict Field Behavior? ［J］. American Journal of Agricultural Economics，2009，91（2）：518-534.

Deininger K. Land Policy for Growth and poverty Reduction ［R］. World Bank Policy Research Report，Co-publication of the World Bank and Oxford University Press，2003：53-58.

Feder G，T Onchan，Y Chalamwong et al. Land Policies and Farm Productivity in Thailand ［M］. Baltimore MD：The Johns Hopkins University Press，Baltimore，1988.

Holleran E B，Maury E，Zaibet L. Private incentive for adopting food safety and quality assurance ［J］. Food Policy，1999，24（6）：669-683.

Joshua，Eleonora et al. Price Repression in the Sovak Agricultural Land Market ［J］. Land

Use Policy, 2004 (21): 59-69.

Katrina Mullan, Pauline Grosjean. Andreas Kontoleon Land Tenure Arrangements and Rural-Urban Migration in China [J]. World Development, 2011, 39 (1): 123-133.

Lancaster K J. A New Approach to Consumer Theory [J]. Journal of Political Economy, 1966, 74 (2): 132-157.

Loureiro M, McCluskey J. Are Stated preferences good predictors of market behavior? [J]. Land Economics, 2003, 79 (1): 44.

Ronail Coase. The Institutianal Structure of Production [J]. American Economic Review, 1992, 82 (9): 713-719.

研究专报 1

多措并举促进我市地产绿色农产品，
实现优质优价的对策建议

上海作为国际化大都市，城市的发展离不开乡村的滋养。上海市大力推进乡村振兴战略"三园"工程建设，其中"绿色田园"工程的目标是全面实现农业提质增效。上海绿色农业发展取得了很大成效，地产农产品绿色认证率位居全国前列，为满足城市居民对高品质农产品的需求提供了更多选择。自新冠肺炎疫情暴发以来，上海农业在保障农产品应急供给方面发挥了重大作用。但同时，地产绿色农产品还是较难实现优质优价。基于此，课题组对上海市 15 个区（除崇明）的 939 位消费者、9 个涉农区的 510 位农业经营主体以及相关政府部门进行了实地调查。

研究发现，现实中生产端与销售端存在的问题阻碍了地产绿色农产品优质优价的实现，不同程度地挫伤了农业经营主体生产积极性，导致地产农产品绿色认证率仍不高。目前全市地产农产品绿色食品认证率虽然已达到三年行动计划的要求，但调查发现，在受访的 180 位已获得绿色认证农业经营主体中，13.89％表示生产的农产品"根本不能实现"优质优价，33.33％表示"偶尔可以实现"，29.44％表示"经常实现"，只有 23.33％表示"总能实现"。在此基础上，全面分析了全市地产绿色农产品不能实现优质优价的深层原因，并提出对策建议。

一、全市地产绿色农产品不能实现优质优价的原因

调查发现，上海地产绿色农产品不能很好实现优质优价的原因主要有以下几方面。

1. 绿色农产品认知度有待进一步提升

一是已获证绿色农产品企业用标率不高。目前全国绿色农产品用标率只有

10％左右，上海绿色农产品用标率也只有 17％。主要原因：一方面，大部分是初级产品，不包装上市，加工产品销售半径小或未进商超；另一方面，部分获证产品只作为原料，不直接进入市场。由于获证绿色农产品用标率低，再加上宣传不到位，使得绿色农产品在消费者中的影响力大打折扣，知晓率不高，获得感不强。调查发现：55％的受访消费者购买过地产绿色农产品，但仅有 10％经常购买，还有 25.67％分不清是否地产绿色农产品；多数消费者只愿为地产绿色农产品额外支付不超过 20％的价格，这导致地产绿色农产品购买行为不可持续。

二是绿色农产品生产认证体系与农业技术推广培训体系还有待进一步加强协调。农技推广部门推行的"双减"（即减农药、减化肥）并未很好地与农产品绿色认证目标结合起来，绿色农产品认证实行的是目录清单制（即用药、用肥是严格限制在目录清单里，且对产地环境也有严格的要求），而"双减"的用肥、用药范围超出绿色农产品目录清单范围，由此导致农业技术推广与农产品绿色认证二者脱节。绿色农业生产更多是要靠农技推广部门的宣传与推进，以上原因造成农业经营主体学习以认证为导向的绿色农业技术机会比较少。调查发现，农业经营主体对绿色农业技术的了解掌握程度并不高，八成受访者表示对绿色农业技术有不同程度的困惑与不解，经常接受绿色农业技术培训的人只占不到五成。

2. 品牌化建设与产销对接力度不够

一是农产品品牌化建设力度不够，绿色农产品的认可度和附加值有待进一步提升。品牌化建设有助于提高农产品生产的经济效益，尤其是"南汇水蜜桃""松江大米""马陆葡萄"等地理标志农产品区域品牌建设对提高农业经营主体的收入效果显著。品牌作为辨别是否上海地产农产品的重要标志，对提升地产绿色农产品的溢价具有明显作用。然而，绿色认证农产品的品牌化建设力度并不强。调查发现，获得绿色认证的农业经营主体中仍有 55％没有自己品牌。

二是产销对接不畅，农产品销售难问题仍在局部地点、时间不同程度地存在。当前地产农产品不同程度地存在销售难问题，该问题在绿色认证农产品中反而更严重。调查发现，31.37％的受访农业经营主体表示一直存在农产品销售难问题，23.14％表示经常存在，28.82％表示偶尔存在，只有 16.67％表示不存在。究其原因：一方面，将水稻、蔬菜等农产品以普通价格卖给国储粮或批发市场现象较为普遍，其中不乏绿色认证产品；另一方面，缺少良好的销售渠道，表现在农业经营主体与电商企业等的合作关系不稳定、集销售与宣传双重作用的区域品牌农产品集中展销场所缺乏等；此外，地产农产品宣传力度不够，九成受访消费者表示不同程度地存在缺少购买上海地产农产品渠道问题。

3. 未很好发挥龙头企业示范带动作用

龙头企业发展绿色农业有助于加强农产品产销对接，促进提质增效，能够带动更多农业经营主体生产绿色农产品。然而，当前龙头企业的示范带动作用发挥有限，主要体现在：一是龙头企业发挥示范带动作用存在个别优秀案例，但缺少可在全市范围借鉴推广的模式。实地调查发现了龙头企业示范带动的个别典型案例，但优秀案例很少且缺少系统经验总结。二是龙头企业自身发展还存在诸多瓶颈问题，限制了示范带动作用的发挥。调查发现，上海农产品加工企业普遍面临研发实力弱、用工成本高、农产品原材料不足、工商资本参与度不够、建设用地指标紧缺，以及农用机械库房和烘干加工场所等配套设施不足等问题，极大制约了三产融合发展，不利于示范带动作用发挥。

二、实现全市地产绿色农产品优质优价的对策建议

结合大都市特点，上海应深入发展都市现代绿色农业。在实地调查结果的基础上，提出以下几条实现地产绿色农产品优质优价的对策建议。

1. 完善和协调绿色农产品认证体系与技术推广培训体系，加快本市地产绿色农产品生产

一是以市场需求为导向，加大科研力度，研究本市进一步推进绿色农产品发展的困难与关键点，从技术上解决绿色农产品发展瓶颈。同时适时跟踪研究新形势下农产品市场需求变化，坚持以品质为根本，切实提高农产品的安全、口感、营养和外观；二是完善绿色农业技术推广体系，制定一批覆盖生产全程的绿色农业技术规范，通过项目形式鼓励支持长三角地区科教单位积极主动对接农业经营主体，分批次打造绿色农业科技支撑示范基地，比如，"十四五"期间可重点推进科技支撑"百千万示范工程"，即打造一百个示范村、一千个示范合作社或家庭农场、一万个示范农户；三是加大绿色农产品宣传力度，提高绿色农产品在市民中的知晓度，用信息手段加快推进绿色农产品认证效率；四是完善绿色农业经营主体培训体系，由市农业农村委遴选建立科技兴农培训专家库，结合农业经营主体现实技术需求实施精准培训。

2. 加强农产品品牌化建设与产销对接力度

一是以品牌建设为抓手，打造一批具有广泛知名度的地产农产品区域品牌和企业品牌，充分发挥专业合作社联合体在区域品牌建设中的监管作用，鼓励绿色农业经营主体采取"认证＋品牌"的产品差异化策略；二是加强农产品产销对接，区、镇政府可充分利用电视、公众号、手机APP、报纸、展会等渠道为地产绿色农产品的销售宣传搭台唱戏，为区域品牌地产绿色农产品集中展销场所留有土地建设指标，总结推广新冠肺炎疫情期间上海市"城乡手拉手，

产销一对一"模式、"申菜达"小程序、与"拼多多"电商平台合作等农产品产销对接经验，尝试设立绿色农产品成本价格保险制度；三是加大绿色农产品宣传与监管力度，一方面加强向消费者宣传地产绿色农产品，增强消费者辨识地产绿色农产品、品牌农产品的能力，另一方面加强对绿色农产品生产主体的管理，对弄虚作假行为给予严惩，避免消费者对地产绿色农产品的不信任。

3. 健全协同推进机制

一是各级政府部门在绿色农业发展方面要统一到乡村振兴战略目标上来，避免只考虑各自部门利益的不作为、滥作为，建立定期会晤制度，集中解决一些关系绿色农业发展且需多部门协调落实的关键事项，尤其是要切实落实和加大对绿色认证农产品生产补贴，使生产者得实惠；二是要建立健全绿色农产品管理与监管机制，形成市—区—镇三级管理体制，以保证绿色农产品的发展与质量监管；三是以长三角生态绿色一体化发展示范区建设为契机，以绿色农业发展为抓手，建立三省一市地区产学研用协同创新机制，健全科研院所技术团队联系区、镇和科技示范基地制度。推广"科研院所＋专家团队＋科技示范基地"模式，构建重点品种全产业链条技术协同指导推广机制。

4. 坚持科技、资金、人才三要素下乡，大力支持龙头企业发展绿色农业

一是上海可借鉴浙江省"两进两回"行动经验，加快研究制定适合市情的"三要素下乡"（即科技、资金、人才下乡）行动计划，健全绿色农业科技支撑体系，持续推进农业农村综合帮扶，积极鼓励各类人才返乡下乡创业创新，带动绿色农业发展。加强舆论引导，大力总结和宣传先进典型，推广先进经验。二是对龙头企业发展绿色农业存在的瓶颈问题给予重点研讨和落实解决，鼓励龙头企业推进全产业链开发，包括发展农产品加工和农业休闲旅游，政府加大对企业从事农产品加工研发的资金投入，对龙头企业所需的人才补贴和土地指标给予倾斜。三是加大龙头企业带动示范典型模式的归纳总结与复制推广，特别是需要在村集体土地入股分红、吸纳村民就业增收等方面给予引导和支持，推进农业生产的规模化与集约化，加快改变目前龙头企业规模小而散、产品商品率不高的现状。

研究专报 2

关于加快建立农产品"合格证＋追溯＋信用"机制的建议

农产品可追溯体系是降低农产品生产信息不对称程度、确保人民群众"舌尖上的安全"的重要手段。食用农产品合格证制度是生产主体的一种自我承诺

制度，标志着农产品质量安全管理从"默认上市"的时代正式转向了上市农产品"承诺合格"的标识阶段。农产品质量信用机制作为一种质量甄别信号，可大大降低政府监管成本，有助于实现农业经营主体优胜劣汰和农产品优质优价。近年来，上海着力推进食用农产品合格证制度，积极探索农产品"合格证＋追溯"模式，在落实生产者主体责任、提高农产品质量安全意识方面取得了明显成效。但对照国家关于大力推进农业高质量发展以及质量兴农、绿色兴农的要求，并结合农产品质量安全监管的现实效果，目前上海农产品可追溯体系建设在与食用农产品合格证制度、信用机制的有效结合方面还存在差距。基于此，课题组通过对全市各城区1 130位消费者、各涉农区510位农业经营主体、相关政府部门、网络平台、追溯实施企业等利益主体的全方位调研，梳理了上海农产品可追溯体系和食用农产品合格证制度建设与实施情况，并提出相关建议。

一、上海农产品可追溯体系和食用农产品合格证制度的推进情况

调研发现，由上海浦东新区率先探索的具有创新意义的农产品安全监管经验已在全市逐步推广应用。具体做法：一是探索应用农产品"合格证＋追溯"机制。目前，浦东新区已有多家大型合作社参与食用农产品合格证制度，并鼓励小农户参与试行。合作社通过浦东新区农业生产管理系统，开具"浦东新区食用农产品合格证"，证上还附有产品二维码，消费者可扫码查看产品介绍、农事操作、检测情况等信息。二是将信用机制付诸农产品质量安全监管实践。一方面，以农用地GIS信息系统、农产品质量安全追溯系统信息共享为基础，建立企业信用档案，通过综合评价，实施农产品质量安全诚信分级（包括A、B、C三级）和分类监管。另一方面，依据信用评级结果，农业部门实施动态分类监管，实现精细化管理。

上海定位发展都市现代绿色农业，但调查发现仍存在两个问题需要引起警惕：一方面，农产品"双减"（即减农药、减化肥）并未很好地与农产品绿色认证目标结合起来，绿色农产品认证实行的是目录清单制，而"双减"的用肥、用药范围超出绿色农产品目录清单范围，导致农药超范围使用现象时有发生，这在带来农产品质量安全隐患的同时，也对农产品获得绿色食品认证形成阻力。另一方面，由于已获证绿色农产品的用标率不高以及品牌化建设力度不够，这在很大程度上导致绿色农产品难以实现优质优价，调查发现，受访农业经营主体中三成已获得绿色认证，其中13.89%表示生产的农产品"根本不能实现"优质优价，33.33%表示"偶尔可以实现"，29.44%表示"经常实现"，只有23.33%表示"总能实现"。新形势下，上述问题的存在对上海农产品可

追溯体系建设提出更高要求。从目前的推进情况看，上海农产品可追溯体系建设已积累诸多经验，但还存在两方面差距：

一是农产品安全组合监管效能尚未充分发挥。调查发现，上海市深入推进农产品可追溯体系建设，逐步扩大种植业生产管理信息系统的主体覆盖率。2019 年共建立纸质档案 7.5 万份，生产档案电子化管理覆盖播种面积 56.18 万亩次。积极贯彻落实食用农产品合格证制度，目前，全市约 718 个生产主体实施了食用农产品合格证制度，开具合格证 79 万张，附带合格证上市的农产品近 4 万吨。虽然正在试点建设的"合格证＋追溯"机制设计在降低信息不对称程度、增强溯源追责能力、强化食品安全主体责任等方面起到较好作用，但还无法将农产品生产经营者的质量安全行为进行评级、记录并传递给消费者，难以很好发挥市场声誉机制的作用，降低了监管效能。

二是农产品可追溯系统建设仍有不足。目前，市农业农村委、市场监管局、商务委分别建设食品追溯管理系统，并汇集到上海市食品安全信息追溯平台，形成 1＋X 食品安全信息管理模式。但问题在于，农产品生产环节追溯管理与市场流通环节追溯管理的要求不同，农产品质量信息在生产环节和流通环节不能实现有效衔接与共享，不同主体间信息互联与共享困难，较难实现农产品全链条追溯。已有的农产品追溯系统中，有的是全程追溯、有的是责任追溯，各个平台相互独立，系统之间互不对接。调研发现，受访消费者中，六成消费者知道食品可追溯体系或可追溯食品，但只有一成消费者查询过相关信息。这一方面导致消费者对食品安全信息的利用率较低，消费者的切身体验感和参与度不高；另一方面导致农业经营主体参与可追溯体系积极性不强。深层原因在于：农产品可追溯体系增加了农业经营主体生产管理成本，却并不能带来农产品销量和价格上的明显回报。

二、建立完善农产品"合格证＋追溯＋信用"机制的建议

针对以上问题，在上海农产品安全组合监管模式中引入信用机制，构建"合格证＋追溯＋信用"的"三位一体"监管格局，充分发挥组合监管效能，是当前亟须的一种农产品质量安全监管新思路。这一机制可有效避免"劣币驱逐良币"现象，促进农产品优质优价的实现。调查发现，九成消费者表示愿意为"合格证＋追溯＋信用"机制设计的农产品支付额外价格。具体建议如下：

1. 做好机制顶层设计

一是打通追溯流程环节。明确对农产品种植、包装加工、仓储、销售等生产全程的质量信息以及农业经营主体质量安全信用评价信息进行跟踪、记录，实现包括农产品合格证在内的质量安全信息和农业经营主体质量信用等级信息

的追溯查询。二是构建动态评价体系。将农业生产主体的行政许可、行政处罚、质量认证、监督检查等相关信息纳入评价体系与追溯系统平台数据库管理，建立一个动态评价体系，不定期更新评价结果。对不同等级给予分级管理，在执法检查频次、违法处罚力度、申报农业项目、享受惠农政策等方面区别对待。三是实现消费终端追溯查询功能。全面贯彻落实食用农产品合格证制度，鼓励农业生产经营主体利用农产品质量安全快速检测产品开展自检，委托第三方抽样检测，并将相关信息附载于合格证。在合格证上加载基于农产品追溯系统的产品二维码，使购买者可扫码查看产品介绍、农事操作、检测情况、农业经营主体质量安全信用等级等各类信息，实现从田头到餐桌的全程溯源。

2. 多模式多路径推进机制实现

一是突破数据壁垒。指定一个政府部门牵头推进"三位一体"的标准化机制建设，在市农业农村委、市场监管局、商务委等相关部门的食品可追溯系统之间，以及市农业农村委内部农产品可追溯系统之间，建立录入数据的统一标准并衔接共享，特别是要打通农产品产业链各环节数据衔接与共享。二是探索双向溯源。随着新冠肺炎疫情防控进入常态化，要大力鼓励支持有条件的地区和农产品经营主体试点探索建设农产品"生产、消费"双向可追溯体系，在原有农产品可追溯系统上增加消费流向模块，采取红包、积分等形式促使下一级购销商或消费者通过扫码查询农产品溯源信息，同时实现对农产品消费流向的跟踪记录。三是推广"一品一码"。在每个产品标签上均打印追溯信息二维码，使消费者在购买之前就可扫码查询农产品生产信息、合格证信息、经营主体质量信用信息等，充分维护消费者知情权。四是对接网络平台。鼓励全市范围推进同一大类农产品生产经营主体成立农业产业化联合体，积极主动对接盒马鲜生、叮咚买菜等网络平台，倒逼农业经营主体按照统一标准和规范执行网络平台的追溯要求，实现地产农产品优质优价。

3. 完善体制机制保障

一是各相关部门定期召开联席会议，重点围绕"合格证＋追溯＋信用"机制的数据衔接、共享、监管等问题开展协作。二是在各涉农区开展"合格证＋追溯＋信用"机制区域试点，以项目形式支持不同主体推进"三位一体"机制建设，并逐步将其纳入各区乡村振兴重点任务考核。三是采取适当奖惩手段，鼓励各主体规范生产。开展农产品追溯信息平台生产信息录入、运行和维护的培训。鼓励支持农业经营主体探索适合自身特点的追溯模式，对追溯广度和精度更高的经营主体给予奖励，并在追溯系统平台对外查询中予以体现。对在平台上主动上传信息的企业、合作社及散户进行奖补、产品宣传和推介。对主动积极落实食用农产品合格证制度，采用农产品质量安全快速检测产品开展自检的农业经营主体，给予适当补贴奖励。四是组建一支由种养经营主体代表、行业专家组成的社会监督员队伍，通过明察暗访等形式广泛听取意见和建议，建立健全内外部监督制约机制。五是通过新闻媒体等平台加强对农产品可追溯体系的宣传报道，提高市民对农产品可追溯体系的认识，增加对农产品可追溯信息的敏感度，提升消费者查询意识。

研究专报 3

关于激活上海市花卉市场消费潜力的建议

近年来，得益于国际化大都市的区位优势，上海花卉产业取得了长足发展，逐步形成了良好的产业格局。花卉产业的快速发展为中国国际花卉园艺博览会、中国花博会等在上海的举办打下坚实基础，有助于上海加快推进"五大中心"建设以及"四大品牌"打造，实现高质量发展。然而，上海居民的花卉消费习惯尚未形成，花卉市场巨大消费潜力有待进一步激活。因此，课题组对上海各城区居民、各涉农区花卉生产经营者的问卷调查，以及与相关政府部门、科研机构人员等利益主体的座谈调研，分析花卉消费习惯未形成的问题表现及原因，提出激活上海市花卉市场消费潜力的建议，供参考。

一、上海花卉消费习惯未形成的原因

近年来上海市通过引进、选育和推广等手段，花卉品种愈加丰富，包括鲜切花类、盆栽类、球根类、种苗类、多肉植物类，其中多肉植物异军突起，发展迅速。花卉产业格局逐渐从"一点、二带"（即上海鲜花港点、松江浦南花卉产业带和奉贤青村非洲菊农民合作社产业带）演变成"点、片、面"（即以大的花卉企业为点、合作社为片、小企业为面）的产业新格局。上海花卉业在规模化生产的基础上，呈现出明显的区域特色，如鲜花港建成了以郁金香为主题的公园，种业集团建成了以种苗、盆栽、球根类花卉生产为主的综合性基地。花卉业还呈现出多元化的经营格局，从传统的花卉栽培生产向产业链的两端延伸。

此外，上海花卉市场也日臻完善，花卉市场的消费群体、消费品种也发生了相应的改变，花卉消费从集团消费、节庆消费逐渐向普通的大众消费、日常消费转变。伴随着消费群体的改变，消费品种也发生了相应的改变，一些盆栽花卉如盆栽百合、盆栽马蹄莲、多肉类、草花类等如今颇受青睐。然而调查发

现，上海城市居民普遍都购买过花卉，但购买并未形成常态，花卉消费习惯并未形成。究其原因，主要包括以下三方面。

1. 花卉产品价格居高不下，消费者持续购买力不高

调查发现，939位受访居民中，九成购买过花卉，但只有一成经常购买。其中，66％主要购买盆栽植物花卉，28％主要购买鲜切花。市民购买花卉未形成习惯的根本原因在于，花卉价格偏高。当前市场上的花卉基本能满足城市居民的消费需求，但消费者对花卉价格和宣传促销方式的满意度还相对偏低。花卉价格之所以居高不下：一方面，由于花卉缺少统一规范的市场定价标准，信息不对称问题较为严重；另一方面，家庭园艺虽然是一个巨大市场，但仍处于市场开拓阶段，目前一个家庭园艺的设计、养护等费用普遍超过1万元，远远未达到可以薄利多销阶段。此外，花卉种植和养护难、新鲜程度不高是消费者购买花卉担心的主要问题，选择人次比例分别为44％、35％，这在一定程度上也间接增加了居民购买花卉的成本。

2. 花卉品牌建设力度不足，消费者品牌忠诚度不够

调查发现，上海地产花卉产品普遍缺少品牌，且宣传力度不够。70位受访花卉生产经营者中，超过半数没有自己的产品品牌，产品的宣传推广渠道仍以传统的客户口碑相传为主，缺少媒体广告宣传和政府推介。花卉销售渠道虽然较为多样化，但超过八成都不同程度地存在花卉产品销售难问题。花卉产品的销售渠道中，以花卉市场摊位最多，不少花卉生产经营主体直接在花卉市场有自己的销售摊位，其次为门店销售和订单生产，电商销售方式仍未成为主流。此外，六成受访者表示产品经常可以实现优质优价，但也有三成受访者表示不能实现优质优价。由于消费者对花卉质量信息更难掌握，因此对于这种"劣币驱逐良币"的现象同样需要引起重视，加强政府对花卉产品的质量监管，否则更会阻碍消费者对花卉品牌忠诚度的形成。

3. 花卉销售市场体系不健全，花卉产品产销对接不畅

参照荷兰、日本以及中国云南等地区的花卉产业发展经验，当前上海花卉销售市场体系仍不健全，一定程度上也导致花卉市场潜力并未得到很好挖掘和开拓，尤其是家庭园艺与花卉产品加工消费市场。其主要原因在于：从消费端来看，市区的花店通常以销售鲜切花为主，购买相对便捷，但价格相对较高且难以激发和满足家庭园艺需求，郊区的花卉市场通常以销售盆栽、绿植为主，产品品种多样，但购买便捷性和宣传力度不够。此外，超过四成消费者认为花卉没有统一定价标准、季节性太强是当前花卉市场存在的主要问题。从生产销售端来看，大棚房整治拆除了大部分花卉市场，部分存活下来的花卉市场也面临因不是建设用地而无法市场交易的窘境，由此导致生产者卖花、消费者买花

都遇到难题，花卉产销对接较为不畅。

二、激活上海市花卉产业市场消费潜力的对策建议

上海具有巨大的花卉消费市场，应充分利用有限的农用地资源，大力发展功能价值多样、经济效益高的花卉产业。当前亟须激活花卉产业市场消费潜力，提出以下几方面建议。

1. 明确花卉功能与作用，坚持规划先行

立足花卉的增收、休闲、生态、文化、保健五大功能，充分认识发展花卉产业对上海打造国内实施乡村振兴战略改革示范区、世界级国际大都市的重要作用。政府应统一规划，构建传统花卉生产基地、花卉重点镇（特色小镇）、花卉产业综合体（花卉乡村联动发展）、花卉现代产业园等多层面花卉产业生产体系。一是建议在上海统一规划布局 3～4 个大型综合的融花卉展示、科普、培训、文旅、体验、花艺康养、花疗、花食、花市为一体的花卉产业综合体。在不同区域规划布局建设不同花卉类型的产业园区，同类花企集群发展、统一评标、互相促进。二是在美丽乡村、美好家园建设过程中，相关政府部门应主动协调花卉企业能参与到示范点建设项目中，特别建议多用一些符合乡村特点、生态的、多年生花卉、花灌木等花卉产品。建议对有一定花卉基础的村镇，统一规划建成若干个以花卉、园艺为特色的美丽时尚小镇，支持有特色的花企融合发展，如：闵行梦花源、金山花卉小镇等，打造成为上海乃至国内以花卉为特色的旅游胜地。三是鼓励支持花卉功能挖掘与产品研发加工，加强产学研一体化，不断开发推广新产品，并促使加快成果转化为现实生产力。

2. 加强地产花卉品牌培育宣传，培养花卉消费习惯

一是政府应以政策激励花卉企业研发更多具有自主知识产权的新优花卉品种，同时加强专利保护力度。对花卉产品制定统一的行业、地方标准，可由花卉行业协会牵头实施，规范产品，避免恶性竞争。二是鼓励家庭园艺的推广，支持花企举办更多百姓园艺展会，引导更多百姓消费花卉，实施薄利多销策略。政府牵头主办，鼓励花企承办更多的百姓居家花艺、阳台、花园等比赛活动。支持"家庭园艺师"新型职业技能行业的发展。三是借鉴荷兰、日本等国家和云南等省市发展花卉旅游产业的经验做法，充分发挥地方旅游资源优势和海派文化优势，将花卉与文化紧密结合在一起。将花卉功能从观赏性延展至观光旅游、养生保健、日化食品等多方面，花卉产业链由种植领域向加工和服务领域延伸，生产存量逐渐盘活，产销进入良性运行轨道，信息、营销、科技创新前沿领域和服务产业日益完善，实现产业叠加，

共融发展。四是借鉴日本经验，长期持续开展"花育"活动。建议企业、政府、学校三位一体大力开展"花育"活动。从小培养爱花市民，积极支持"花育"活动作为重要工作来抓，定期在学校、公共设施、商业设施等场所开展以孩子为对象的全市"花育"活动，鼓励孩子们与大自然亲密接触，以促进花卉消费。

3. 健全多层次花卉销售市场体系，满足多样化消费需求

鼓励建设多层面的花卉销售市场，包括花卉交易中心、花卉交易市场、花店、网络平台、花卉销售摊位点位等。一是借鉴国际经验，建议在虹桥机场、虹桥火车站周边地区以及浦东机场周边地区筹划建立长三角地区最大的花卉交易中心，并在此基础上完善花卉外部物流运输和内部物流两大体系。二是探索由大型花卉企业集团在标准化菜市场内开设销售花卉摊位，以及参照传统报刊亭模式设立流动花卉销售点位。加强鲜花包装保鲜、冷藏保鲜等新技术、新设备的研发和推广。三是鼓励使用标准保鲜箱进行包装，使用条形码、智能标签、无线射频识别等技术进行管理，逐步实现鲜花包装的标准化、规范化。鼓励实力雄厚的花卉物流企业在完善自身冷链设备的基础上，与航空、铁路等部门合作，在机场和铁路货运站建设冷库，将更多的冷藏货柜车投入到鲜花运输中，以促成鲜花全程冷链运输。四是在优化品种结构的基础上，要完善花卉市场信息系统，建立花卉生产、销售资源、服务体系数据库，同时要培育和壮大花卉市场，规范市场的经营与管理，并加强对市场的宏观调控。

4. 完善政府服务体系，实现关键政策突破

一是亟须政府破解郊区花卉市场在农用地上不能合法合规交易经营的重大难题，通过宣传引导，尽快缓解和解决花卉产销对接不畅等问题。二是政府还应组织花卉企业解读国家、地方层面的发展政策，制定相应支持举措，鼓励花企根据行业发展趋势、规律创新研究花卉不同的新的应用方向，开辟更多花卉产品的应用领域。三是建议成立由政府部门、企业、中介组织等组成的花卉产业联合会，负责研究制定花卉产业发展规划，协调政府部门、花卉生产者、市场经营者之间的相互关系，同时，组织实施花卉重大投资项目，指导花卉生产销售，提供花卉科技、信息、培训等各类服务。四是协同推进科研、推广和教育"三位一体"的花卉人才培养工程，加强政策保障，形成一套完整的人才体系。要有计划地培育高级技术人才、企业管理人才和专业化技术骨干，提高花卉行业从业人员的整体素质，同时要丰富培训形式，如通过实地参观、现场授课以及网络教学等形式开展技术培训，以提高培训效果。

研究专报 4

上海市亟须优化农业产业结构，实现农业产业转型升级

长三角一体化发展地区要率先形成以国内大循环为主体、国内国际双循环相互促进的新发展格局。乡村振兴是经济双循环的重要引擎，农业农村农民迎来重大发展机遇。上海要实现乡村振兴，关键是要发挥国际化大都市超大规模市场优势，优化农业产业结构。上海在"绿色田园"建设方面取得显著成效，然而农业产业结构还存在不合理之处，制约了农业提质增效的实现。"三区划定"之后，面临有限土地资源和巨大市场需求这一突出矛盾，上海应以"十四五"规划为契机，聚焦农业产业结构调整优化，实现农业产业转型升级，走高质量发展之路。基于此，课题组通过对全市各城区 939 位消费者、各涉农区510 位农业经营主体、602 位农技推广人员的问卷调查，以及对相关政府部门、网络平台企业、技术专家等利益主体的深入座谈调查，分析上海市农业产业结构存在的问题，并提出对策建议。

一、上海农业产业结构存在的问题

上海农业产业结构不合理，与打造精致农业还存在距离，突出表现在以下三个不足。

1. 农业种植结构不够精准，未很好满足市场需求

一是人们对健康营养的优质农产品的需求日益强烈，但需求未得到很好满足，地产农产品消费习惯普遍未养成。调查发现，七成受访消费者对市场上农产品质量安全放心程度不高，九成消费者对优质农产品的需求未完全得到满足。农产品回归"儿时的味道"，仍是人们心中的梦想。此外，75％的消费者表示购买过上海地产农产品，但只有不到三成经常购买。究其原因，主要是消费者对地产农产品的购买渠道缺少了解以及对地产农产品质量信任程度不高，近五成消费者表示购买上海地产农产品的渠道很少或较少，五成消费者对上海地产农产品的质量信任程度不高。

二是农业种植结构有待调整优化，种植模式较为单一。基于充分发挥农用地功能考虑，上海农业种植结构还有较大调整空间。上海农用地开发强度远高于东京，但农业种植结构和东京差异明显。东京农业种植以蔬菜为主，蔬菜产出额约占农业产出总额的 60％，花卉约占 15％，水果约占 10％，大米仅占不到 1％。上海蔬菜产出额比例较高，而花卉等高附加值农产品的产出额比例明

显偏低。单就蔬菜而言，大多数为青菜，难以满足市民多样化需求，也不利于生产经营者降低市场风险，这主要受制于不同种类蔬菜种植技术差异性较大以及蔬菜绿色食品认证对品种数量的单一要求。

2. 农业生产技术不够精细，未很好满足生产需求

一是绿色农业技术需求未得到有效满足。各涉农区绿色农产品种植都亟须技术支撑，现有技术研发推广体系还难以满足生产需求，种植理念和技术与国内外先进水平差距明显。调查发现，八成受访农业经营主体表示对绿色农业技术有不同程度的困惑与不解，绿色农业技术培训体系不健全是了解掌握程度不高的重要原因，经常接受绿色农业技术培训的人只占46％。农技推广激励机制仍不完善，难以调动基层农技推广人员积极性。九成受访农技推广人员表示农技推广经费存在不同程度的短缺，对农技推广工作收入也存在不同程度的不满。

二是高科技智慧农业与装备农业扶持力度还不够。当前因缺少优良品种、以及单纯追求产量而施用农药化肥，导致人们难以找回农产品"儿时的味道"。调查发现，上海地产绿叶菜在夏天普遍存在品相和口感较差问题，与宁夏等北方绿叶菜、贵州等高原绿叶菜的品质差异较为明显，这是导致叮咚买菜等网络平台夏天不愿收购本地绿叶菜的重要原因。上海拥有不少口碑好的优质农产品品种，如南汇水蜜桃等，但也普遍面临品种不断退化、种植管理标准不统一等导致品质下降问题。食用菌、富硒农产品等具有营养和调节生理活动功能的功能性农产品的研发推广力度还不够。此外，装备农业水平有待提高，蔬菜工厂化生产程度还远不如荷兰80％左右和日本20％左右的水平，也落后于北京和广州等国内大城市。

3. 农业产出产品不够精品，未很好满足增收需求

一是农产品绿色食品认证用标率有待提高，品牌建设力度不够。全市地产农产品绿色食品认证率虽处于全国前列，但面临绿色认证主要集中在相对容易获得认证的水稻产品、绿色认证用标率不到20％等问题，大大降低了农产品优质优价的实现。此外，地产农产品品牌化建设力度并不强，只有28％的受访农业经营主体拥有农产品品牌。这很大程度上导致农产品难以实现优质优价。调查发现，七成农业经营主体表示农产品不同程度地存在不能实现优质优价的问题。浦东通过农协以及农业产业化联合体加强对区域品牌地理标志农产品生产监管与销售宣传的经验值得借鉴，但也面临覆盖面有限、监管难度大、劣质产品对优质产品带来"株连效应"等问题。

二是农产品产销对接不畅，农产品附加值不高。目前全市超过70％的水稻直接进入国家统收渠道销售，并未实现"由卖水稻向卖大米转变"，产品附

加值未得到很好提高。究其原因：一方面，稻米加工厂须参照工业用地要求，但多数地块是农业用地备案，部分区采取建设用地平移的解决办法，却不能经营；另一方面，不少大米虽然水稻生产环节通过了绿色食品认证，但加工环节没有通过绿色食品认证，最终的大米产品不能贴绿色食品认证标签，制约了优质优价实现。另外，蔬菜产销对接网络平台的模式减少了中间环节，让不少生产主体尝到了田头蔬菜卖出零售价的甜头，尤其新冠肺炎疫情期间该模式得以迅速发展。但调查发现，仍有不少蔬菜种植者面临产品销售难问题。主要原因在于：蔬菜种植者因缺少设施冷库用地和产品冷链包装流水线设备等，且全市缺少统一产品包装标准，加之合作社生产规模普遍较小，叮咚买菜等电商平台缺少合作积极性。

二、实现上海市农业产业结构优化的对策建议

实现上海市农业产业结构调整优化是当务之急，应该坚持市场需求、科技创新、产业融合"三大方向"为指引，解决"三个不精"问题，具体提出以下几条建议。

1. 坚持以市场需求为方向，调整优化农业种植结构

一是全面深入调查研究市场需求，以"十四五"规划为契机，充分利用"三区划定"之后的有限农用地资源，在保证米、菜、肉、蛋、奶等产品一定供给量的基础上，聚焦功能营养性农产品以及花卉园艺、特色瓜果等高附加值农产品种植，探索利用拆违复垦土地种植花卉园艺等农产品。二是坚持"三大片区"农业协调发展思路，"三区划定"之后全市农用地主要划分为"崇明片区""临港片区""西南片区"，建议依托各片区面临的重大战略机遇与挑战，明确各自发展定位，市级层面分别编制三大片区农业发展专项规划，崇明片区可重点发展花卉园艺产业等，临港片区可重点发展高科技装备农业等，西南片区可重点发展休闲农业等三产融合。三是大力发展绿色农业，生产满足市场需求的高品质农产品，继续提高农产品绿色食品认证率，尤其是提高绿色食品用标率，鼓励支持农业经营主体采取"认证＋品牌"生产经营策略，打造上海地产品牌，支持农业经营主体注册属于自己的品牌与注册商标。

2. 坚持以科技创新为方向，调整优化农业生产结构

一是建议对标荷兰、日本等世界农业科技强国，大力发展高科技农业，充分依托上海加快建设具有全球影响力科创中心的机遇，重点发展种源农业，重视种质资源保护，打造建设一批覆盖多类别的育种基地，建议政府通过科研项目重点引导水稻育种要以软米的抗性改良、杂交稻的软米改良为主要方向。二是大力发展智慧农业，逐步将5G信息技术全面应用于农业生产全过程，实现

数据化管理、信息化共享，同时智慧农业的发展必然要求装备农业的跟进，在农业设施项目方面积极支持其他兄弟省市参与竞争建设。三是大力发展装备农业，建议重点将蔬菜工厂化生产作为"十四五"期间农业重点支持建设项目，力争"十四五"期间实现蔬菜工厂化生产 5％～10％ 的覆盖率，达到国内领先水平，同时要研发和推广蔬菜"逆境出彩"的生产种植技术、水果省力化栽培管理模式。四是建立完善农产品生产与加工标准体系，尤其是加快研究制定基于地产优质米的食味全产业链大米标准与针对不同种类的蔬菜包装地方标准。给部分较大规模农业生产经营者留出必要的用于蔬菜冷藏、包装的设施库房用地指标，并可对外提供蔬菜包装有偿服务。

3. 坚持以产业融合为方向，调整优化农业组织结构

一是大力支持农业经营主体向产业链下游延伸，发展农产品初深加工和休闲农业。建议要进一步扶持上海本地市民喜爱的农产品加工企业的持续发展。要充分挖掘农业的功能和乡村的价值，向三产深度融合发展升级，推动乡村从"卖产品"向更多"卖生态""卖风景""卖文化""卖体验"转变。二是强调农业经营主体的联合，鼓励支持成立农业产业化联合体，以品牌建设为抓手，打造一批具有广泛知名度的地产农产品区域品牌，充分发挥产业化联合体在生产管理标准化、区域品牌监管以及带动农产品销售等方面的作用。三是加强农产品产销精准对接，继续拓展推广已有的农产品产销对接经验，进一步深化"城乡手拉手，产销一对一"的农产品产销对接服务模式，加强农业农村委与商务委、电商平台的协调合作。鼓励支持农业产业化联合体积极主动对接盒马鲜生、叮咚买菜等网络平台，倒逼农业经营主体按照统一标准和规范执行网络平台的生产管理要求。四是建立产学研用协同创新机制，加强谷物、食用菌等功能性农产品的科技研发与应用推广，支持国家谷物健康创新研究中心等产学研一体化机构建设。健全科研院所技术团队联系区、镇和科技示范基地制度。推广"科研院所＋专家团队＋科技示范基地"模式，构建重点品种全产业链条技术协同指导推广机制。

4. 健全政策保障体系

一是加大绿色农产品宣传与监管力度。一方面加大向消费者宣传地产绿色农产品的力度，增强消费者辨识地产绿色农产品的能力，讲好上海故事，比如普遍推行的水稻与绿肥养地作物轮作的特色经验做法。另一方面加强对绿色农产品生产主体的信用监管，试点建设农产品"合格证＋追溯＋信用"机制，对弄虚作假行为给予严惩，避免消费者对地产绿色农产品的不信任，培育一大批地产农产品的稳定顾客群体。二是完善农技推广人员激励机制。增加镇级农技推广人员编制数量，适当提高农技推广人员收入。全面深入推进科技特派员制

度，建设一批科技特派员创业示范基地和培训示范基地，加大新型职业农民培训力度，实施精准培训。三是建议政府加大对农产品加工企业的扶持力度。对农产品初深加工企业都免征企业所得税，加大对企业贴息贷款力度。政府应该在土地、人才、水电政策等方面予以倾斜，比如鼓励企业加强农产品示范基地建设、支持企业科技人才引进、降低企业水电燃气使用费等。提高政策稳定性和行政审批效率，加大产品质量安全监管和打假力度。

研究专报 5

关于赋能、激励本市村干部发展壮大村级集体经济的建议

当前，上海农村集体经济发展活力不够、后劲不足，村干部发展村级集体经济的动力不足。调研发现，崇明、金山、奉贤、青浦和松江等区经济相对薄弱村占比皆超过 45%，部分纯农地区的经济相对薄弱村级集体经济收入只有几十万元甚至几万元，超三成行政村面临集体经济"收不抵支"问题。随着乡村振兴工作的深入推进，村务管理、社会治理等支出越来越多，村民对收入稳定提高的期盼越来越强，村级组织面临的压力会更大。目前，村级集体经济薄弱已成为本市乡村振兴的"短板"，直接影响乡村振兴战略的实施及乡村的全面振兴，同时给各级财政带来很大压力。从各地实践看，村干部是促进村级集体经济发展的主体力量，建立健全村干部激励机制，充分调动其在发展壮大村级集体经济工作中的积极性和主动性，是保障村级集体经济持续稳定增长的关键。课题组通过对全市 9 个涉农区 60 个村委会、276 位村干部、510 位农业经营主体的问卷调查以及对典型村的座谈调研，剖析本市村干部发展村级集体经济动力不足的原因，并就赋能、激励村干部发展壮大村级集体经济提出三点建议。

一、造成村干部发展村级集体经济动力不足的主要原因

调查发现，尽管受访村干部中有 99.7% 认为有必要发展村级集体经济，但仍有六成村干部发展村级集体经济的动力存在不同程度的不足。造成村干部发展村级集体经济动力不足的原因主要有以下三点。

一是村级集体经济发展与村干部自身利益结合不紧密，村干部激励不足造成动力不足。

自 2014 年市委"创新社会治理，加强基层建设""1+6"文件出台以来，市郊村"两委"班子的精力和工作重心逐步转向社会治理和公共服务，各区对村干部的考核管理也引导村干部将工作重心调整到基层党建、公共服务、公共

管理、公共安全上来。近年来，各涉农区对村干部招商引资等经济指标的考核已取消或弱化，对村"两委"班子成员薪酬统一托底保障，村干部薪酬与村级集体经济收入脱钩。有些区在2015年就明确剥离村"两委"的经济发展职能，规定不得以经济指标作为村"两委"班子成员的奖励依据。这就造成村干部收入、考核、个人发展与村级集体经济发展不挂钩，村级集体经济发展与村干部自身利益结合不够紧密，村干部因激励不足而缺乏发展村级集体经济的动力。

反观其他地区，如浙江南浔、安徽铜陵、辽宁本溪、福建福州等多地，在2019、2020年出台了激励村干部发展壮大村级集体经济的办法，全面调动村干部发展壮大村级集体经济积极性、主动性和创造性。对村"两委"成员实施"基本报酬＋绩效考核＋集体经济发展创收奖励"的薪酬待遇制度，激发村干部干事创业的热情，推动村级集体经济健康发展。

二是村干部村务工作纷繁，待遇不高，个人发展空间有限，村干部缺乏精力和干劲造成动力不足。

村干部承担村务管理、村级经济发展、人居环境改善、社会和谐稳定等大量日常繁杂工作，"白加黑""5＋2"是村干部常态化的工作状态。调查发现，七成受访村干部表示经常加班，近一半受访村干部的年收入在10万以下，超过三成对薪酬不满意。一些经济薄弱地区村干部的薪资待遇普遍偏低，社保及公积金保障待遇水平偏低。此外，村干部很难获得事业编制，没有编制意味着退休后没有退休工资，仅有社保，还不如普通企业员工。只有部分区的村支书在达到一定任职年限后才有机会获得事业编制。调查发现，九成受访村干部表示在当前职位下根本没有资格获得事业编制，离任后难以获得较好的收入保障。总体而言，村干部的上升空间狭小，村干部职业规划缺失，职务晋升渺茫，对于绝大多数村干部而言"当村干部在政治上没盼头，当村支书是尽头"。

本市郊区"人才短缺""来了留不住"的问题仍非常突出，尽管近年来市郊村干部年轻化、知识化得到明显改善，但懂经济、善经营的村干部仍然非常缺乏。大学生"村官"等文化水平高的年轻人往往把"村官"当"跳板"，通过考编、晋升等途径很快离开村组织，难以发挥其在乡村发展中的积极作用。村干部的主要精力用于纷繁的日常村务管理工作中，而投身发展壮大村级集体经济的精力、能力不足，造成动力和干劲不足。

三是村级集体经济发展缺乏渠道、平台、资源，村干部信心和积极性不够造成动力不足。

近年来随着"五违四必""大拆违"工作的推进，市郊各区农村集体经营性收入受到不同程度的影响，不少村集体经济组织的租金收入呈断崖式下降，导致村级组织收不抵支的状况。市郊各区近年来也积极探索村级经济发展之路，但仍普遍面临村级集体经济发展缺乏渠道、平台、土地等资源等问题，尤以纯农地区为甚。纯农地区经过"三区划定"，几无可开发利用的土地资源，农家乐、民宿、乡村旅游等涉农项目的开发也受用地指标、市场监管、环境保护等因素的限制。多数经济薄弱村、空壳村缺乏发展条件，不同程度存在"一产只能种、二产不能动、三产空对空"的现象。此外，本市郊区的农业生产效率、经济效益不高，现代绿色农业的产业化发展水平和能级不高，村级集体经济与农业产业关联不大，村级集体经济组织在推动农业现代化发展中未能发挥应有的功能和作用。

调查发现，九成受访村干部支持社会资本参与村级集体经济发展，然而绝大多数村组织缺少引入社会资本的资源和渠道。区、镇对村资产具有支配权但还缺少全面合理统筹，不少农村通过清拆获得的土地指标被区里统筹，村、镇发展涉农、非农项目都碰到建设用地等用地指标吃紧的问题。村干部在村集体资产利用方面缺少足够话语权和统筹利用能力，尤其是缺少必要的建设用地指标和引入社会资本的资源渠道，打击了村干部发展村级集体经济的积极主动性和信心。

二、为村干部赋能，激励村干部发展壮大村级集体经济的建议

为解决本市农村集体经济发展活力不够、后劲不足问题，当务之急要为村干部赋能，激发其发展壮大村级集体经济的动力，并提高其能力和水平，更好地发挥村干部在村级集体经济发展中的主力军作用。

1. 建立健全激励与保障机制，激发村干部的动力和积极性

一是加强考核及激励。将发展壮大村级集体经济工作纳入村"两委"班子年度绩效考核指标，并与村干部绩效报酬、评先评优、择优入编、提拔使用等挂钩。各区因地制宜探索建立"基本报酬＋绩效考核＋集体经济发展创收奖励"的薪酬待遇制度。二是加强表彰和宣传。对在发展村级集体经济中业绩突出的村干部、村组织，给予区级、市级荣誉表彰，给予先进个人可"享受乡镇副科级干部经济待遇"的激励政策，并广泛宣传其典型经验、先进事迹，激发村干部的荣誉感、内生动力和工作积极性。三是拓展晋升渠道和上升空间。建立健全从优秀村干部中选拔乡镇领导干部、考录乡镇公务员、招聘乡镇事业编制人员的机制，解决村干部的出路和发展问题，让表现优秀、业绩突出的村干部有奔头、有发展。四是建立健全保障机制。坚持"在岗有合理待遇、离任有生活保障"的原则，建立由区级财政、乡镇财政、村级集体经济和村干部本人共同负担的养老保险体系，解决村干部对离任后收入保障的后顾之忧，激励其爱岗敬业干事业的责任感和积极性。

2. 创造发展条件，激发村干部大有可为的信心和积极性

一是加强资源统筹。加强市、区、镇级在农村集体经济发展中的顶层设计与资源统筹，加强对纯农地区、经济薄弱村的资产注入和资源倾斜，以"抱团""异地"发展模式优先提供经济薄弱村发展村级集体经济的资源，增强其造血能力和自我发展能力。土地减量化后获得的土地指标，适度向纯农、涉农地区调配，以点状供地方式保障这些地区发展观光休闲农业、民宿、康养等产业，切实推进三产融合发展。二是搭建平台、拓展渠道。政府通过资金引导、平台搭建，吸引国资参与村级集体经济发展，提高村级集体经济增值的能力和效率。各区可由区级统筹建立区级、镇级投资、实业公司，吸纳国资参股发展，村级集体经济组织以资金、土地、集体资产等多种形式入股，以国有资产带动集体资产混合发展，帮助村级集体经济发展。政府将农村综合帮扶资金和项目与村级集体经济发展相结合，通过建设一批长期稳定收益的帮扶"造血"项目，发展壮大集体经济。三是保障农业农村稳定的财政投入。切实落实农业农村优先发展的方针，保障对农业农村系统稳定的财政投入。农业开发项目、农业产学研项目等政府项目向村级集体经济组织设立、创办的涉农项目、基地、企业、合作社倾斜，为村级集体经济组织发展现代绿色农业提供资金、项目及科技支撑，提升村级集体经济组织在现代绿色农业发展及产业链增值提效中的功能和作用。

3. 为村干部赋能，提升其发展经济的能力与积极性

一是加强学习培训。通过岗位培训、学历培训，以及组织村干部到先进地区、政府职能部门挂职学习，提高村干部的综合素质和工作能力，尤其要注重提高其经济、管理方面的业务能力和水平。同时，采取观摩、调研考察等方式，提高村干部适应市场经济、发展壮大集体经济的能力和水平。二是加强人才队伍建设。多方式、多途径配强村干部队伍，将有奉献精神、有管理能力、有经营头脑的年轻人充实到村"两委"班子中，并做好老中青结合，建设一支有担当、能力强、懂经济、善经营、会管理的村干部队伍。建立、完善乡镇与村干部队伍"双向流通互动"的工作机制，选派乡镇优秀人才到村主抓经济工作，同时，提高从市级机关、市属国有企业和各区政府机关、企事业单位中遴选优秀年轻干部担任驻村指导员的覆盖面，充分发挥驻村干部、大学生"村官"在发展村集体经济中的带头作用。三是减负赋能。着力解决困扰基层的形式主义问题，切实为村干部减负，将村干部从繁文缛节、迎来送往中解脱出来，让村干部有时间和精力抓落实干实事，将更多的时间和精力投入经济发展工作。

后记 POSTSCRIPT ////////////

书稿完成之际，我的内心久久不能平静，更多是激动与喜悦之情。本书从构思撰稿到成文出版，历时整整一年，前期研究的积累更是历时五年之久，研究过程非常艰辛。本研究可以说是本人工作五年来的一个主要成果积累，虽谈不上鸿篇巨制，但也可以称为一个巨大工程，集中体现了我对上海这样一座国际化大都市农业农村发展的了解、理解与见解。我出生于农村，长在农村，经过无数次的考试洗礼，本科得以入读华中农业大学经济管理土地管理学院农林经济管理专业，开始较为系统学习农业经济学专业知识，硕士、博士顺利考入中国农业大学经济管理学院农业经济管理专业，分别师从李秉龙教授、乔娟教授，主要研究方向为生猪产业经济、猪肉质量安全等。2015 年 7 月入职上海市农业科学院农业科技信息研究所农业经济研究室。因此，本人对农业农村具有较为直观的感受、全面的了解和深厚的感情。然而，坦率地讲，来上海之前，我虽然已系统学习过农业经济理论与政策等专业知识，但对上海这样一座国际化大都市农业农村发展的了解是非常浅薄的，更谈不上有全面深入的研究。因此，在刚入职工作的时候，要说短期内形成这样一本较为大部头的研究上海农村发展的专著，至少在当时以及工作后的两三年内是不敢想的。但不敢想不代表不敢做。入职工作后，我就立志要在未来一段较长时期内，对上海农业农村发展有一个较为全面的了解与系统地研究。这也指引着我的行动，工作后就一心扑在上海农业农村发展相关的调查研究上。毛主席说过，没有调查就没有发言权。加之攻读硕士、博士期间，李秉龙老师和乔娟老师对调研的重视，养成了我积极主动开展实地调查的习惯。自我认为，扎实的调查研究能力是我入职第二年就成功获得国家自然科学基金项目"基于监管与声誉耦合激励的猪肉可追溯体系质量安全效应研究：理论与实证（71603169）"的重要原因。

工作以后，我坚持以课题研究为抓手，不断推进农业农村调查，尤其是对不同利益主体的大样本问卷调查，积累了大量宝贵的一手调研数据资料，也对上海农村发展有了一个初步的轮廓了解，并形成一些基本的观点。但在 2019 年之前的三年多时间，我对上海农村发展的相关研究是较为零碎的，至少是缺少系统思考研究的。直到 2019 年上半年，我有幸申请到上海市人民政府决策咨询重点课题"增强上海农村发展动力研究（2019-A-023）"。该课题的成功获得，既是我工作前三年调查研究工作不断积累的结果，也使我对上海农村发展的调查研究推进到一个更高的层次。正是该课题的获得，使我有机会全面梳理和思考上海农村发展动力问题，显然这是一个非常有意义和价值的选题。通过大量调查研究，该课题研究成果最终在众多课题中脱颖而出，获得"优秀"等级。这也坚定了我重新梳理审视过去几年对上海农村发展调查研究成果的信心和决心。尤其是 2020 年 1 月左脚骨折以及新冠肺炎疫情的突然暴发，不幸之余却让我更加有时间静心梳理和思考过去几年的研究成果，最终决定撰写出版《上海农村发展动力机制研究》这样一本专著。应该说，本书的撰写与出版不是心血来潮，而是长期研究积累的结果，大多数内容并未公开发表，且在书后附了五篇依托本书研究成果而形成的研究专报，多数已报送上海市委市政府领导供决策参考。本书的成功完成，蕴含着自己大量的心血，花费的时间精力更不用说。本书的科研学术水平和决策咨询价值，有待读者的评述和时间的检验，至少本人是较为欣慰和自豪的。

　　本书也是集体协作和智慧的结晶。在本书资料收集过程中，得到社会各界的大力支持和帮助。首先感谢的是两位研究生导师乔娟教授、李秉龙教授，本人科研能力的快速提升期主要得益于二位恩师的教导，2020 年两位导师先后荣休，衷心祝他们退休生活愉快！其次感谢接受问卷调研、典型案例调研和参加座谈会的所有农业经营主体、农技推广人员、村干部、村民、消费者、政府部门、专家学者等，正是他们的配合和帮助使得本书研究所需的数据资料能够顺利获得，在此不一一致谢。特别感谢上海市农业科学院的院领导、各机关处室领导和农业科技信息研究所的领导及各位同事对本书研究给予的无私帮助和大力支持，没有你们的帮助就没有本书的顺利完成和出版，他们是院领导蔡友铭、徐伟林、谭琦、赵志辉、吴乃山、沈国辉，院办李林峰主任、易建平副主任、科研处沈晓晖处长、李丹妮副处长、李荧副处长、人事处刘红处长、陈建林副处长、单丽丽副处长、财务处朱靖处长、生物所施标所长、园艺所朱为民所长、作物所曹黎明所长、信息所赵京音所长、曹红亮副书记、杨娟副所长，信息所农业经济研究室张莉侠研究员、马佳研究员、俞美莲副研究员、贾磊副研究员、张孝宇副研究员、朱哲毅博士[1]、周洲博士、王雨蓉博士、马莹、王丽媛，以及信息所所办董家田、汪妍、吴颖静等。

  要特别感谢对本书研究做出重要贡献和给予指导帮助的专家学者：上海交通大学史清华教授、上海市人民政府参事室吴爱忠参事[2]、松江区人大许复新副主任[3]、上海市农业农村委方志权处长[4]、李建颖处长、章黎东副处长、上海市人民政府发展研究中心高骞处长、吴苏贵处长、钱智处长、解放日报社王多主编、上海市社会科学院朱建江所长、上海市发展改革研究院殷文杰研究员、江南大学吴林海教授、上海海洋大学李玉峰教授、中国海洋大学陈雨生副教授、南京农业大学刘爱军副教授、山东师范大学耿宁副教授等。还要感谢上海市人民政府发展研究中心、上海市农业科技服务中心、上海科技发展研究中心的各位老师在研究过程中给予的支持与帮助。尤其感谢史清华老师百忙之中对本书写作的耐心细致指导，史老师除了对本书框架提出宝贵的建设性意见，还不厌其烦地督促修改书稿格式等细节问题，史老师提的一些问题和意见，刚开始我有一点抵触心理，感觉很不好改，但静下心来好好思考并修改完成后，才发现确实比之前提升不少。当我提出请其为本书作序时，史老师也是欣然答应，本人深受感动，更是敬佩史老师的学识渊博和为人师表。此外，本书研究还得到本人所指导的硕士生冯晓晓、孟晓芳、朱文君、王颖颖、王浩、李智彬、金俪雯、胡亚琳等人在实地调研、数据处理与文字审校方面的大力帮助，同样对他

---

  ① 书稿出版之际，朱哲毅博士已赴新的工作岗位，但同事之情永远不变。

  ② 吴参事原为上海市农业科学院院长，在本书研究过程中给予了很多关怀与指导帮助，尤其是在吴参事指导下，本人撰写专报的能力有了快速提升，附件中的几篇专报都包含着吴参事的耐心细致指导，在此表示特别的感谢！

  ③ 许主任原为上海市农业科学院副院长，并分管信息所，他对本书出版给予了很多关心与帮助，在此表示特别的感谢！

  ④ 方处长是上海市农业科学院的特聘专家，属于专家型领导，对农科院农业经济研究团队的发展起到很大指导带动作用，对年轻科技人员的发展更是关怀备至，本书研究也得到方处长的细致指导与帮助，在此表示特别的感谢！

们表示感谢。看着每个人一步步成长起来，我也发自内心地高兴，他们都非常优秀，相信他们未来会有很好的发展。在此也向上海海洋大学经济管理学院的领导和老师表示衷心的感谢，感谢对我的信任，敢于将自己的研究生给我指导，好在我扪心自问也没有辜负信任。借本书出版之机，向所有参与和支持过本书研究的人表示最衷心的感谢！对本书研究与出版做出重要贡献的还有很多，如有遗漏，还望见谅。

本书研究的完成与出版离不开本人主持课题的资助支持，主要包括国家自然科学基金项目"基于监管与声誉耦合激励的猪肉可追溯体系质量安全效应研究：理论与实证"（71603169）、上海市人民政府决策咨询研究重点课题"增强上海农村发展动力研究"（2019-A-023）、上海市科技兴农项目"闵行区革新村乡村振兴科技引领示范村建设"（沪农科推字 2019 第 3-4-2 号）、上海市科委软科学重点课题"上海实现乡村振兴的技术创新支撑体系与政策保障研究（18692116300）"与"上海大力发展花卉产业的技术创新支撑体系与政策保障研究（19692107600）"、上海市质量技术监督局 TBT 项目"中欧小城镇农村社会治理研究（17TBT004）"等，在此表示特别的感谢。最后，感谢中国农业出版社对本书出版给予的支持和帮助。当然，由于本人研究水平有限，书中难免有不当之处，还请各位读者批评指正，这也将督促本人持续深入推进相关调查研究。

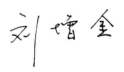

2021 年 1 月 20 日于上海

图书在版编目（CIP）数据

上海农村发展动力机制研究/刘增金著 . —北京：
中国农业出版社，2021.5
ISBN 978-7-109-28013-7

Ⅰ．①上… Ⅱ．①刘… Ⅲ．①农村经济发展－研究－
上海 Ⅳ．①F327.51

中国版本图书馆 CIP 数据核字（2021）第 041489 号

上海农村发展动力机制研究
SHANGHAI NONGCUN FAZHAN DONGLI JIZHI YANJIU

中国农业出版社出版
地址：北京市朝阳区麦子店街 18 号楼
邮编：100125
责任编辑：姚　红
版式设计：王　晨　责任校对：周丽芳
印刷：北京中兴印刷有限公司
版次：2021 年 5 月第 1 版
印次：2021 年 5 月北京第 1 次印刷
发行：新华书店北京发行所
开本：720mm×960mm　1/16
印张：16.25
字数：280 千字
定价：58.00 元